공식 인증 도서

3D
프린팅 자격시험 통합문제

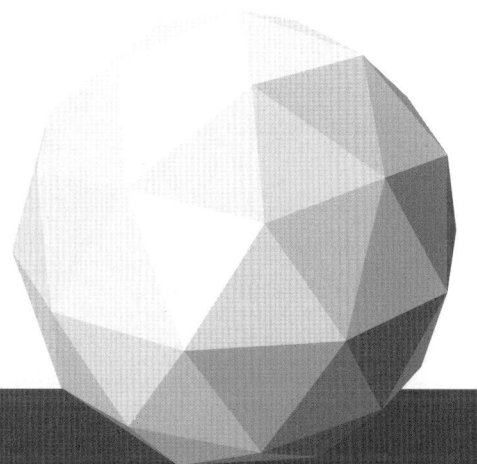

대한민국 대표브랜드 | 국가자격시험문제 전문출판 | 에듀크라운
국가자격시험문제 전문출판
www.educrown.co.kr

 크라운출판사
국가자격시험문제 전문출판
http://www.crownbook.com

저자 약력

이영재 저자
- The Univ. of Texas at Austin in USA 항공우주공학 박사
- 서울대학교 항공우주공학 석사
- 서울대학교 항공우주공학 학사
- 저서 〈한권으로 마무리되는 3D 프린팅 전문교강사 문제집〉 2015.04. 도서출판 예림 / Bryan Lee, 이영재, 공정미 공저

공정미 저자
- 2001.08. 명지대학교 교육대학원 전자계산교육전공 석사 취득
- 저서 〈한권으로 마무리되는 3D 프린팅 전문교강사 문제집〉 2015.04. 도서출판 예림 / Bryan Lee, 이영재, 공정미 공저

Bryan Lee 저자
- 1980.02. 한양대학교 공과대학 산업공학과 졸업, 학사
- 1982.02. KAIST 산업공학과 졸업, 석사
- 1992.05. 미국 Ohio State University 산업 및 시스템공학과 졸업, 박사
  - 전공 : 인공지능, CAD 시스템
- 저서 〈한권으로 마무리되는 3D 프린팅 전문교강사 문제집〉 2015.04. 도서출판 예림 / Bryan Lee, 이영재, 공정미 공저

이 책을 펴내며

아마도 전 세계의 일반 대중들이 3D 프린팅에 대해 관심을 기울이기 시작한 때는 2013년 2월 미국 오바마 대통령의 연두 교서 전후일 것이다. 오바마 대통령은 미국이 3D 프린팅을 기반으로 제조업의 재부흥을 이루겠다 하였는데, 이를 전후하여 세계의 유명 언론, 연구소, 학회 등에서 3D 프린팅과 관련하여 밝은 미래 전망을 쏟아냈다. 이러한 소식들은 "3D 프린터가 무엇이기에 저 정도일까…" 하는 일반인들의 호기심을 자극하기에 충분했다. 게다가 3D 프린팅에 대한 이야기가 진행될 때마다 등장하는, 3D 프린팅 기술이 "제3차 산업 혁명" 혹은 "제4차 산업 혁명"을 이끌 핵심적 기술이라는 표현은 많은 이들에게 강렬하게 다가왔다. 또 어떤 이는 인간이 물리적 세계에 대해 통제력을 키워 나가는 과정에서 "첨가식 제조 방식"인 3D 프린팅 기술이 발명된 것이라는 인류 문화적 해석까지 말하고 있다. 이처럼 거대한 기대를 한 몸에 받아 온 발명품이 3D 프린팅 이외에 또 있을까 싶을 정도다.

일반인에게 알려지지 않았을 뿐이지만, 산업계에는 이미 1990년 말부터 얼리어답터(Early Adopter)라는 과감한 초기 사용자들이 많이 있었다. 이들은 한결같이 3D 프린팅만이 기존의 "공제식 제조 방식"의 한계를 극복할 수 있음을 일찍 깨달은 자들이다. 새로운 기술과 소재의 발전은 불과 얼마 전까지만 해도 불가능했던 것들을 가능하게 하는 등 지난 수년 동안 3D 프린팅 분야의 발전은 놀라움을 더했다. 최근의 이러한 배경을 설명하듯이, 3D 프린팅을 신중하게 받아들이고 도전하는 이들이 많아졌다. 게다가 지난 수년 동안 소위 "원천 특허"라고 불리던 3D 프린팅 관련 주요 특허의 만료는 이들의 도전 본능을 자극하였다. 자연히 3D 프린팅 분야의 확장성은 그 한계를 알 수 없을 정도라고 할 만큼 모든 분야로 퍼져 나갔고 IT, 제조, 교육, 의료, 군사 분야 등으로의 진출은 현재 진행형이다.

그러나 안타깝게도 이렇게 가능성이 무궁무진한 3D 프린팅 기술을 효과적으로 교육하고 평가하는 체계가 아직 자리잡지 못한 실정이다. 특히 3D 프린팅 자격증을 취득하여 관련 산업 분야에 취업 혹은 창업할 뜻이 있는 이들을 위해 객관적 기준이 될 만한 관련 서적 출간이 시급함을 공감한 저자 3명이 모여 관련 분야 교육 경험을 바탕으로 본 문제집을 집필하게 되었다. 지면이라는 제한적인 요소 때문에 깊은 이론을 다루지는 못했지만, 3D 프린팅 전문가로서 갖추어야 할 핵심 요소를 정리하였으므로, 관련 자격증 대비에 좋은 기준 서적이 될 것으로 기대한다. 이 문제집은 아직은 부족한 면이 많이 있으나, 독자와 함께 지속적인 수정·보완을 거치며 새로운 분야에 도전하는 이들의 충실한 동반자가 되기를 바라는 바이다.

3D 프린팅 자격시험 안내

■ 자격증 소개

구분		직무 능력	평가
3D 프린팅 마스터	2급	3D 프린팅의 자율적인 활용을 위한 자력 구성 능력 확보 및 전반적인 소프트웨어 프로그램을 활용하여 3D 프린팅의 전 분야 프로세스를 마스터함으로써 직무의 다양한 분야에서 prototype의 제작·활용을 원활하게 수행할 수 있는 직무 능력을 평가	이론 평가
	1급		2급 자격 취득 후 3D 모델링, 3D 스캐너, 3D 출력, 3D 출력물 후가공·후처리 실기 평가를 수행
3D 프린터 조립 전문가	2급	3D 프린터의 작동 원리 및 조립, Calibration, 유지·보수를 위한 3D 프린터 하드웨어 관련 기술을 원활하게 수행할 수 있는 직무 능력을 평가	이론 평가
	1급		2급 자격 취득 후 해당 오픈 소스 기반의 3D 프린터 조립 및 캘리브레이션, 유지·보수 실기 평가를 수행
3D 프린팅 전문교강사	2급	3D 프린팅 기술의 이해와 3D 프린팅 활용을 위한 각 분야별 실무와 이론을 겸한 교수법을 습득하여 3D 프린팅 전 분야 전문 강의를 할 수 있는 직무 능력을 평가. 3D 프린터 하드웨어 분야와 3D 프린팅 활용을 위한 전 분야 프로세스를 실행하고 다양한 소프트웨어 분야를 전문 활용할 수 있는 전문가 레벨의 직무 능력을 평가	이론 평가
	1급		2급 자격 취득 후 3D 프린팅 전 프로세스(3D 모델링, 3D 스캐너, 3D 출력, 3D 출력물 후가공·후처리)와 3D 프린터 하드웨어(해당 오픈 소스 기반의 3D 프린터 조립 및 Calibration, 유지·보수)의 두 영역별 실기 평가를 수행

■ 직무 내용

1. 수행 직무

구분	수행 직무
3D 프린팅 마스터	3D 프린팅 전 분야 3D 모델링(3D 스캐너 포함) 단계 → 3D 프린터 출력 → 3D 출력물 후처리·후가공의 전반적인 개념 이해를 토대로 3D 프린팅을 활용하는 전 산업 분야에 시제품이나 목업, 완제품을 제작하는 직무 수행
3D 프린터 조립 전문가	오픈 소스 3D 프린터의 작동 원리에 대한 전반적인 개념 이해를 토대로 3D 프린터를 직접 조립하고 최적의 Fine tuning을 위한 캘리브레이션, 3D 프린터를 유지·보수하는 직무 수행

구분	수행 직무
3D 프린팅 전문교강사	• 3D 프린팅 기술의 이해와 3D 프린터 하드웨어 및 3D 프린팅 전 프로세스의 전반적인 개념 이해를 토대로 각 분야별 실무와 이론을 겸한 교수법을 습득한 3D 프린팅 전문 지도자 직무 수행 • 3D 프린터의 하드웨어 고급 실무 강의 직무 수행(3D 프린터 조립, 캘리브레이션, 유지·보수 영역 전문 강의) • 3D 프린팅 프로세스 단계별 전문적인 소프트웨어 고급 실무 강의 직무 수행(3D 모델링, 3D 프린터 출력, 3D 후처리·후가공 영역 전문 강의) • 오픈 소스 3D 프린터를 직접 조립하고 최적의 Fine tuning을 위한 캘리브레이션, 3D 프린터를 유지·보수하는 하드웨어 분야 전문가 직무 수행 • 3D 프린팅을 활용하는 전 산업 분야에 시제품이나 목업, 완제품을 제작하는 직무 수행

2. 평가 내용

구분		평가 내용
3D 프린팅 마스터	2급	• 3D 프린팅 동향 기본 수립 • 3D 모델링 및 3D 스캐너 기본 수립 • 이상적인 3D 프린터 출력 및 후처리·후가공 기본 수립
	1급	• 3D 프린팅을 위한 전 프로세스 관련 직무 고급 실무 수행 • 3D 모델링 및 3D 스캐너 고급 실무 수행 • 이상적인 3D 프린터 출력 및 출력 관리 고급 실무 수행 • 3D 출력물 후처리·후가공 고급 실무 수행
3D 프린터 조립 전문가	2급	• 3D 프린팅 동향 기본 수립 • 3D 프린터 동작 원리 및 조립 기본 수립 • 3D 프린터 캘리브레이션과 유지·보수를 위한 하드웨어 관련 기본 수립
	1급	• 오픈 소스 3D 프린터 조립 및 출력 점검 실무 • 3D 프린터 출력 품질 향상 실무 • 3D 프린터 유지·보수를 위한 하드웨어 실무
3D 프린팅 전문교강사	2급	• 3D 프린팅 동향 기본 수립 • 3D 모델링 및 3D 스캐너 기본 수립 • 이상적인 3D 프린터 출력 및 후처리·후가공 기본 수립 • 3D 프린터 동작 원리 및 조립 기본 수립 • 3D 프린터 캘리브레이션과 유지·보수를 위한 하드웨어 관련 직무 기본 수립
	1급	• 학습 전달 교수법 기본 수립 • 3D 모델링 및 3D 스캐너 실무 • 이상적인 3D 프린터 출력 및 출력 관리 실무 • 3D 출력물 후처리·후가공 실무 • 오픈 소스 3D 프린터 조립 및 출력 점검 실무 • 3D 프린터 출력 품질 향상 실무 • 3D 프린터 유지·보수를 위한 하드웨어 실무

■ 검정 기준 및 검정 방법

1. 3D 프린팅 마스터

구분	2급	1급
검정 기준	• 1과목 : 3D 프린팅 동향(이론) • 2과목 : 3D 모델링과 3D 스캐너 활용(이론) • 3과목 : 3D 프린터 출력과 3D 출력물의 후처리 · 후가공(이론)	• 3D 프린팅 프로세스 실무 – 3D 모델링_ Autodesk 123D, Sculptris (실기) – 3D 스캐너 활용(실기) – 3D 프린터 출력과 출력 관리(실기) – 3D 출력물의 후처리 · 후가공(실기)
검정 방법	각 과목별 20문제, 총 60문제 지필 평가	3D 프린팅 프로세스 실무 실기 Test
합격 기준	매 과목 40점 이상, 전 과목 평균 60점 이상	각 과목 배점의 40% 이상, 전 과목 합계 60점 이상
응시 자격	성별, 나이에 제한 없이 응시 가능	3D 프린팅 마스터 2급 자격을 취득한 자

2. 3D 프린터 조립 전문가

구분	2급	1급
검정 기준	• 1과목 : 3D 프린팅 동향(이론) • 2과목 : 오픈 소스 3D 프린터 동작 원리 및 조립(이론) • 3과목 : 3D 프린터 캘리브레이션과 유지 · 보수(이론)	• 3D 프린터 하드웨어 실무 – 오픈 소스 3D 프린터 조립 및 출력 점검(실기) – 3D 프린터 출력 품질 향상(실기) – 3D 프린터 유지 · 보수(실기)
검정 방법	각 과목별 20문제, 총 60문제 지필 평가	3D 프린터 하드웨어 실기 Test(기종 택일 : 델타봇 or 카르테시안)
합격 기준	매 과목 40점 이상, 전 과목 평균 60점 이상	각 과목 배점의 40% 이상, 전 과목 합계 60점 이상
응시 자격	성별, 나이에 제한 없이 응시 가능	3D 프린터 조립전문가 2급 자격을 취득한 자

3. 3D 프린팅 전문교강사

구분	2급	1급
검정 기준	• 1과목 : 3D 프린팅 동향(이론) • 2과목 : 3D 모델링과 3D 스캐너 활용(이론) • 3과목 : 3D 프린터 출력과 3D 출력물의 후처리 · 후가공(이론) • 4과목 : 오픈 소스 3D 프린터 동작 원리 및 조립(이론) • 5과목 : 3D 프린터 캘리브레이션과 유지 · 보수(이론)	• 1영역) 3D 프린팅 프로세스 실무 – 3D 모델링_Autodesk 123D, Sculptris(실기) – 3D 스캐너 활용(실기) – 3D 프린터 출력과 출력 관리(실기) – 3D 출력물의 후처리 · 후가공(실기) • 2영역) 3D 프린터 하드웨어 실무 – 오픈 소스 3D 프린터 조립 및 출력 점검(실기) – 3D 프린터 출력 품질 향상(실기) – 3D 프린터 유지 · 보수(실기)

구분	2급	1급
검정 방법	각 과목별 20문제, 총 100문제 지필 평가	• 1영역) 3D 프린팅 프로세스 실무 실기 Test • 2영역) 3D 프린터 하드웨어 실기 Test (기종 택일 : 델타봇 or 카르테시안)
합격 기준	매 과목 40점 이상, 전 과목 평균 60점 이상	각 과목 배점의 40% 이상, 전 영역 평균 60점 이상
응시 자격	성별, 나이에 제한 없이 응시 가능	3D 프린팅 전문교강사 2급 자격을 취득한 자

■ 시험 응시료

No.	자격명	2급		1급		비고
		응시료	발급비	응시료	발급비	
1	3D 프린팅 마스터	5만 원	3만 원	5만 원	3만 원	-
2	3D 프린터 조립 전문가	5만 원	3만 원	5만 원	3만 원	-
3	3D 프린팅 전문교강사	7만 원	3만 원	10만 원	3만 원	-

■ 기타 안내

- 시험 일정 : 3D 프린팅 산업 협회 홈페이지 공고 참조
  - 원서 접수 기간은 접수 첫째 날 09:00부터 마지막 날 18:00까지로 함.
  - 시험 회차가 늘어남에 따라 접수 인원이 적을 경우 다음 회차로 미뤄질 수 있음.
  - 1급 시험은 응시 인원에 따라 1~2주에 걸쳐 시행될 수 있음.
  - 1급 시험 접수는 2급 합격자에 한해 신청 가능(2급 합격 여부가 확인되지 않을시 접수가 취소됨)

차 례

- 이 책을 펴내며   03
- 3D 프린팅 자격시험 안내   04

■ 제1과목   3D 프린팅 동향
- Chapter 01   세계가 주목하는 3D 프린팅   10
- Chapter 02   3D 프린팅 기술과 소재   29
- Chapter 03   3D 프린팅 응용과 미래 산업   55
- Chapter 04   3D 프린팅 시장과 지배자   66

■ 제2과목   3D 모델링과 3D 스캐닝
- Chapter 01   이상적인 3D 출력물을 위한 3D 모델링 123D Design   76
- Chapter 02   이상적인 3D 출력물을 위한 3D 모델링 Sculptris & 3D 스캐너 활용   90

■ 제3과목   3D 출력 관리와 후가공
- Chapter 01   3D 프린터 출력과 품질 관리   104
- Chapter 02   3D 출력물의 후처리·후가공   127

■ 제4과목   3D 프린터 작동 원리와 조립
- Chapter 01   3D 프린터 작동 원리   144
- Chapter 02   3D 프린터 조립   160

■ 제5과목   3D 프린터 캘리브레이션과 유지·보수
- Chapter 01   3D 프린터 캘리브레이션과 유지·보수   174

■ 최신 기출문제
- 2016년 제7회(2016. 5. 21.)   202
- 2016년 제9회(2016. 8. 20.)   240

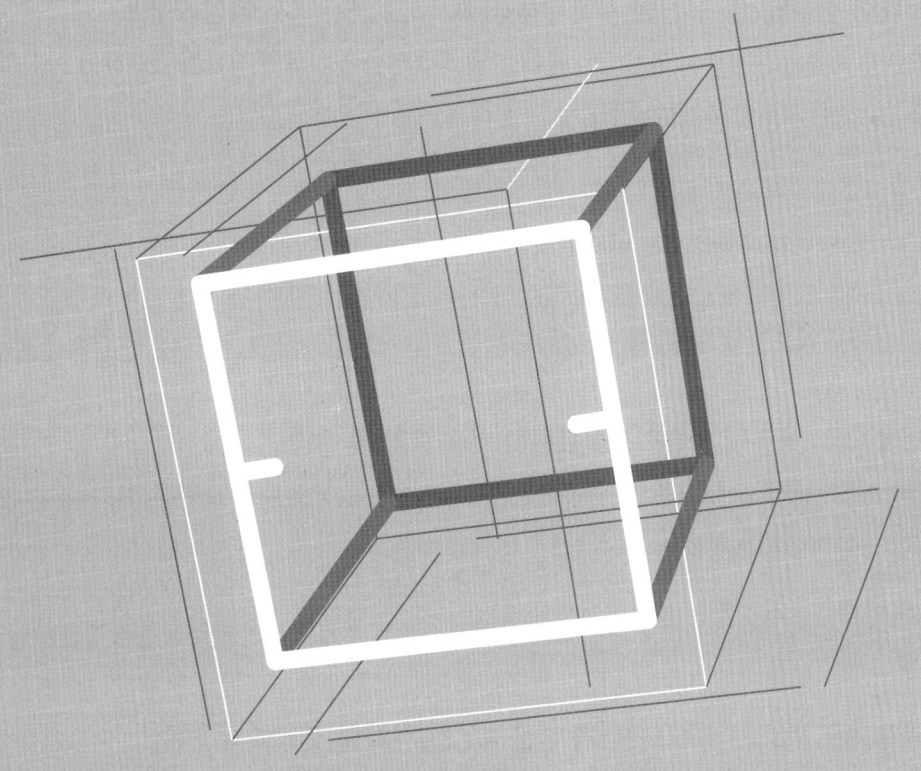

제1과목

3D 프린팅 동향

세계가 주목하는 3D 프린팅

◉ 오바마 정부의 3D 프린팅 기술 주목과 2013년 연두 교서 핵심 포인트

오바마 대통령은 정부의 일자리 창출을 위해 제조업을 강화해야 한다는 판단하에 자신의 2기 정부(2013년~2016년) 동안 계속 3D 프린팅 관련 산업을 주목했다.
- 미국의 제조업 붕괴에 따라 일자리 증가에 대해 비관적으로 전망함.
- 2012년부터 3D 프린팅을 제조업 혁신의 핵심 기술로 파악
  - "거의 모든 제품의 제작 방식을 혁신할 잠재력이 있다."
  - "미국 전역에 3D 프린터 연구 개발 허브 15곳을 만들겠다."
  - "미국 제조업의 재부흥을 추진하겠다."

◉ 세계 유수 기관 및 언론의 3D 프린팅 기술 평가 및 전망

2013년 MIT의 〈테크놀로지 리뷰(Technology Review)〉, "2013년 혁신 기술 10선(10 Breakthrough Technologies 2013)"
- "GE는 곧 제트 엔진의 부품을 3D 프린팅 기술로 만들려 한다(실제로 2015년 3D 프린팅으로 만드는 전용 공장을 알라바마 주에 세워 제트 엔진의 주요 부품인 연료 노즐을 생산 중임)."

◉ 세계 미래 학회는 3D 프린터가 생산 혁명을 유발할 것으로 예측함.

세계 미래 학회는 2013년 출현할 세계 10대 신기술(The Top 10 Emerging Technologies for 2013)을 발표했는데, 온라인 전기차에 이어 "3D 프린팅과 원격 생산(Remote Manufacturing)"을 두 번째로 꼽았다. "원격(Remote)"으로 디지털 자료를 전달하여 공간적 제한을 넘어 생산하는 3D 프린팅 기술을 지칭했다고 볼 수 있다.

◉ 《이코노미스트(Economist)》는 2012년 4월, 3D 프린터에 의해 시작된 디지털 생산에 의한 "제3의 산업 혁명"이 시작되었다고 소개함.

◉ 미국의 다국적 컨설팅 전문 회사인 매켄지(McKinsey)는 2013년 5월 발표한 <매켄지 보고서(McKinsey Report)>의 "2025년까지 가장 폭발력 있는 기술 12가지(12 Disruptive Technologies by 2025)"에서 9번째로 3D 프린팅을 꼽음.

◉ 영국의 공영 방송 BBC는 2011년 7월 3D 프린팅이 20세기까지의 공제식 가공(Subtractive Manufacturing) 기반의 대량 생산 방식을 대체하는 새로운 맞춤형 생산 혁명을 가져올 것으로 전망함.

◉ 삼성 경제 연구소는 2013년 5월 <CEO Information>에서 "미래를 바꿀 파괴적 7대 혁신 기술"을 발표함. 웨어러블 컴퓨터에 이어 3D 프린터를 두 번째 기술로 선정함.

◉ 2014년 8월 미국의 정보 기술 연구 및 자문 회사인 가트너(Gartner Inc.)는 3D 프린팅 산업 발전 방향에 대해 다음과 같이 제언함.
- 기업용 3D 프린팅 시장과 개인용 3D 프린팅 시장이 전혀 다르다는 것을 인식하고 다른 접근법을 선택해야 함.
- 3D 프린팅은 7가지의 다양한 기술들이 복잡하게 연결되어 있고, 프린트 출력물의 소재와 크기도 매우 다르다는 것을 인지해야 함.

◉ 렙랩(RepRap)의 3가지 성공 방정식

- FDM 방식
  - 가장 간편한 방식 : 레이저를 사용하지 않는 방식이어서 기구의 사용이 간편함.
  - 특허가 2009년에 만료되는 기술

- 오픈 소스 방식
  - 소스 코드, 회로도, 설계도 등 자료 모두 공개
  - 관심 있는 전문가의 참여로 개발 · 발전

- 구하기 쉬운 부품과 DIY 방식
  - 공개한 프린터의 부품은 모두 가격이 저렴하고 쉽게 조달 가능
  - CAD 설계도를 공개하여 플라스틱 소재의 기계적인 부속품으로 3D 프린터 자체 제작 가능

◉ 최근 3D 프린팅이 주목받는 4가지 요인

- 30년간 성숙된 기술
  1984년부터 시작된 기술

- **주요 관련 특허의 연쇄적 종료**
  주요 관련 특허의 20년간의 효력이 연쇄적으로 만료됨.

대표 기술	만료 시기	파급 효과
SLA(미)	2004.8.	최초 특허 만료로 관심 증대, 가격 인하
FDM(미)	2009.10.	렙랩 프로젝트가 가능하게 되어 3D 프린팅 대중화 1차 확산
SLS(미)	2014.2.	주요 공정 특허 만료로 2차 확산 계기가 됨.

- **ICT 기술 및 소재 기술 발전**
  지난 30여 년 동안 ICT와 소재 기술이 눈부신 발전을 이룸.

- **산업의 패러다임 변화**
  대량 생산 산업 → 다품종 소량 생산으로 전환

3D 프린팅 발전에 영향을 끼친 3대 ICT 요소

- PC와 CAD 프로그램 성능 향상
- 마이크로프로세서 성능 향상
- 인터넷 성능 향상 → 원격 제조(Remote Manufacturing)까지 발전

클라우드 생산(Cloud Manufacturing)

- 네트워크를 기반으로 한 소규모의 제조 회사들이 모인 분산 시스템
- 인터넷으로 사용 가능한 디바이스 연결

오픈 소스 프로젝트의 GPL(General Public License)

저작권은 개발자에게 있지만 제3자가 자유롭게 복사 · 변경 · 배포할 수 있는 라이선스

3D 프린팅과 사회적 패러다임의 변화

- **산업의 패러다임 변화**
  - 18세기 중엽 산업 혁명 이후 새로운 패러다임
  - 금형 기반 대량 생산 → 다품종 소량 생산

- **ICT 기반의 새로운 결합 패러다임**
  - 온라인 결합 사업 모델의 다양화
  - 서비스업과 제조업의 결합

- 제조업 진입 장벽 변화의 패러다임
  - 창업의 벽을 넘어선 제조 활성화
  - 디자이너(콘텐츠 생산자)의 생산 주도권 시대

3D 프린팅 산업계 기술 얼리어답터(Early Adopter)의 특징
- 개발 기간 단축과 비용 절감 효과가 큰 분야
- 복잡한 설계 및 제작을 요하는 분야
- 시장 상황이 급변하여 빠르게 적응해야 하는 분야
- 맞춤형 혹은 수요자 개성이 강하게 주장되는 분야
  - 항공 산업, 자동차 산업, 전자 산업, 의료 및 제약 산업, 패션 산업 분야, 교육 분야 등

3D 프린팅의 과제
- 기술적 과제
  - 제작 속도의 개선
  - 조형물의 내구성 강화, 소재의 다양화
  - 조형물의 크기와 정밀도
- 사회 제도적 과제
  - 새로운 법규와 제도 도입
  - 특허와 표준화
  - 국가 시스템적 대응

제1과목 3D 프린팅 동향

예상문제 풀이
Chapter 01 세계가 주목하는 3D 프린팅

01 3D 프린팅에 대한 오바마 미국 대통령의 관점으로 틀린 것을 고르시오.

① 2013년 2월 연두 교서에서 3D 프린팅의 기술 잠재력을 평가하고 미국의 발전에 대한 계획을 밝혔다.
② 3D 프린팅에 대한 기대보다는 소재 개발에 집중할 것을 강조했다.
③ 미국 제조업의 새로운 도약 기회로 활용할 것을 천명하였다.
④ 3D 프린팅의 잠재력을 높이 평가했다.

해설 오바마 대통령은 3D 프린팅 기술의 잠재력을 높이 평가하고, 국가 연구소를 세워 관련 기술을 개발·응용하여 발전시켜 미국의 제조업 재도약 기회로 삼을 것을 여러 번에 걸쳐 천명했다.

02 3D 프린팅에 대한 오바마 미국 대통령의 관점 중 틀린 것을 고르시오.

① 새로운 경제 활력의 기회이다.
② 차기 생산 혁명을 기대한다.
③ 모든 제조업에 영향을 줄 것이다.
④ 재래 방식의 제조업을 더욱 공고히 할 것이다.

해설 오바마 대통령은 재래 방식의 제조업 구조로는 새로운 일자리 창출이 어려우니, 3D 프린팅 같은 새로운 생산 방식이 생산에 도입되어 미국 경제에 활력을 불어넣기를 희망하고 있다.

03 오바마 미국 대통령의 3D 프린팅 관련 정책 중 틀린 것을 고르시오.

① 2013년 2월 연두 교서에서 3D 프린팅에 대한 기대와 계획을 언급했다.
② 3D 프린팅 관련 첫 번째 국가 연구소를 오하이오 주 영스타운에 세웠다.
③ 청소년 일자리 창출 분야에만 집중했다.
④ 새로운 경제 활력의 기회로 예상하여 전국적으로 국가 연구소를 설립하려 한다.

해설 오바마 대통령은 청년 일자리 창출에만 집중하지는 않았다.

정답 01. ② 02. ④ 03. ③

04 세계 미래 학회는 2013년 펴낸 보고서에서 우리의 미래를 이끌 20여 개의 기술로 전기차, 로봇 등과 함께 3D 프린터를 꼽으며 3D 프린터가 "생산 혁명"을 일으킬 것이라 했다. 여기서 "생산 혁명"은 어떤 의미로 해석하는 것이 바람직한가?

① 3D 프린터는 비전문가도 쉽게 사용 가능하여 소비자가 직접 물건을 만들어 쓸 수 있다.
② 생산 시설 국유화를 가져올 수 있다.
③ 금형 제작 비용을 대폭 낮출 수 있다.
④ 재래의 자본력을 적극 활용할 수 있다.

해설 세계 미래 학회는 3D 프린터를 사용하면 생산 시설이 단순화되어 일반인이 자신이 필요한 물건을 직접 제작하는 것이 가능해진다는 것을 강조했다.

05 2011년 7월 영국의 공영 방송 BBC는 "3D 프린팅은 대변혁을 일으킬 것인가?(Will 3D printing revolutionise manufacturing?)"라는 기사에서 3D 프린팅의 미래를 전망했다. 이를 가장 적절하게 해석한 것을 고르시오.

① 공제식 가공 기반의 대량 생산 방식을 대표하는 금형 제작 비용을 대폭 낮출 수 있다.
② 생산 시설 집단화를 가져올 수 있다.
③ 공제식 가공 기반의 대량 생산 방식을 대체하는 새로운 생산 혁명을 가져올 것이다.
④ 재래의 자본 장벽을 더욱 높일 것이다.

해설 BBC는 3D 프린터 기술이 공제식 가공 기반의 대량 생산 방식을 대체하는 새로운 맞춤형 생산 혁명을 가져올 것이라고 예상했다.

06 미국 매사추세츠 공대(MIT)가 펴내는 과학 기술 전문 잡지인 〈테크놀로지 리뷰(Technology Review)〉는 3D 프린팅을 GE의 항공기 엔진 부품 생산에 이미 사용하고 있음을 예로 들며, 3D 프린팅을 2013년 혁신 기술 10선(10 Breakthrough Technologies 2013)으로 손꼽았다. 이때 GE를 예로 들어 3D 프린팅의 미래를 설명한 이유를 바람직하게 해석한 것을 고르시오.

① 재래의 자본력을 적극 활용할 수 있다.
② 3D 프린터는 일반인에게 매우 유용할 것이다.
③ 생산 시설이 폭발적으로 늘어나 일자리가 늘어날 것이다.
④ 일부 산업계에서는 오래전부터 3D 프린팅 기술을 매우 유용하게 사용하고 있다.

해설 3D 프린팅이 모형 등 플라스틱 소재만을 사용하는 가벼운 기술이 아니며, 이미 10여 년 전부터 산업계에서는 주요 부품 제작에 사용하고 있음을 강조하기 위함이다.

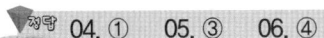 04. ① 05. ③ 06. ④

제1과목 3D 프린팅 동향

07 세계 경제 포럼(World Economic Forum)은 2013년 세계 10대 신기술(The Top 10 Emerging Technologies for 2013)을 발표했다. 온라인 전기차에 이어 "3D 프린팅과 원격 생산(3D Printing and Remote Manufacturing)"을 두 번째로 꼽았다. 이때 "원격(Remote)"이라는 용어를 3D 프린팅과 관련지어 강조하려는 뜻을 바르게 설명한 것을 고르시오.

① 3D 프린터는 비전문가도 쉽게 사용 가능하여 소비자가 직접 물건을 만들어 쓸 수 있다.
② 생산 물품 관련 정보를 인터넷으로 교환하며 공간적인 제한을 넘을 수 있다.
③ 금형 제작 비용을 대폭 낮출 수 있다.
④ 재래의 자본력을 적극 활용할 수 있다.

해설 3D 프린팅을 원격 생산과 연관 짓는 핵심 키워드는 인터넷이다. 생산 물품 관련 정보를 인터넷으로 교환하며 공간적인 한계를 극복할 수 있다는 특징을 설명하는 것이다. 3D 프린팅이 데이터 통신망과 결합할 때 신기술로서의 가치가 증폭된다는 것을 말한다.

08 2012년 4월 21일 자 영국의 주간지 《이코노미스트(Economist)》는 3D 프린팅 기술에 대해 극찬했다. "생산과 혁명"이란 제목의 특별 기사에서 3D 프린팅을 "제3의 산업 혁명(A third industrial revolution)"이라고 소개했다. 이 의미를 가장 잘못 해석한 것을 고르시오.

① 3D 프린팅이 제1·2차 산업 혁명에 이은 제3차 산업 혁명을 이끌 것으로 예상하고 있다.
② 3D 프린팅이 대량 생산 기반 패러다임을 바꿀 것으로 예상하고 있다.
③ 제1차 산업 혁명을 경험한 영국인의 관점에서 3D 프린팅 기술이 이를 기반으로 한 제3차 산업 혁명을 가능하게 할 것이라고 예상하고 있다.
④ 3D 프린터 도입 효과 중 가장 결정적인 것은 생산 원가 절감이고, 이에 따른 물가 안정으로 경제 발전이 혁명적으로 발생한다는 의미가 포함되어 있는 표현이다.

해설 3D 프린터 도입 효과 중 가장 결정적인 것은 생산 원가 절감에 이은 경제 발전이라는 해석은 3D 프린팅이 유발하는 제3차 산업 혁명이라는 관점의 핵심 아이디어는 아니다.

09 2011년 7월 영국의 공영 방송 BBC는 "3D 프린팅은 대변혁을 일으킬 것인가?(Will 3D printing revolutionise manufacturing?)"라는 기사에서 3D 프린팅이 대량 생산 방식을 대체하는 새로운 맞춤형 생산 혁명을 가져올 것으로 전망했다. 이를 바르게 설명한 것을 고르시오.

① 3D 프린터는 생산 단가를 대폭 낮출 수 있다.
② 생산 물품 관련 정보를 인터넷으로 교환하며 공간적인 제한을 넘을 수 있다.

정답 07. ② 08. ④ 09. ③

③ '공제식 가공' 기반의 대량 생산 방식을 대체할 '첨가식 가공' 방식을 유발할 것으로 예측했다.
④ 재래의 자본력의 집약화를 말하고 있다.

해설 BBC는 3D 프린팅이 20세기까지의 공제식 가공(Subtractive Manufacturing) 기반의 대량 생산 방식을 대체하는 새로운 맞춤형 생산 혁명을 가져올 것으로 전망했다.

10 2013년 5월 삼성 경제 연구소는 미래 산업을 바꿀 7대 파괴적 혁신 기술을 발표하며 3D 프린터를 주목하였다. 다음 중 사실과 다른 것을 고르시오.

① 웨어러블 컴퓨터에 이어 두 번째로 3D 프린터를 꼽았다.
② 3D 프린터가 개인 맞춤형 제조 확대에 기여할 것으로 예상하였다.
③ 3D 프린터가 나노, 생명 공학, 우주 공학 분야의 변화를 가속화할 것으로 예상하였다.
④ 3D 프린터가 공제식 제조(Subtractive Manufacturing) 방식을 한층 더 발달시켜 제조업의 혁명을 가져올 것이라 예상하였다.

해설 3D 프린터는 첨가식 제조(Additive manufacturing)와 관계있다.

11 미국의 다국적 컨설팅 전문 회사인 매켄지(McKinsey)는 〈매켄지 보고서(McKinsey Report)〉에 "2025년까지 가장 폭발력 있는 기술 12가지(12 Disruptive Technologies by 2025)"를 발표하였다. 다음 중 사실과 다른 것을 고르시오.

① 모바일 인터넷, 지식 노동의 자동화, 사물 인터넷 등에 이어 9번째로 3D 프린팅을 꼽았다.
② 이 보고서는 3D 프린팅이 2025년까지 연간 2,300억 달러에서 5,500억 달러 상당의 경제적 효과를 유발할 것이라 예측하였다.
③ 3D 프린터 도입 효과 중 가장 결정적인 것은 생산 원가 절감이고, 이에 따른 물가 안정으로 경제 발전이 혁명적으로 발생한다는 의미가 포함되어 있다.
④ 소비자와 생산자 모두에게 커다란 영향을 끼치며, 새로운 서비스와 생산성을 창출할 것이라 하였다.

해설 매켄지(McKinsey) 발표의 핵심은 3D 프린팅이 소비자와 생산자 모두에게 커다란 영향을 끼치며, 새로운 서비스와 생산성을 창출한다는 것이다. 그러나 3D 프린터 도입 효과 중 가장 결정적인 것은 생산 원가 절감에 이은 경제 발전이라는 해석은 3D 프린팅이 유발하는 제3차 산업 혁명이라는 관점의 핵심 아이디어는 아니다.

제1과목 3D 프린팅 동향

[12~15] 가트너(Gartner)의 3D 프린팅 기술 관련 발표 내용에 대한 이어지는 질문에 답하시오.

12 세계적으로 저명한 시장 분석 기관인 가트너(Gartner)는 2014년 8월 3D 프린팅과 관련한 모든 기술을 분석하여 발표하였다. 다음 중 가트너의 의견과 다른 것을 고르시오.

① 3D 프린터의 전망은 개인용과 산업용을 분리해서 분석해야 한다.
② 현재 바이오 프린팅 기술이 가장 앞서 나가 있다.
③ 저작권 관련 기술 발달이 가장 더디다.
④ 3D 프린팅을 사물 인터넷 등과 함께 가상 세계와 실제 세계를 연결하는 기술로 분류하였다.

해설 가트너는 바이오 관련 3D 프린팅 기술이 다른 분야보다 비교적 늦게 발달되고 있다고 분석했다. 또한 3D 프린터는 개인용 프린터와 산업용 프린터를 분리해서 생각해야 하며, 이 중 산업용 기술이 훨씬 앞서 있고 3D 스캐너 관련 기술은 이보다 더 앞서 있다. 3D 프린팅 관련 지적 재산권의 발달 정도는 초기에 해당한다.

13 시장 분석 기관인 가트너(Gartner)가 분석·발표한 3D 프린팅 기술에 대한 설명으로 틀린 것을 고르시오.

① 현재 바이오 프린팅 관련 기술 발달 정도가 가장 초기 단계에 있다.
② 개인용 프린터와 산업용 프린터 관련 시장은 결국 하나다.
③ 현재 관련 기술 중 가장 발달이 앞선 그룹에 속한 것이 3D 스캐너 관련 기술이다.
④ 3D 프린팅은 하나의 기술이 아니라 7가지의 다양한 기술들이 복잡하게 연결되어 있다.

해설 2014년 8월 가트너 분석 자료에 의하면, 3D 프린터는 개인용 프린터와 산업용 프린터 시장은 분리해서 생각해야 하며, 현재 지적 재산권 관련 사항과 바이오 프린팅 관련 기술 발달 정도가 가장 초기 단계에 있다.

14 가트너(Gartner)가 분석·발표한 3D 프린팅 기술 중 발달 정도가 가장 앞서는 것은?

① 3D 스캐너
② 산업용 3D 프린터
③ 개인용 3D 프린터
④ 바이오 3D 프린터

해설 2014년 8월 가트너 분석 자료에 의하면, 발달 정도는 '3D 스캐너 〉 산업용 3D 프린터 〉 개인용 3D 프린터 〉 바이오 3D 프린터' 순이다.

정답 12. ② 13. ② 14. ①

15 가트너(Gartner)가 분석·발표한 3D 프린팅 기술 중 발달 정도가 가장 더딘 것은?

① 3D 스캐너 ② 산업용 3D 프린터
③ 개인용 3D 프린터 ④ 바이오 3D 프린터

해설 2014년 8월 가트너 분석 자료에 의하면, 발달 정도는 '3D 스캐너 〉 산업용 3D 프린터 〉 개인용 3D 프린터 〉 바이오 3D 프린터' 순이다.

16 미국의 발명가 찰스 헐(Charles Hull)은 1984년 SLA(Stereo Lithography Apparatus) 방식으로 최초의 3D 프린터를 개발하였다. 개발된 지 30년이 넘은 3D 프린팅 기술이 특히 최근에 주목을 받는 이유를 잘 설명한 것은?

① 지난 30년 동안 주목을 받지 못하다가 요즈음에 조금씩 사용되기 시작했다.
② 요즈음 바이오 프린팅 기술을 중심으로 재편되고 있다.
③ 사물 인터넷 기술과 결합하여 발달하고 있다.
④ 아직 발전의 여지가 많이 남았지만 산업계에서는 많은 기술이 정착된 상태이다.

해설 지난 30여 년 동안 산업계를 중심으로 3D 프린팅을 적용하려는 많은 시도가 있었고, 현재까지 생존한 기술은 경쟁력이 입증된 것들이다. 물론 향후 발전의 여지가 많이 남았다.

17 3D 프린팅이 탄생된 지 30년이 넘었다는 사실을 가장 잘 해석한 것은 다음 중 어느 것인가?

① 현재 3D 프린터 기술은 거의 성숙되어 있다.
② 소재 발전만이 남아 있을 뿐이다.
③ 지난 30여 년 동안 다양한 시도가 있었고, 지금까지 남아 있는 관련 기술들은 경쟁력이 입증된 것이라고 해석해야 한다.
④ 3D 프린팅 기술은 최신 기술이 아니고, 최신 기술을 적용하기에 부적절한 부분이 많아 한계에 달했다.

해설 지난 30여 년 동안 3D 프린팅 기술을 발전시키려는 다양한 시도가 있었고, 많은 기술이 걸러졌다고 보는 것이 합리적이다.

정답 15. ④ 16. ④ 17. ③

제1과목 3D 프린팅 동향

18 3D 프린팅 기술이 탄생한 지 30여 년이 지났음에도 최근 들어 큰 주목을 받고 있는 사실과 거리가 가장 먼 것은?

① 3D 프린팅 기술은 현재의 ICT 기술 발달의 혜택을 그대로 받고 있다.
② 3D 프린팅 기술 관련 소재 발전이 많은 장벽을 해결했다.
③ FTA 분위기가 3D 프린팅 기술 보급에 크게 기여했다.
④ 3D 프린팅 기술은 현재의 시대적 요구와 사회 환경적 요인으로 집중 조명을 받고 있다.

해설 FTA 분위기가 3D 프린팅 기술 보급에 직접적인 기여를 했다고 보기 어렵다.

19 렙랩(RepRap)에 대한 설명 중 사실과 다른 것을 고르시오.

① 오픈 소스 하드웨어 형태로 대중의 참여를 유도했다.
② 오늘날 우리가 접하는 대부분의 개인용 3D 프린터에 끼친 영향이 매우 크다.
③ 3D 프린터 기술의 대중화에 가장 크게 기여했다.
④ FDM 방식 특허를 기증받은 후 활발히 추진되었다.

해설 FDM 방식 특허 만료 직전에 시작하여 만료 후 활발히 발전하였다. 렙랩은 2005년 아드리안 보이어에 의해 만들어진 오픈 소스 프로젝트로 오늘날 접하는 대부분의 개인용 3D 프린터에 큰 영향을 끼쳤다.

20 다음 중 렙랩이 추구한 기본 방향과 거리가 먼 사항은?

① FDM 방식과 SLA 방식을 동시에 추진했다.
② 오픈 소스 방식으로 진행했다.
③ 구하기 쉬운 부품을 사용했다.
④ DIY(Do-It-Yourself) 방식을 추구했다.

해설 랩랩은 FDM 방식만을 도전했다.

21 3D 프린팅 기술 발전과 렙랩의 관계에 대한 설명으로 거리가 가장 먼 것은?

① 렙랩에서 공개한 프린터 부품을 매우 저렴한 가격으로 구입 가능하게 유도했다.
② 자체 제작이 가능하도록 부품 설계도도 같이 공개하였다.
③ FDM 방식을 기반으로 SLA까지 개발을 이끌어 나아갔다.
④ 렙랩에서 발전한 회사들이 개인용 3D 프린터 발전에 중심적인 역할을 계속하고 있다.

해설 렙랩은 FDM 방식만을 개발하기로 했다.

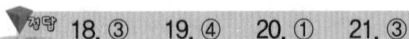
18. ③   19. ④   20. ①   21. ③

22. 3D 프린팅 발달에 결정적인 기여를 한 ICT 기술에 대한 다음 설명 중 관련이 적은 것은?

① PC의 발전은 3D 프린팅 기술 보급에 결정적 역할을 했다.
② 다양하고 쉽게 접근 가능한 CAD 프로그램이 보급되었다.
③ CAD 프로그램 성능이 매우 향상되었으나, 가격이 오히려 비싸졌다.
④ 10~20년 전에는 워크스테이션에서만 가능했던 CAD 작업이 이제는 대부분의 PC에서도 가능하다.

해설 ICT 발전이 3D 프린팅 발전에 많은 기여를 했다. 성능 향상과 가격 인하의 효과가 가장 컸다.

23. 마이크로프로세서의 성능 향상과 3D 프린팅 기술 발달의 관계에 대한 설명 중 가장 관련이 적은 것은?

① 3D 프린터도 결국에는 마이크로프로세서 기반 자동 제어 시스템이므로 성능 향상 효과를 직접 누렸다.
② 최근에 저가의 고성능 마이크로프로세서 제품이 다량 출시되어 직접적인 혜택을 누렸다.
③ 산업용 및 개인용 3D 프린터 성능 향상과 가격 인하의 동시 구현이 가능해졌다.
④ 마이크로컨트롤러보다는 오히려 대용량 메모리 요구 조건이 커서 가격 인하 혜택은 제한적이었다.

해설 ICT 발전이 3D 프린팅 발전에 많은 기여를 했는데, 가격 대비 성능이 전반적으로 크게 향상되었다.

24. 인터넷 성능 향상이 3D 프린팅 발전에 기여한 바를 가장 잘 나타낸 것은?

① 3D 프린팅 기술 보급에 결정적 역할을 했다.
② 단순한 3D 프린터를 제작할 수 있게 되었다.
③ 디자이너, CAD 파일, 3D 프린터가 "같은 공간"에 "동시"에 존재할 필요가 없다는 새로운 생산 방식의 개념이 가능하게 되었다.
④ CAD 프로그램을 쉽게 다운받을 수 있게 되었다.

해설 인터넷으로 3D 프린터를 연결한다는 것은 생산 장비를 연결한다는 의미이고 이는 모든 생산 장비가 같은 곳에 설치될 필요가 없다는 것을 의미한다.

정답 22. ③ 23. ④ 24. ③

25 3D 프린터를 사용한 원격 제조를 가능하게 하는 가장 중요한 요인은 무엇인가?

① 인터넷의 발전
② 3D 프린팅 관련 소재의 발전
③ 우수한 성능의 CAD 프로그램
④ FDM 방식의 특허 만료

해설 인터넷으로 3D 프린터를 연결하면 생산 장비를 여러 곳으로 분산시킬 수 있어 원격 제조가 가능해진다.

26 3D 프린터의 발전이 향후 클라우드 생산(Cloud Manufacturing)을 가능하게 한다는 전망을 직접적으로 가능케 해 주는 가장 중요한 ICT 발전 요소는 무엇인가?

① 렙랩과 같은 오픈 소스 프로젝트의 발전
② 3D 프린팅 관련 소재의 발전
③ 우수한 성능의 CPU
④ 인터넷의 발전

해설 인터넷으로 3D 프린터를 연결하면 생산 장비를 여러 곳으로 분산시킬 수 있어 네트워크 기반 클라우드 생산이 가능해진다.

27 네트워크에 기반을 둔 소규모 제조 회사들의 분산 시스템을 무엇이라 부르는가?

① 오픈 소스 프로젝트(Open Source Project)
② 클라우드 생산(Cloud Manufacturing)
③ 자유 연구 집단
④ 인터넷 집단

해설 네트워크에 기반을 둔 소규모 제조 회사들의 분산 시스템을 클라우드 생산이라 부른다.

28 최근 눈에 띄는 글로벌 대형 IT 업체들의 다음과 같은 움직임은 주로 3D 프린팅의 어느 분야에 직접적인 영향을 끼칠 것으로 예상되는가?

- 옥시피탈(Occipital) 사의 스트럭처 센서(Structure Sensor)
- 구글의 탱고 프로젝트
- 인텔의 리얼 센스(Real Sense)

정답 25. ① 26. ④ 27. ② 28. ④

① 3D 프린터 가격 인하 ② 후처리 장비 개발
③ 인터넷 네트워크 ④ 3D CAD 이미지 획득

해설 옥시피탈, 구글, 인텔, 펠리칸 이미징 등이 개발한 제품들은 공통적으로 3D CAD 프로그램을 쉽게 구현할 수 있는 일종의 광학 기반 스캐너라고 볼 수 있다.

29 10~20여 년 전 당시 PC는 워크스테이션 성능에 크게 뒤졌으나, 지금의 PC 성능은 당시의 워크스테이션의 성능을 훨씬 능가하고 있다. 이와 같은 사실이 말해 주는 의미로 틀린 것은?

① 지금은 PC로도 3D 프린터를 구동시킬 만한 3D CAD를 다룰 수 있다.
② 10~20여 년 전에는 3D 프린터용 CAD 프로그램 제작을 위해 워크스테이션을 사용해야 했다.
③ PC 성능 향상 및 가격 인하 요인은 3D 프린터 보급에 매우 중요한 역할을 했다.
④ 워크스테이션의 활용이 앞으로 더욱 활발해질 것으로 예상된다.

해설 PC 성능 향상으로 인해 저렴한 가격으로 CAD 프로그램을 구동할 수 있게 되어 3D 프린터 보급에 결정적인 역할을 했다.

30 최근의 저가 스캐너 보급과 3D 프린터를 관련지어 얻을 수 있는 의의는?

① 데이터 통신 성능이 매우 좋아졌다.
② 3D 이미지 파일 획득이 쉬워졌다.
③ PC와의 연결이 편해졌다.
④ 스마트폰과의 연결이 간편해졌다.

해설 최근 등장한 광학 3D 스캐너로 3D 이미지(즉, 3D CAD 프로그램) 획득이 매우 쉬워졌다.

31 마이크로프로세서의 발전이 3D 프린팅 분야에 끼친 영향으로 가장 거리가 먼 것은?

① 프린터 제어 성능이 전반적으로 좋아졌다.
② 아두이노와 같은 보급형 저가 제어기도 고성능을 구현할 수 있다.
③ 메모리 용량을 대폭 늘려야 해 전반적으로 가격을 높였다.
④ 고성능의 제어기를 비교적 낮은 가격으로 구입하는 것이 가능해졌다.

해설 마이크로프로세서의 발달은 성능 대비 가격을 대폭 낮추는 효과가 있었다.

29. ④ 30. ② 31. ③

제1과목 3D 프린팅 동향

32 일찍이 3D 프린팅 기술을 도입하여 업무에 적용한 산업계의 '얼리어답터'에 대한 설명 중 가장 거리가 먼 것은?

① 개발 기간 단축과 비용 절감 효과가 큰 분야가 많다.
② 기하학적으로 복잡한 제품 제작에도 많이 응용하였다.
③ 시장 상황에 빠르게 적응해야 하는 분야가 많다.
④ 단순 반복적인 부품 생산 분야에 대한 적용이 대부분이다.

해설 대부분의 얼리어답터들은 개발 기간 단축, 비용 절감, 시장 상황 변화에 대한 빠른 적응 등에 큰 효과를 보고 있다.

33 3D 프린팅 산업계의 '얼리어답터'에 대한 설명 중 가장 거리가 먼 것은?

① 주문 생산에만 적용되었다.
② 인력 감축면에서도 효과를 보고 있다.
③ 항공기 제작 산업, 의료 산업, 패션 산업 등이 많다.
④ 개발 기간 단축과 비용 절감 효과가 큰 분야가 많다.

해설 대부분의 얼리어답터들은 개발 기간 단축, 인력 감축, 비용 절감, 시장 상황 변화에 대한 빠른 적응 등에 큰 효과를 보고 있는데, 주로 항공기 제작 산업, 의료 산업, 패션 산업 분야이다.

34 국내의 유명 성형외과에서 3D 프린팅 기술을 비교적 빨리 도입하여 양악 수술에 적극 활용하고 있다. 이에 대해 바르게 해석한 것은?

① 현재는 초기 단계이므로 수술 시간 단축 효과를 보기에는 아직 이르다.
② 환자마다 다른 신체적 조건에 따른 맞춤 의료의 좋은 사례이다.
③ 수술의 성공률을 높이기 위해서는 3D CAD를 적용해야 하는데, 이 분야는 아직 현실적인 어려움이 크다.
④ 집도 의사의 시뮬레이션용에 불과하고, 수술 효과 향상은 아직 미지수이다.

해설 3D 프린터의 의료 분야 적용은 환자마다 다른 신체적 특성에 따른 맞춤 제작에 적합한 좋은 사례이다.

정답 32. ④　33. ①　34. ②

35 자동차 제작사에서 3D 프린팅 기술을 비교적 빨리 도입하여 적극 활용하고 있다. 관련 사실과 가장 거리가 먼 것은?

① 자동차 산업은 공통적으로 신제품 개발이 치열한 곳이어서 개발 기간 단축이 매우 중요하다.
② 현재까지는 주로 디자인 분야에 도입하였으나, 향후 부품 생산까지 계획하고 있는 자동차 제작사가 다수 있다.
③ 자동차 분야의 얼리어답터들은 3D 프린팅 기술 도입이 어렵다는 사실을 이미 경험하였다.
④ 개발 인력이 절약되는 사례를 경험한 회사도 다수 있다.

해설 지금까지는 주로 몇몇 고급 브랜드 자동차 제작사가 시작품 제작에 부분적으로 활용하고 있지만 앞으로는 양산을 추구하는 제작사들이 부품 생산까지 확대하려 계획하고 있다.

36 자동차 제작사의 3D 프린팅 기술 도입에 따른 파급 효과로 가장 거리가 먼 것은?

① 제조 공정 단순화
② 개별 주문 생산 확대
③ 소규모 제작사 등장
④ 신모델 개발 기간 지연

해설 한국 자동차 산업 연구소(KARI)는 3D 프린터를 활용한 전 세계 자동차 업체들의 차량 및 부품 개발·제작이 점차 확산될 것으로 예상했다. 또한 제조 공정 단순화, 개별 주문 생산 확대, 소규모 자동차 제조 회사 등장 등의 파급 효과가 일어날 것이라고 예상했다.

37 항공기 제작 산업 분야에서 3D 프린팅 기술이 비교적 일찍 응용된 사실과 가장 거리가 먼 것은?

① 항공 시스템 관련 부품은 가볍고, 좁은 공간의 활용을 위해 기하학적으로 복잡한 것이 특징인데, 이러한 제약 조건이 3D 프린팅 기술 도입의 동기가 되었다.
② 향후 부품 생산이 더욱 활발해질 것으로 예상된다.
③ 개발 비용 절감은 물론 개발 인력이 절약되는 사례를 경험한 회사도 다수 있다.
④ 안전을 우선시하는 분야이므로 3D 프린터 도입이 근본적으로 어려운 분야이다.

해설 3D 프린팅 기술은 항공기 제작 분야에서도 활발하게 응용될 것으로 예상된다.

정답 35. ③ 36. ④ 37. ④

38 항공기 엔진 제작사인 GE가 3D 프린터를 이용하여 제트 엔진 부품의 제작에 성공한 후 사용 범위를 대폭 넓히려 하는 현상을 가장 잘 설명하고 있는 것은?

① 제트 엔진은 신뢰성이 높아야 하고, 고온·고압의 환경에서 운용되는데, 이러한 제트 엔진 부품을 3D 프린터로 생산한다는 것은 의미하는 바가 매우 크다.
② 비용 절감 효과와 인력 감축 효과보다는 재고 관리에 초점이 맞추어져 있다.
③ 아직은 소재 문제가 최종적으로 극복되지 않은 상태이지만, 조만간 해결 가능할 것으로 기대하고 있다.
④ 제트 엔진 부품 중에서도 플라스틱 제품의 제작을 우선적으로 시도하려 한다.

해설 GE가 3D 프린터를 이용하여 제트 엔진 부품을 제작한다는 사실은 뜻하는 바가 매우 크다. 왜냐하면 제트 엔진은 신뢰성이 매우 높아야 하고, 고온·고압의 환경에서 운용되고 있기 때문이다.

39 항공기 엔진 제작사인 GE가 3D 프린터를 이용하여 LEAP 제트 엔진의 연료 노즐을 제작하기로 결정하고, 대대적인 시설 투자를 하고 있다. 이러한 사실을 잘못 설명하고 있는 것은?

① GE 엔지니어들은 3D 프린터를 이용한 방식이 재래식 공정에 의한 제작 방식보다 훨씬 간편하게 제작 가능함을 입증하였다.
② 비용 절감 효과와 인력 감축 효과 등도 같이 고려한 결정이다.
③ 재래 기술 방식으로 제작된 부품이 성능은 뛰어나지만, 원가 절감을 위해 3D 프린터를 도입하기로 결정을 내린 것이다.
④ GE는 3D 프린터를 이용하여 자체적으로 부품을 생산하면 재고 관리가 간단함을 파악했다.

해설 최근 항공기 엔진 제작사인 GE가 3D 프린터를 이용하여 LEAP 제트 엔진의 연료 노즐을 제작하기로 결정하고, 대대적인 시설 투자를 하고 있다. 이는 비용 절감 효과와 인력 감축 효과는 물론 재고 관리 등 부수적인 점 모두를 고려한 결정이다.

40 의료 산업에서 3D프린터를 응용하는 분야가 점차 늘어나고 있는 현상을 잘못 설명한 것은?

① 환자마다 다른 신체적 조건에 따른 맞춤 의료의 좋은 사례이다.
② 대량 생산이 가능한 의료 보조 기구를 중심으로 초기 실험 중인데, 3D 프린터는 실험 단계에만 적용될 것이다.
③ 재래 치료 방식보다 치료 효과가 큰 경우 적용 가능성이 높은데, 증상에 따른 맞춤형 치료가 가능하다.
④ 인공 혈관, 피부 이식 등 관련 시도가 진행 중이며, 많은 가능성을 보여주고 있다.

38. ① 39. ③ 40. ②

해설 의료 산업에서 3D 프린터를 응용한 분야가 점차 늘어나고 있다. 의료 분야 대부분은 환자마다 다른 신체적 조건에 의해 규격화된 대량 생산이 불가능하기 때문에 결국 맞춤 의료의 방향으로 자리 잡을 것으로 예상된다.

41 3D 프린터를 응용한 분야가 점차 늘어나고 있다. 2014년 한국 교포에 의해 미국에서 발명된 최초의 미용용 3D 프린터 '밍크'에 대한 설명으로 옳지 않은 것은?

① 개인마다 다른 신체적 조건에 따른 맞춤 화장품 제작의 좋은 사례이다.
② 3D 프린터 밍크는 3차원 구조물을 만드는 것이 아니라, 정교한 배합을 해 주는 정밀 기계의 역할을 한다.
③ 3D 프린터 밍크는 소비자에게 최적화된 립스틱, 아이섀도 등을 조합한다.
④ 화장품 개발 단계에서 활용 가능함을 보여주는 것이고, 대량 생산 단계에서는 기존의 대량 생산 방식을 따른다.

해설 2014년 발표된 밍크는 3D 프린터의 새로운 영역을 제시한 발명품인데, 3차원 구조물을 만들어 주는 역할을 하는 것이 아니라, 정교한 배합을 해 주는 정밀 기계의 역할을 한다.

42 기술적으로 매우 우수함을 인정받고 활발하게 응용된 분야의 주요 특허(일명 원천 특허)의 만료가 다가옴에 따라 나타나는 현상 중 가장 관계가 적은 것은?

① 제품 가격 하락 및 대중화 계기
② 후발 주자의 추격 연구 개발 계기
③ 특허 소유자는 후속 특허로 보호 장치 마련
④ 효력 연장을 추가로 하기 위한 법적 절차 진행

해설 원천 특허의 만료가 다가옴에 따라 제품 가격이 하락하는 것은 물론 대중화의 계기가 되며, 후발 주자의 추격 연구 개발 계기가 되고, 특허 소유자는 후속 특허로 보호 장치를 마련하는 등의 현상이 일반적으로 발생한다.

43 3D 프린팅과 관계 있는 특허와 관련된 설명으로 틀린 것을 고르시오.

① 최초의 특허는 1984년 찰스 헐에 의한 SLS 방식 특허이다.
② FDM 방식 특허는 일반인에게 3D 프린팅 기술 붐을 일으키는 데 커다란 기여를 했다.
③ 2014년 2월에 만료된 SLS 방식 특허는 산업적 파급 효과가 매우 컸다.
④ FDM 방식 특허를 바탕으로 스트라타시스 사가 설립되었다.

해설 최초의 3D 프린터는 1984년 찰스 헐에 의한 SLA 방식 특허이다.

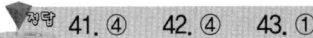 41. ④ 42. ④ 43. ①

제1과목 3D 프린팅 동향

44 다음 중 일반적으로 꼽는 3D 프린팅 기술 3대 특허에 속하지 않는 방식은?

① SLS(Selective Laser Sintering)
② FDM(Fused Deposition Modeling)
③ LOM(Laminated Object Manufacturing)
④ SLA(Stereo Lithography Apparatus)

해설 3D 프린팅 기술 3대 특허는 SLA, SLS, 그리고 FDM 방식 특허이다.

45 일반적인 기술의 특허(일명 원천 특허)의 만료에 대한 설명 중 틀린 것을 고르시오.

① 보호 기간이 20년이다.
② 후발 주자의 추격 연구 개발의 계기가 된다.
③ 만료일이 다가오면 가격 인하의 현상이 일반적으로 나타난다.
④ 특허 만료 기일이 다가오면 대부분의 나라에서 특허 보유자는 1회에 한하여 만료일을 5년 연장하는 것이 가능하다.

해설 일반적인 기술의 특허(일명 원천 특허)의 만료일 연장 제도는 없다.

46 일반적으로 특허를 신청하는 절차를 출원이라고 부르며, 특허 관련 국가 기관에 명세서를 제출함으로써 시작된다. 다음 중 특허에 대한 설명으로 틀린 것을 고르시오.

① 출원된 발명은 보통 2년 이내에 심사하여 등록 여부가 결정된다.
② 출원된 발명이 심사에 통과하면, 등록이 결정된 날부터 효력이 시작된다.
③ 등록된 특허는 출원한 날부터 20년간 보호된다.
④ 출원자는 출원 후 일정 기간 내에 출원 사실에 대해 보완할 수 있다.

해설 출원된 발명이 심사에 통과하면 출원된 날부터 효력이 인정된다. 그러므로 출원 시간이 매우 중요하다.

47 3D 프린팅 관련 기술 표준에 대한 설명 중 틀린 것을 고르시오.

① 이해 당사자들이 서로 인정할 수 있는 합리적인 기준 혹은 규격을 말한다.
② 신뢰할 수 있는 공인된 단체의 주도하에 공개된 절차를 거쳐 만들어 공표된다.
③ 3D 프린팅 관련 기술도 국가별로 진행되다가 국제기구를 중심으로 확대하여 진행되고 있다.
④ 현재 미국 IEEE가 선도하고 국제기구인 ISO에서 쫓아가는 형식으로 진행되고 있다.

해설 3D 프린팅 관련 기술 표준은 미국 ASTM이 선도하고 국제기구인 ISO가 뒤쫓아 두 기구가 긴밀하게 협조하며 진행하고 있다. 기술 표준 분야에서는 공식적으로 3D 프린팅 대신 첨가식 가공이라는 용어를 사용하고 있다. 현재 실험 방법, 설계 소재 및 공정 등 많은 분야에 대한 표준화가 진행 중이다.

정답 44. ③ 45. ④ 46. ② 47. ④

3D 프린팅 기술과 소재

● 3D 프린팅의 가공 방식

1. 공제식 가공(Subtractive Manufacturing)
- 전통적인 방식
- 선반, 밀링 머신, CNC 등
- 재료와 공구 간섭이 최대의 제한 조건임.
- 제작이 가능한 형상에 한계가 있음.

2. 첨가식 가공(Additive Manufacturing)
- 신개념으로 등장한 3D 프린터를 사용한 방식
- 원재료 개발로 영역이 점차로 확대됨.
- 제작이 가능한 형상에 제한이 거의 없음.

● 3D 프린터의 3단계 공정

1. **모델링** : CAD 또는 3D 스캐너를 통한 3차원 디지털 도면(CAD) 제작
2. **프린팅** : 첨가식 방식으로 재료 적층
3. **후처리** : 서포터 제거, 연마, 염색, 표면 재료 증착 등 마무리 공정

모델링 ⇨ 프린팅 ⇨ 후처리

● 아두이노(Arduino, http://arduino.cc)의 공헌

- 2005년 이탈리아에서 시작된 오픈 소스 기반 프로젝트로 개인용 3D 프린터의 발전에 결정적인 역할을 함.
- AVR 기반으로 이루어져 있고, 윈도, 맥 OS X, 리눅스 등과 같은 여러 OS를 지원함.

3D 프린팅의 3대 기술

구분	SLA	FDM	SLS
원료	액체 플라스틱 (광경화성 수지)	ABS, PLA (주로 플라스틱 계통)	분말 파우더 (금속, 유리, 세라믹 등)
장점	정밀도가 높음.	• 프린터, 소재 가격이 저렴함. • 프린터 구조가 간단함.	기존 부품 대체 가능
단점	• 프린터 가격 및 유지 비용이 높음. • 조형물 크기에 제한이 있음. • 소재에 제한이 있음. • 후처리가 번거로움.	• 정밀도가 낮음. • 제한적 소재	• 프린터 가격 및 유지 비용이 높음. • 전문 교육이 필요함. • 소재에 제한이 있음.

3D 프린팅의 주요 방식

1. SLA(Stereo Lithography Apparatus)
- '광경화 수지 조형'이라고 함.
- 3D 시스템즈 사 창업자 찰스 헐(Charles Hull)이 1984년 발명함.
- 최초의 상업용 3D 프린터
- 레이저 빔을 이용해 액화 상태의 광경화성 플라스틱을 얇은 층으로 경화 → 반복적으로 수행하여 층층이 쌓아 감.
- 레이저를 이용하기 때문에 성형 속도가 빠르고 정밀도가 높음.
- 플라스틱 재료이므로 제품의 강도가 높지 않음.

2. FDM(Fused Deposition Modeling Method)
- '융합 수지 압출 적층 조형'이라고 함.
- 스트라타시스 CEO 스콧 크럼프에 의해 1989년 발명됨.
- 일반 용어는 FFF(Fused Filament Fabrication)였으나, 등록 상표명인 FDM이 일반적으로 통용됨.
- 열가소성 플라스틱을 노즐 안에서 녹여 얇은 필름 형태로 적층
- 레이저를 이용하지 않기 때문에 기계 장치는 간단하지만 성형 속도가 느림.
- 가격과 유지·보수 비용이 저렴함.
- 주로 PLA 수지와 ABS 수지를 주로 사용하나, 치즈, 초콜릿 등도 가능

3. SLS(Selective Laser Sintering)
- 선택적 레이저 소결 조형(1994년 발명)이라 불림.

- LAM(Laser Additive Manufacturing), DMT(Laser-aided Direct Metal Tooling) 등으로 발전
- 고운 가루의 기능성 고분자, 금속 분말 등을 레이저로 녹여 가며 적층함.
- 일반적인 금속 제품에 주로 사용하지만, 다양한 가루 재료도 사용 가능함.
- 왁스, 폴리스티렌, 나일론, 유리, 세라믹, 스텐인리스강, 티타늄, 알루미늄, 코발트 등
- 속도가 가장 빠르고, 다양한 소재가 사용 가능하나, 장비 가격이 높음.

4. DLP(Digital Light Processing)
- SLA 방식과 유사
- 레이저 빔 대신 UV를 프로젝터 방식으로 적용
- 출력 속도가 매우 빠르고 표면 조도가 우수함. 소음이 적고 작업 속도가 균일함.
- 제품 사이즈가 작으며, 프린터 가격이 높음.

5. PBP(Powder Bed & inkjet head 3d Printing)
- 미국 MIT에서 개발, 1995년에 Z 코퍼레이션(Z Corporation)에서 특허 출원한 기술. Z 코퍼레이션은 3D 시스템즈가 인수함.
- 잉크젯 프린터 원리를 이용한 색상 구현 기술
  - 분말 + 경화 물질 소재 → 구조 형성
  - 잉크 → 색깔 조절

6. Polyjet(Photopolymer Jetting Technology)
- 2001년에 발표된 이스라엘의 Objet 사 기술, 스트라타시스가 인수
- 폴리젯 적층 조형
- 잉크젯 + 광조형의 혼합 방식
  - 프린터 헤드에 있는 수백 개의 미세 노즐에서 재료를 분사함과 동시에 자외선으로 수지를 경화 조형함.
  - 치수 정밀도가 0.025~0.05mm로 뛰어나 별도의 후처리가 필요 없을 정도의 우수한 표면
  - 정교한 부품 및 보석·장신구류 제품에 적합

7. MJM(Multi Jet Modeling)
'멀티 젯 조형'이라고 하며, 프린터 헤드에서 모델 재료인 아크릴 수지(Acrylic Photopolymer)와 지지대가 되는 왁스(Wax) 재료를 동시에 분사하고 자외선으로 동시에 경화함.

3D 프린팅 관련 주요 소재

1. 플라스틱 : ABS
- 일반적으로 가장 많이 사용(FDM 방식)
- 강도, 열에 대한 적당한 내구성, 상대적으로 저렴함 가격 등이 장점
    - 녹는 온도는 210~260℃ 사이, 보통 적층 두께는 0.1mm 이상, 정밀도는 보통 0.2~0.5mm 정도
    - 정밀도 부분에서 약점이 있고 표면 조도를 개선하려면 후처리 필요
    - 착색, 광택 처리, UV 코팅 등 가능
- 단점
    - 열 수축 현상 때문에 PLA 재료보다는 정밀한 조형이 어려움.
    - 가열 시 냄새가 남.

2. 플라스틱 : PLA
- 친환경 플라스틱 재료, 향후 일반에서 많이 사용할 것으로 보는 재료
- 열 수축 현상이 없는 것이 장점
- 약한 내구성과 높은 가격이 단점
- 녹는 온도는 180~230℃ 사이, 보통 적층 두께는 0.1mm 이상
- 치수 정밀도는 일반적으로 0.2~0.5mm 정도

3. 금속 분말 재료
- 티타늄, 스테인리스 스틸, 청동, 공구강, 금, 알루미늄, 코발트크롬 등
- 적층 두께는 0.05~0.2mm
- 재료 및 프린터 가격이 높음.
- SLS 방식 계열 기술인 LAM(Laser Additive Manufacturing), DMT(Laser-aided Direct Metal Tooling), DMLS(Direct Metal Laser Sintering) 등으로 소결, 용융

4. 세라믹(Ceramics)
- 알루미나 실리카 세라믹 파우더
- 섭씨 600℃까지 견딤.
- SLS 방식과 유사
- 지금까지의 3D 프린트 소재 중 유일하게 식품 안전 인증 획득, 홈 데코와 식기류에 최적인 소재

 **3D 프린팅 기술과 소재**

01 기계적 제조 방법 중 3D 프린팅과 관련 있는 항목을 고르시오.
① 선반, 밀링 머신, CNC 등의 제작 방식
② 재료와 공구 간섭이 최대의 제한 조건
③ 제작 가능 형상의 한계
④ 적층식(Additive Manufacturing) 제작 방식

해설 3D 프린팅에 대한 공식 학술 용어는 적층식(Additive Manufacturing)이다.

02 기계적 제조 방법 중 3D 프린팅에 해당하지 않는 항목을 고르시오.
① 소재 개발로 영역이 점차로 확대됨.
② 제작 가능 형상이 매우 제한적임.
③ 원격 제조(Remote Manufacturing) 가능
④ 적층식 제작 방식

해설 3D 프린팅의 제작 가능 형상의 범위는 매우 넓다.

03 3D 프린팅의 특성을 잘 나타내는 기계적 제작 방식은?
① 첨가식 가공(Additive Manufacturing)
② 공제식 가공(Subtractive Manufacturing)
③ 대량 생산(Mass Manufacturing)
④ 금형 기반 생산(Mold-Based Manufacturing)

해설 3D 프린팅의 특성은 첨가식 가공(Additive Manufacturing)이라는 용어로 대표된다.

정답 01. ④ 02. ② 03. ①

제1과목 3D 프린팅 동향

04 3D 프린팅의 특성을 잘 나타내는 기계적 제작 방식에 대한 설명으로 옳은 것은?

① 원격 제조(Remote Manufacturing) 가능
② 디자인 변경에 불리함.
③ 대량 생산(Mass Manufacturing)에 유리
④ 모든 재료를 사용한 제작 가능

해설 3D 프린팅은 제품의 디자인 변경에 유리하지만, 대량 생산(Mass Manufacturing)에 불리할 수 있다. 또한 아직은 제한된 소재만 적용 가능하지만, 원격 제조(Remote Manufacturing)가 가능하다.

[05~10] 3D 프린팅 공정에 대한 다음 질문에 답하시오.

05 3D 프린팅은 모델링, 프린팅, 후처리의 3단계 공정을 거친다. 이 중 CAD 설계 단계에 해당하는 공정은?

① 모델링 단계
② 프린팅 단계
③ 후처리 단계
④ 모두에 해당함.

해설 모델링 단계는 3차원 CAD 설계 단계를 말한다.

06 3D 프린팅의 3단계 공정 중 광택을 내거나 착색을 할 수 있는 공정에 해당하는 단계는?

① 모델링 단계
② 프린팅 단계
③ 후처리 단계
④ 모두에 해당함.

해설 후처리 단계에서는 서포터 제거, 연마, 착색 등의 마무리 공정을 진행한다.

07 3D 프린팅의 3단계 공정 중 3D 프린터를 이용한 직접 제작 공정에 해당하는 단계는?

① 모델링 단계
② 프린팅 단계
③ 후처리 단계
④ 모두에 해당함.

해설 프린팅 단계는 3D 프린터로 제작하는 공정을 말한다.

정답 04. ① 05. ① 06. ③ 07. ②

08 3D 프린팅의 3단계 공정 중 AutoCAD 등을 사용하여 제작물 형태를 설계하는 공정에 해당하는 단계는?

① 모델링 단계　　　　② 프린팅 단계
③ 후처리 단계　　　　④ 모두에 해당함.

해설 모델링 단계는 CAD 프로그램을 사용하여 3차원 CAD를 설계하는 단계를 말한다.

09 3D 프린팅의 3단계 공정 중 구글 스케치업을 사용하여 제작물 형태를 설계하는 공정에 해당하는 단계는?

① 모델링 단계　　　　② 프린팅 단계
③ 후처리 단계　　　　④ 모두에 해당함.

해설 최근 등장한 구글의 스케치업은 3차원 CAD 설계 단계를 도와준다.

10 최근 등장한 저가의 광학 3D 스캐너는 3D 프린팅의 3단계 공정 중 어느 단계를 결정적으로 도와주는가?

① 모델링 단계　　　　② 프린팅 단계
③ 후처리 단계　　　　④ 모두에 해당함.

해설 최근 등장한 광학 스캐너는 3차원 CAD 설계 단계를 도와준다.

11 다음 중 액체 광경화 수지를 사용하는 3D 프린팅 방법은?

① SLA(Stereo Lithography Apparatus)
② FDM(Fused Deposition Modeling)
③ SLS(Selective Laser Sintering)
④ DMT(Laser-aided Direct Metal Tooling)

해설 SLA(Stereo Lithography Apparatus) 방식은 액체 광경화성 수지를 사용한 3D 프린팅 방식이다.

08. ①　09. ①　10. ①　11. ①

제1과목 3D 프린팅 동향

12 다음 중 미국에서 최초로 3D 프린팅 특허를 등록한 기술이라는 역사적 의미를 갖고 있는 방식은?

① FDM(Fused Deposition Modeling)
② DMT(Laser-aided Direct Metal Tooling)
③ SLS(Selective Laser Sintering)
④ SLA(Stereo Lithography Apparatus)

해설 SLA(Stereo Lithography Apparatus) 방식은 미국에서 최초로 특허 등록된 3D 프린팅 방식이다.

13 다음 중 금속 가루를 사용하는 3D 프린팅 방법은?

① FDM(Fused Deposition Modeling)
② DLP(Digital Light Processing)
③ SLS(Selective Laser Sintering)
④ SLA(Stereo Lithography Apparatus)

해설 SLS(Selective Laser Sintering) 방식은 금속 가루를 녹여 적층 제작하는 3D 프린팅 방식이다.

14 다음 중 금속, 고분자, 유리, 세라믹 등 다양한 종류의 소재 가루를 사용할 수 있는 3D 프린팅 방법은?

① FDM(Fused Deposition Modeling)
② SLS(Selective Laser Sintering)
③ DLP(Digital Light Processing)
④ SLA(Stereo Lithography Apparatus)

해설 SLS(Selective Laser Sintering) 방식은 금속, 고분자, 유리, 세라믹 등 다양한 종류의 재료를 레이저로 녹여 적층 제작할 수 있어 산업체에서 가장 널리 사용하는 3D 프린팅 방식이다.

15 다음 3D 프린팅 방식의 공통점은?

| • DMT(Laser-aided Direct Metal Tooling) | • LAM(Laser Additive Manufacturing) |
| • SLS(Selective Laser Sintering) | • SLA(Stereo Lithography Apparatus) |

① 금속 소재 사용
② 광경화성 소재 사용
③ 제작물의 강도가 매우 강함.
④ 레이저를 사용

12. ④ 13. ③ 14. ② 15. ④

해설 DMT(Laser-aided Direct Metal Tooling), LAM(Laser Additive Manufacturing), SLS(Selective Laser Sintering), SLA(Stereo Lithography Apparatus) 등은 공통적으로 레이저를 사용하여 성형을 한다.

16 레이저를 사용하는 3D 프린팅 방식 중 사용하는 소재가 다른 한 가지는?

① DMT(Laser-aided Direct Metal Tooling)
② LAM(Laser Additive Manufacturing)
③ SLS(Selective Laser Sintering)
④ SLA(Stereo Lithography Apparatus)

해설 SLA(Stereo Lithography Apparatus)는 광경화성 수지를 사용한다.

17 레이저를 사용하는 3D 프린팅 방식 중 일반적으로 성형 완성품의 경도가 가장 낮을 것으로 예상되는 방식은?

① DMT(Laser-aided Direct Metal Tooling)
② LAM(Laser Additive Manufacturing)
③ SLS(Selective Laser Sintering)
④ SLA(Stereo Lithography Apparatus)

해설 SLA(Stereo Lithography Apparatus)는 광경화성 수지를 사용하므로, 일반적으로 금속 소재를 사용하는 다른 방식보다 경도가 낮을 것으로 예상된다.

18 레이저를 사용하는 3D 프린팅 방식 중 일반적으로 프린터 가격이 가장 낮을 것으로 예상되는 방식은?

① DMT(Laser-aided Direct Metal Tooling)
② LAM(Laser Additive Manufacturing)
③ SLS(Selective Laser Sintering)
④ SLA(Stereo Lithography Apparatus)

해설 SLA(Stereo Lithography Apparatus)는 광경화성 수지를 사용하므로, 일반적으로 금속 소재를 사용하는 다른 방식보다 가격이 낮을 것으로 예상된다.

정답 16. ④ 17. ④ 18. ④

19 레이저를 사용하는 3D 프린팅 방식 중 특징이 나머지 셋과 다른 방식은?

① SLA(Stereo Lithography Apparatus)
② LAM(Laser Additive Manufacturing)
③ SLS(Selective Laser Sintering)
④ DMT(Laser-aided Direct Metal Tooling)

해설 광경화성 수지를 사용하는 SLA(Stereo Lithography Apparatus)를 제외한 나머지 방식은 일반적으로 금속 소재 등의 사용이 가능한 SLS(Selective Laser Sintering) 계열의 방식이다.

20 3D 프린팅 방식 중 일반적으로 프린터의 가격이 가장 저렴할 것으로 예상되는 방식은?

① DMT(Laser-aided Direct Metal Tooling)
② FDM(Fused Deposition Modeling)
③ SLS(Selective Laser Sintering)
④ LAM(Laser Additive Manufacturing)

해설 위의 방식 중 FDM(Fused Deposition Modeling)을 제외하고는 모두 레이저를 사용하므로, 일반적으로 FDM 방식보다 고가로 알려져 있다.

21 다음 중 SLA 방식과 유사한 원리이나, 조형 속도 문제를 대폭 향상시키는 3D 프린팅 방법은?

① DMT(Laser-aided Direct Metal Tooling)
② FDM(Fused Deposition Modeling)
③ DLP(Digital Light Processing)
④ SLS(Selective Laser Sintering)

해설 DLP(Digital Light Processing) 방식은 SLA 방식의 포인트 바이 포인트 방식의 레이저 적용을 레이어 바이 레이어 방식으로 바꾸어 조형 속도를 대폭 향상시켰다.

22 DLP(Digital Light Processing) 방식은 SLA 방식을 개선하여 조형 속도를 대폭 향상시켰다. 다음 중 어느 부분의 개선이 속도를 향상시키는 데 결정적 역할을 했는가?

① 광경화성이 우수한 소재
② 조형에 사용하는 빛을 포인트 단위 적용에서 면 단위 적용으로 발전시킴.
③ 레이저 소스의 성능 향상
④ 기계적 부품을 단순화하여 메커니즘 속도 단축

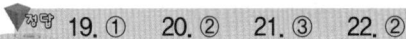
19. ① 20. ② 21. ③ 22. ②

해설 DLP(Digital Light Processing) 방식은 SLA 방식의 포인트 바이 포인트 방식의 레이저 적용을 레이어 바이 레이어 방식으로 바꾸어 조형 속도를 대폭 향상시켰다.

23 다음 중 두 번째로 특허 등록된 3D 프린팅 방법은?

① SLA(Stereo Lithography Apparatus)
② FDM(Fused Deposition Modeling)
③ SLS(Selective Laser Sintering)
④ DMT(Laser-aided Direct Metal Tooling)

해설 SLA(Stereo Lithography Apparatus) 방식은 1984년, FDM(Fused Deposition Modeling) 방식은 1989년, SLS(Selective Laser Sintering) 방식은 1994년에 각각 특허 등록되었다.

24 다음 중 세 번째로 특허 등록된 3D 프린팅 방법은?

① SLA(Stereo Lithography Apparatus)
② FDM(Fused Deposition Modeling)
③ SLS(Selective Laser Sintering)
④ DMT(Laser-aided Direct Metal Tooling)

해설 SLA(Stereo Lithography Apparatus) 방식은 1984년, FDM(Fused Deposition Modeling) 방식은 1989년, SLS(Selective Laser Sintering) 방식은 1994년에 각각 특허 등록되었다.

25 3D 프린팅의 최대 단점 중 하나는 조형물의 다양한 색상 구현이 어렵다는 점이다. 다음 중 색상의 다양성 구현을 목적으로 개발된 3D 프린팅 방법은?

① SLA(Stereo Lithography Apparatus)
② PBP(Powder Bed & inkjet head 3d Printing)
③ FDM(Fused Deposition Modeling)
④ SLS(Selective Laser Sintering)

해설 PBP(Powder Bed & inkjet head 3d Printing) 방식은 파우더에 잉크젯으로 색깔을 입히며 경화 물질로 굳히는 방식이다. 이 방식의 핵심은 색상 구현이다.

정답 23. ② 24. ③ 25. ②

26 광조형 방식과 잉크젯 기술을 결합한 색상 구현 방식은?

① SLA(Stereo Lithography Apparatus)
② PBP(Powder Bed & inkjet head 3d Printing)
③ FDM(Fused Deposition Modeling)
④ Polyjet(Photopolymer Jetting Technology)

해설 Polyjet(Photopolymer Jetting Technology) 방식은 프린터 헤드에 있는 다수의 미세 노즐에서 광경화성 수지를 분사시켜 잉크젯으로 색상을 입혀 가며 경화시키는 방식이다.

27 3D 프린팅의 기술 중 Polyjet(Photopolymer Jetting Technology)와 PBP(Powder Bed & inkjet head 3d Printing)의 두 가지 방식에 대한 설명 중 사실과 다른 것을 고르시오.

① 두 방식은 공통적으로 조형물의 색상 구현을 위한 방식이다.
② 두 방식 모두 색상 구현을 위해 잉크젯 기술을 사용하고 있다.
③ 두 방식 모두 조형을 위한 기본 물질은 광경화성 수지이다.
④ 두 방식은 각각 3D 프린팅 시장의 두 공룡인 스트라타시스와 3D 시스템스 사 계열 소유 기술이다.

해설 Polyjet(Photopolymer Jetting Technology) 방식은 광경화성 수지를, PBP(Powder Bed & inkjet head 3d Printing) 방식은 분말을 기본 물질로 사용하고 있다.

28 잉크젯 기술은 2D 프린팅에 널리 사용된 색상 구현 기술로서 아직까지 널리 사용되고 있다. 다음 중 사실과 다른 것은?

① 3D 프린팅 기술 중 광경화성 수지를 굳히는 단계에 잉크젯 기술을 적용하여 색상을 구현하는 방식이 개발되었다.
② 3D 프린팅 기술 중 분말을 굳히는 단계에 잉크젯 기술을 적용하여 색상을 구현하는 방식이 개발되었다.
③ 3D 프린팅으로 제작하는 조형물에 잉크젯으로 색상을 입히는 기술은 아직 개발 단계에 머물고 있다.
④ 3D 프린팅으로 제작하는 조형물에 잉크젯으로 색상을 구현하는 방식의 가장 큰 장점은 비교적 저렴한 가격으로 시스템을 만들 수 있다는 점이다.

해설 잉크젯으로 3D 프린팅 제작 조형물에 색상을 구현하는 방식의 가장 큰 장점은 비교적 저렴한 가격으로 시스템을 만들 수 있다는 점인데, 광경화성 수지와 석고 분말을 굳히는 과정에 잉크를 분사하여 색상을 구현한다.

26. ④ 27. ③ 28. ③

29 다음은 어떤 3D 프린팅 방식을 설명하고 있는가?

- 미국의 Z 코퍼레이션에서 개발한 기술로서 3D 시스템즈에서 인수했다.
- 잉크젯 프린팅 원리로 색상을 구현한다.
- 조형물의 주재료는 분말이다.
- 분말 재료를 경화 물질로 굳혀서 성형한다.

① SLA(Stereo Lithography Apparatus)
② PBP(Powder Bed & inkjet head 3d Printing)
③ FDM(Fused Deposition Modeling)
④ Polyjet(Photopolymer Jetting Technology)

해설 PBP(Powder Bed & inkjet head 3d Printing) 방식은 3D 시스템즈에 인수된 미국의 Z 코퍼레이션에서 개발한 기술로서, 조형물의 주재료인 분말을 경화 물질로 굳혀서 성형하는 과정에 잉크젯 프린팅 원리로 색상을 구현한다.

30 다음은 어떤 3D 프린팅 방식을 설명하고 있는가?

- 이스라엘의 Objet에서 개발한 기술로서 스트라타시스에서 인수했다.
- 잉크젯 프린팅 원리로 색상을 구현한다.
- 조형물의 주재료는 광경화 수지이다.
- 수많은 미세 노즐에서 수지를 분사함과 동시에 자외선으로 수지를 경화시켜 성형한다.

① SLA(Stereo Lithography Apparatus)
② FDM(Fused Deposition Modeling)
③ PBP(Powder Bed & inkjet head 3d Printing)
④ Polyjet(Photopolymer Jetting Technology)

해설 Polyjet(Photopolymer Jetting Technology) 방식은 이스라엘의 Objet에서 개발한 기술로서 이후 스트라타시스에서 인수했다. 조형물의 주재료는 광경화 수지인데, 수많은 미세 노즐에서 수지를 분사함과 동시에 자외선으로 수지를 경화시켜 성형하며, 잉크젯 프린팅 원리로 색상을 구현한다.

정답 29. ② 30. ④

31 다음 중 프린터 헤드에서 모델 재료와 지지대(Support)가 되는 왁스(Wax) 재료를 동시에 분사하고 자외선으로 동시 경화하는 3D 프린팅 방법은?

① MJM(Multi Jet Modeling)
② FDM(Fused Deposition Modeling)
③ SLS(Selective Laser Sintering)
④ DLP(Digital Light Processing)

해설 MJM(Multi Jet Modeling) 방식은 프린터 헤드에서 모델 재료와 지지대(Support)가 되는 왁스(Wax) 재료를 동시에 분사하고 자외선으로 동시 경화시킨다. 구조물 성형 중 구조적 안정을 위해 지지대 재료를 왁스(Wax)로 따로 사용한다.

32 다음은 어떤 3D 프린팅 방식을 설명하고 있는가?

- 두 가지 재료를 동시에 분사하여 경화시키는 방식
- 일반적으로 주재료와 지지대 재료를 분사하는 방식
- 아크릴 광경화성 수지와 왁스를 재료로 사용
- 지지대 재료는 성형 후 제거가 쉬운 것을 사용

① SLA(Stereo Lithography Apparatus)
② FDM(Fused Deposition Modeling)
③ PBP(Powder Bed & inkjet head 3d Printing)
④ MJM(Multi Jet Modeling)

해설 MJM(Multi Jet Modeling) 방식은 프린터 헤드에서 모델 재료인 아크릴 광경화성 수지와 지지대(Support)가 되는 Wax 재료를 동시에 분사하고 자외선으로 동시 경화시키며 성형이 완성된 후 지지대인 Wax를 제거한다.

33 3D 프린팅의 특성 중 FDM 방식에 해당하지 않는 것은?

① 스트라타시스 CEO 스콧 크럼프에 의해 발명되었다.
② 일반 용어로는 FFF(Fused Filament Fabrication)라 칭한다.
③ 열가소성 플라스틱 필라멘트를 노즐 안에서 녹여 얇은 필름 형태로 적층한다.
④ 레이저를 사용하여 필라멘트를 녹인다.

해설 FDM(Fused Deposition Modeling) 방식은 레이저를 사용하지 않아 기계 구조가 간단하고, 가격이 저렴하다.

31. ① 32. ④ 33. ④

34 3D 프린팅 방식 중 산업계에서 가장 활발하게 활용되며, 주로 금속 가루를 소결시키는 방식은?

① SLA(Stereo Lithography Apparatus)
② FDM(Fused Deposition Modeling)
③ SLS(Selective Laser Sintering)
④ DLP(Digital Light Processing)

해설 SLS(Selective Laser Sintering) 방식은 산업계에서 가장 활발하게 활용되며, 주로 금속 가루를 레이저로 녹여 소결시키는 방식이다.

35 3D 프린팅 방식 중 산업계에서 가장 활발하게 활용되며, 나일론, 유리, 스테인리스강, 티타늄 등의 가루를 소결시키는 방식은?

① DLP(Digital Light Processing)
② SLA(Stereo Lithography Apparatus)
③ FDM(Fused Deposition Modeling)
④ SLS(Selective Laser Sintering)

해설 SLS(Selective Laser Sintering) 방식은 산업계에서 가장 활발하게 활용되며, 주로 금속 가루를 레이저로 녹여 소결시키지만, 나일론, 유리, 스테인리스강, 티타늄 등의 가루도 사용되고 있다.

36 다음은 어떤 3D 프린팅 방식을 설명하고 있는가?

- 산업계에서 가장 활발하게 활용
- 주로 금속 가루를 레이저로 녹여서 소결
- 나일론, 유리, 스테인리스강, 티타늄 등의 가루도 사용
- 다양한 형태의 방법이 개발되어 상용화되었음.

① SLA(Stereo Lithography Apparatus)
② FDM(Fused Deposition Modeling)
③ PBP(Powder Bed & inkjet head 3d Printing)
④ SLS(Selective Laser Sintering)

해설 SLS(Selective Laser Sintering) 방식은 산업계에서 가장 활발하게 활용되며, 주로 금속 가루를 레이저로 녹여 소결시키지만, 나일론, 유리, 스테인리스강, 티타늄 등의 가루도 사용되고 있다. 또한 LAM(Laser Additive Manufacturing), DMT(Laser-aided Direct Metal Tooling) 등으로 발전되고 있다.

정답 34. ③ 35. ④ 36. ④

37 다음에서 설명하는 3D 프린팅 방식은 무엇인가?

- LAM(Laser Additive Manufacturing), DMT(Laser-aided Direct Metal Tooling), DMLS(Direct metal Laser Sintering) 등으로 발전
- 산업계에서 가장 활발하게 활용
- 레이저로 분말 재료를 순간적으로 녹여서 소결
- 나일론, 유리, 스테인리스강, 티타늄 등의 가루도 사용

① SLA(Stereo Lithography Apparatus)
② FDM(Fused Deposition Modeling)
③ PBP(Powder Bed & inkjet head 3d Printing)
④ SLS(Selective Laser Sintering)

해설 SLS(Selective Laser Sintering) 방식은 산업계에서 가장 활발하게 활용되는 3D 프린팅 방식이다. LAM(Laser Additive Manufacturing), DMT(Laser-aided Direct Metal Tooling), DMLS(Direct Metal Laser Sintering) 등 많은 발전적 방법이 제안되었다. 주로 금속 가루를 레이저로 녹여 소결시키지만, 나일론, 유리, 스테인리스강, 티타늄 등의 가루도 사용되고 있다.

38 다음에서 설명하는 3D 프린팅 방식을 구현하는 데 사용되는 중요한 부품으로 가장 적합한 것은?

- 높은 온도를 구현하고 제어하는 데 적합하다.
- 소재를 녹여서 굳히는 것이 일반적이지만, 광경화성 수지를 굳히는 데도 사용되는 등 일찍이 3D 프린터의 주요 부품으로 사용되고 있다.
- 정밀하게 제어가 가능하여 정밀도가 높은 성형에 많이 사용된다.
- 관련 시스템이 고가인 단점이 있다.

① 레이저(Laser)
② 익스트루더(Extruder)
③ 스테퍼 모터(Stepper Motor)
④ 마이크로프로세서(MicroProcessor)

해설 레이저(Laser)는 3D 프린터의 주요 부품으로서 소재를 녹여서 굳히고 광경화성 수지를 굳히는 데 사용되고 있다. 정밀 제어가 가능하여 정밀도가 높은 성형에 많이 사용되지만, 관련 시스템이 고가인 단점이 있다.

정답 37. ④ 38. ①

[39~48] 주어진 설명에 적합한 3D 프린팅 재료를 고르시오.

39 다음은 어떤 3D 프린팅 재료에 대해 설명한 것인가?

> • 개인용 3D 프린터의 대부분이 사용하는 방식인 FDM 방식의 소재
> • 다른 소재에 비해 색상, 강도, 투명도, 내습성, 연기 발생 특성, 내화 특성, 생체 적합성 등 다양한 성질의 구현이 가능
> • 가공이 용이하여 널리 사용됨.

① 플라스틱 소재 ② 스테인리스
③ 석고 분말 ④ 티타늄

해설 플라스틱 소재는 2005년 렙랩 프로젝트가 시작되고 급속도로 보급되기 시작한 개인용 3D 프린터 대부분이 사용하는 방식인 FDM 방식의 소재로서 어느 재료보다 가공이 용이하다는 점이 가장 큰 장점이다.

40 다음은 어떤 3D 프린팅 재료에 대해 설명한 것인가?

> 일반적으로 이 재료는 고온에서의 거동에 따라 재용해 및 재가열이 가능한 열가소성 성질과 재용해가 불가능한 열경화성 성질 등 두 종류가 있는데, 3D 프린팅에 사용되는 재료는 주로 열가소성 계열이다.

① 플라스틱 소재 ② 스테인리스
③ 석고 분말 ④ 티타늄

해설 일반적인 플라스틱 재료는 고온에서의 거동에 따라 재용해 및 재가열이 가능한 열가소성 수지(Thermoplastic)와 재용해가 불가능한 열경화성 수지(Thermoset)의 두 종류가 있다.

정답 39. ① 40. ①

41. 다음은 어떤 3D 프린팅 재료에 대해 설명한 것인가?

- FDM 방식에서 일반인이 많이 사용함.
- 녹는 온도는 210~260℃ 사이
- 정밀도 부분에서 약점이 있어 표면 조도를 개선하려면 후처리 필요
- 착색, 광택 처리, UV 코팅 등 가능

① ABS ② 왁스
③ 아크릴 ④ 티타늄

해설 ABS는 FDM 방식의 3D 프린터에서 PLA와 더불어 가장 많이 사용되는 플라스틱 소재이다.

42. 다음은 어떤 3D 프린팅 재료에 대해 설명한 것인가?

- FDM 방식에서 일반인이 많이 사용함.
- 녹는 온도는 180~230℃ 사이
- 열 수축 현상이 비교적 적음.
- 친환경 재료임.

① ABS ② PLA
③ 아크릴 ④ 티타늄

해설 PLA는 FDM 방식의 3D 프린터에서 ABS와 더불어 가장 많이 사용되는 친환경 소재이다.

43. 다음은 어떤 3D 프린팅 재료에 대한 설명인가?

- SLS 방식 재료로 주로 산업계에서 사용
- 레이저를 사용하여 소결
- 의료 기기 계열에 많이 사용

① ABS ② PLA
③ 아크릴 ④ 티타늄

해설 티타늄 소재는 고비강도, 내식성, 생체 적합성 등으로 인해 항공 우주 부품, 바이오 부품에 널리 활용되고 있다.

정답 41. ① 42. ② 43. ④

44 다음은 어떤 3D 프린팅 재료에 대한 설명인가?

- 고비강도, 내식성, 생체 적합성 등의 특성
- 항공 우주 부품, 군용 장비, 스포츠 장비, 바이오 및 의학 부속품에 많이 이용
- 특히 현재는 치과 재료로서 임플란트 등에 많이 적용

① ABS ② PLA
③ 티타늄 ④ 아크릴

해설 티타늄 소재는 고비강도, 내식성, 생체 적합성 등으로 인해 항공 우주 부품, 군용 장비, 스포츠 장비, 바이오 및 의학 부속품에 많이 이용되고 있으며, 특히 현재는 치과 재료로서 임플란트 등에 많이 적용된다.

45 다음은 어떤 3D 프린팅 재료에 대해 설명한 것인가?

- 플라스틱 계열 소재가 감당하지 못하는 힘과 열을 견딜 수 있는 요구 조건을 만족시킨 소재
- 가장 늦게 3D 프린터 소재로 사용된 소재
- 분말의 양을 조절하며 레이저로 순간적으로 용융시켜서 원하는 형태로 굳히는 방법이 적용되는 소재

① 분말 ② 아크릴
③ 금속 소재 ④ PLA

해설 1994년 이전에는 SLA와 FDM 방식만이 개발된 상태였다. 이 두 방식 모두 플라스틱 계열의 재료만 사용이 가능했다. 그러나, 산업계에서는 플라스틱 계열 소재가 감당하지 못하는 힘과 열을 견딜 수 있는 금속 소재의 사용을 원했는데, 1994년에 비로소 금속 소재가 가능한 SLS 방식이 발명되었다.

46 다음과 같은 설명은 어떤 3D 프린팅 재료에 대한 것인가?

- 잉크젯으로 구현된 색상을 적용하기에 적합
- 경회제를 시용히여 굳혀서 성형을 완성시킴.

① 아크릴 ② 분말
③ 금속 소재 ④ PLA

해설 석고 분말은 잉크젯으로 색상을 구현하기에 적합한 소재로서, 경도를 높이기 위해 경화제를 사용하여 굳힌다.

44. ③　45. ③　46. ②

제1과목 3D 프린팅 동향

47 다음과 같은 설명은 어떤 3D 프린팅 재료에 대한 것인가?

- 금형 제작으로 많이 사용
- 최종 조형물의 기하학적 구조가 복잡하여 제작 도중 구조적 형태를 유지하기 어려운 경우 지지대 재료로 사용

① 분말
② 아크릴
③ 왁스
④ 티타늄

해설 왁스는 금형 제작으로 오래전부터 많이 사용해 왔는데, 3D 프린터 재료로서는 최종 조형물의 기하학적 구조가 복잡하여 제작 도중 구조적 형태의 유지가 어려운 경우 지지대 재료로 사용된다.

48 다음과 같은 설명은 어떤 3D 프린팅 재료에 대한 것인가?

- 내구성이 강하고 유연한 성질을 가지고 있음.
- 3D 프린터로 사용할 경우 파우더로 만들어 SLS 방식과 같은 레이저 소결 방식으로 성형

① 분말
② 아크릴
③ 왁스
④ 고무류

해설 열가소성 수지 폴리우레탄(TPU ; Temperature Polyurethane) 등의 고무류의 소재는 내구성과 유연성이 우수하여 산업재, 생활재로 널리 사용되고 있다. 3D 프린터에서는 파우더로 만들어 SLS 방식과 같은 레이저 소결 방식으로 성형한다.

49 3D 프린팅 소재 개발 상황을 잘못 설명한 것은?

① 플라스틱 계열 소재 이외에는 실용화하기 어렵다.
② 다중 소재 프린팅이 어렵다.
③ 다양한 색깔 구현이 여러 방법으로 시도되고 있다.
④ 향후 새로운 소재와 그 소재에 맞는 새로운 가공 방식의 동시 개발이 예상된다.

해설 현재의 3D 프린팅 소재 개발 동향을 살펴보면, 아직은 다중 소재 프린팅이 어려운 단계이지만, 다양한 색깔 구현이 여러 방법으로 시도되고 있는데, 머지않아 새로운 소재와 그 소재에 맞는 새로운 가공 방식의 동시 개발이 예상된다.

정답 47. ③ 48. ④ 49. ①

50 개인용 3D 프린터로 널리 사용되는 FDM 방식 프린터는 육면체 박스 형태의 카르테시안형과 오면체 형태의 델타형이 있다. 다음 설명 중 델타형 프린터에 해당하는 특징은?

① 프린터 헤드가 기구학적으로 최소 경로로 움직일 수 있다.
② 3축이 순차적으로 작동한다.
③ 일반적으로 3개의 스테퍼 모터가 하나씩 작동한다.
④ 성형 속도가 상대적으로 느리다.

해설 델타형 프린터는 프린터 헤드가 최소 경로를 따라 움직이도록 제어하는 것이 가능하여 성형 시간을 줄일 수 있다.

51 다음 중 델타형 프린터에 해당하는 것은?

① 멘델　　② 다윈　　③ i3x　　④ 로스톡

해설 로스톡은 델타형 프린터 중 선도 그룹에 있다.

52 아두이노(Arduino) 프로젝트에 대한 설명으로 틀린 것은?

① 오픈 소스 프로젝트이다.
② AVR을 기반으로 한 보드로 이루어져 있다.
③ 윈도, 맥 OS X, 리눅스와 같은 여러 OS를 모두 지원한다.
④ 보드 가격은 저렴하나, 개발 키트 값이 비싸다.

해설 아두이노는 2005년 이탈리아에서 출범한 오픈 소스 프로젝트이다. AVR을 기반으로 한 보드로 이루어져 있고, 윈도, 맥 OS X, 리눅스와 같은 여러 OS를 모두 지원하기 때문에 누구나 쉽게 적응할 수 있다. 아두이노의 가장 큰 장점은 회로도, 설계도, 펌웨어를 모두 공개한다는 점이다. 마이크로컨트롤러를 쉽게 작동하는 것이 가능하며 누구나 보드를 직접 만들고 수정할 수 있다. USB를 통해 컴파일 및 업로드를 쉽게 하도록 하고 있다. 3D 프린터 대중화에 커다란 기여를 했다.

53 아두이노와 같은 오픈 소스 프로젝트의 특징으로 틀린 것을 고르시오.

① 오픈 소스 프로젝트는 소프트웨어 분야에서 많이 발달되었지만, 최근에는 아두이노와 같은 하드웨어 프로젝트도 등장했다.
② GPL(General Public Licence) 기반으로 발달했다.
③ 저작권은 개발자에게 있으므로 상용화할 수 없다.
④ 가장 유명한 사례가 리눅스 운영 체제의 경우이다.

해설 GPL(General Public Licence) 기반으로 발달된 오픈 소스 프로젝트의 기본 정신은 저작권은 개발자에게 있지만 상용화할 수 있다는 것이다.

정답　50. ①　51. ④　52. ④　53. ③

54. 아두이노와 같은 오픈 소스 프로젝트의 특징인 GPL(General Public Licence)에 대한 설명으로 틀린 것을 고르시오.

① 자유 소프트웨어 재단의 리차드 스톨만이 창시하였다.
② 저작권은 개발자에게 있지만, 제3자가 개발비의 10%의 비용을 지불하면, 복사·변경·배포할 수 있는 라이선스이다.
③ GPL을 이용하여 소프트웨어의 배포판을 만들어 배포할 수 있고, 배포판을 상업적으로 이용하는 것이 가능하다.
④ 초기에는 리눅스 운영 체제와 같은 소프트웨어 분야에서 주로 발달했다.

해설 아두이노와 같은 오픈 소스 프로젝트는 저작권은 개발자에게 있지만 제3자가 자유롭게 복사·변경·배포할 수 있는 라이선스이다.

55. 3D 프린터의 규격을 나타내는 용어인 빌드 볼륨(Build Volume)의 정의로 옳은 것은?

① 프린터 소재의 보관이 가능한 용적
② 프린터 전체의 부피
③ 프린터 베드의 밑면적
④ 제작 가능한 조형물의 최대 부피

해설 빌드 볼륨(Build Volume)은 제작 가능한 조형물의 최대 부피를 말한다.

56. 3D프린터의 규격을 나타내는 용어인 빌드 사이즈(Build Size)의 정의로 옳은 것을 고르시오.

① 프린터 소재의 보관이 가능한 용적
② 프린터 전체의 부피
③ 프린터 베드의 밑면적
④ 제작 가능한 조형물의 최대 크기

해설 빌드 볼륨과 같이 사용되는 용어로 빌드 사이즈(Build Size)는 제작 가능한 조형물의 최대 크기를 말한다.

57. 다음에서 제시하는 규격을 가진 3D 프린터에 대한 설명으로 틀린 것을 고르시오.

- 방식 : SLA
- Build Volume : 99 × 99 × 528mm
- Z resolution : 0.2mm

① 이 프린터는 광경화성 소재를 사용한다.
② 이 프린터는 제작 가능한 조형물의 크기가 최대 99×99×528mm이다.
③ 히트 베드의 표면 두께가 0.2mm이다.
④ 이 방식의 프린터는 레이저를 사용한다.

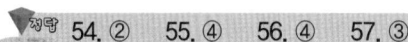
54. ② 55. ④ 56. ④ 57. ③

해설 이 프린터는 SLA 방식 프린터로서, 제작 가능한 조형물의 크기는 최대 99 × 99 × 528mm이며, 조형물 제작 시 상 방향 해상도는 0.2mm이다.

58 다음에서 제시하는 규격을 가진 3D 프린터에 대한 설명으로 틀린 것을 고르시오.

- 방식 : DLP
- Build Volume : 100 × 100 × 500mm
- Z resolution : 0.01mm

① 이 프린터는 광경화성 소재를 사용한다.
② 이 프린터는 제작 가능한 조형물의 크기가 최대 100×100×500mm이다.
③ 조형물 제작 시 상 방향 해상도는 0.01mm이다.
④ 이 방식의 프린터는 SLA 방식보다 제작 속도가 느리다.

해설 이 프린터는 DLP 방식 프린터로서, SLA 방식보다 제작 속도가 빠르다.

59 모형을 제작할 때, 상하 방향(높이 방향)으로 정밀하게 제작해야 한다면, 다음 중 어떤 프린터를 선택해야 하는가?

프린터 A
- 방식 : DLP
- Build Volume : 500×500×500mm
- Z resolution : 0.2mm

프린터 B
- 방식 : FDM
- Build Volume : 450×360×100mm
- Z resolution : 0.05mm

프린터 C
- 방식 : SLA
- Build Volume : 200×200×500mm
- Z resolution : 0.1mm

프린터 D
- 방식 : DLP
- Build Volume : 300×300×10mm
- Z resolution : 0.001mm

① 프린터 A   ② 프린터 B
③ 프린터 C   ④ 프린터 D

해설 상하 방향(높이 방향)으로 정밀 제작 성능을 말해주는 것은 Z resolution인데, 작을수록 정밀하다는 것이다.

정답 58. ④   59. ④

60 다음에 열거한 프린터 중 치기공에 적합한 프린터는 어떤 것인가?

프린터 A
- Tray size : 300×200×100mm
- Layer thickness(Z-axis) : 0.03mm

프린터 B
- Maximum part size : 12.7×12.7×12.7cm
- Layer thickness : 0.178mm

프린터 C
- Build size : 203×203×152mm
- Layer thickness : 0.254mm

프린터 D
- Build size : 490×390×200mm
- Layer thickness : 0.016mm
- Build resolution : X-axis: 600dpi; Y-axis: 600dpi; Z-axis: 1600dpi

① 프린터 A ② 프린터 B
③ 프린터 C ④ 프린터 D

해설 빌드 사이즈의 크기와 정밀도를 보면, 프린터 A가 치기공용임을 알 수 있다.

61 다음에 열거한 프린터 중 보석 세공에 적합한 프린터는 어떤 것인가?

프린터 A
- Tray size : 300×200×100mm
- Layer thickness(Z-axis) : 0.03mm

프린터 B
- Net Volume Size : 43×27×150mm
- Layer thickness : 0.03mm

프린터 C
- Build size : 203×203×152mm
- Layer thickness : 0.254mm

프린터 D
- Build size : 490×390×200mm
- Layer thickness : 0.016mm dpi

① 프린터 A ② 프린터 B
③ 프린터 C ④ 프린터 D

해설 빌드 사이즈의 크기와 정밀도를 보면, 프린터 B가 보석 세공용임을 알 수 있다.

정답 60. ① 61. ②

62. 다음에 열거한 3D 프린터 중 프린팅 방식이 다를 것으로 예상되는 프린터는?

프린터 A
- Tray size : 250 × 250 × 250mm
- Layer thickness : 0.125mm

프린터 B
- Net Volume Size : 380 × 380 × 250mm
- Layer thickness : 0.125mm

프린터 C
- Build size : 380 × 380 × 50mm
- Layer thickness : 0.100mm

프린터 D
- Build size : 500 × 500 × 500mm
- Layer thickness : 0.01mm

① 프린터 A
② 프린터 B
③ 프린터 C
④ 프린터 D

해설 Layer thickness가 가장 작은 것이 SLS 방식 프린터이다. 프린터 A, B, C는 SLA 방식 프린터이고, 프린터 D는 SLS 방식 프린터이다.

63. 다음 중 최대로 만들 수 있는 모형의 부피가 가장 큰 프린터는?

프린터 A
- 방식 : DLP
- Build Size : 500 × 500 × 600mm
- Z resolution : 0.2mm

프린터 B
- 방식 : FDM
- Build Size : 550 × 560 × 650mm
- Z resolution : 0.05mm

프린터 C
- 방식 : SLA
- Build Size : 200 × 200 × 500mm
- Z resolution : 0.1mm

프린터 D
- 방식 : DLP
- Build Size : 300 × 300 × 10mm
- Z resolution : 0.001mm

① 프린터 A
② 프린터 B
③ 프린터 C
④ 프린터 D

해설 프린터 B의 Build Volume이 가장 크다.

정답 62. ④ 63. ②

64 다음에서 설명하는 프린터의 프린팅 방식은?

- Proven Quality
  - 고품질의 금속 파트 및 기능적 시제품 제작이 자유롭다.
  - 기존의 EOSINT M280을 통해 Metal 3D-Market에서의 기술력과 품질은 최고임이 입증되었다.
- Modular Components
  - 400W Fiber Laser는 성능 안정성과 함께 매우 높은 빔 품질을 제공한다.
  - 시스템은 질소와 아르곤 가스 환경에서 안전하게 작동되며, 다양한 재료를 처리할 수 있도록 한다.
- Extensive Portfolio
  경금속에서 스테인리스, 초합금에서 공구강까지 다양한 재료의 처리가 가능하다.

① FDM
② DLP
③ SLA
④ SLS

해설 이 프린터는 레이저를 사용하여 금속재 가공이 가능한 SLS 방식의 프린터임을 알 수 있다.

정답 64. ④

03 Chapter · 3D 프린팅 응용과 미래 산업

◉ 제2차 산업 혁명 이후 제조업의 키워드
- 금형 기반
- 라인 기반
- 대량 생산

◉ 3D 프린팅 사용 이유
- 금형(Mold) 불필요
  - 맞춤형 주문 제작에 적합
  - 제작 모형에 제한이 없음.
  - 소량 생산에 적합
- 제작 공구가 단순함.
- 재고 관리 구조가 단순함.

◉ 3D 프린팅의 가공 방식

1. 공제식 가공(Subtractive Manufacturing)
- 전통적인 방식
- 선반, 밀링 머신, CNC 등
- 재료와 공구 간섭이 최대의 제한 조건임.
- 제작이 가능한 형상에 한계가 있음.

2. 첨가식 가공(Additive Manufacturing)
- 신개념으로 등장한 3D 프린터를 사용한 방식
- 원재료 개발로 영역이 점차로 확대됨.
- 제작이 가능한 형상에 제한이 거의 없음.

◉ 3D 프린터의 3단계 공정

1. **모델링** : CAD 또는 3D 스캐너를 통한 3차원 디지털 도면(CAD) 제작
2. **프린팅** : 첨가식 방식으로 재료 적층

제1과목 3D 프린팅 동향

3. 후처리 : 서포터 제거, 연마, 염색, 표면 재료 증착 등 마무리 공정

◉ 3D 프린팅의 해결 과제

1. 기술적 과제
- 제작 속도의 개선
- 조형물의 내구성 강화, 재료의 다양화
- 조형물의 크기와 정밀도

2. 사회 제도적 과제
- 새로운 법규와 제도 도입
- 특허와 표준화
- 국가 시스템적 대응

◉ 세계 최대 제트 엔진 제작사인 GE(General Electric Company)의 적극적인 행보
- GE는 2015년부터 제트 엔진의 주요 부품인 연료 노즐 제작을 위한 3D 프린팅 전용 공장을 미국 알라바마 주에 세워 생산 중
- 2016년 9월 스웨덴의 아르캠(ARCAM)과 독일의 SLM 솔루션을 총 14억 달러(약 1조 5,000억 원)에 인수
- 이미 3D 프린팅 기술의 진가를 인정한 GE는 제트 엔진의 다양한 부품들을 만들 계획을 세움.

◉ 3D 프린팅과 ICT의 창조적 융합
- **3D 프린팅과 ICT의 융합은 이미 진행 중임.**
  - 프린팅을 위한 도면의 디지털화
  - 프린터 내의 연산과 제어 과정
  - 인터넷을 통해 자료 교환
  - 3D 프린팅은 ICT 영역에 존재
- **발전적 혁신 가능**
  - 향후 하드웨어와 소프트웨어 기술을 결합
  - 다양한 비즈니스 모델 활성화
  - 3D 프린팅 산업의 보다 진전된 혁신 가능성

- 아직은 초기 단계이며 3D 프린터 하드웨어에 대한 관심이 높음.
  - 3D 프린터 관련 소프트웨어 기술의 개발
  - 비즈니스 모델을 중심으로 한 생태계의 구축이 중요

쿼키(Quirky) : 통합의 비즈니스 모델 시도

- 산업 디자인 제품을 설계 · 제작 · 판매하는 회사
- 크라우드 소싱(Crowd Sourcing) 기반의 소셜 개발 플랫폼
- 회원들의 투표와 전문가 집단의 논의를 거쳐 이용자 아이디어 중 우수 아이디어 선정
- 아이디어가 선정되면 연구 개발을 거쳐 실제 제품으로 개발
- 아이디어 제공자에게 판매 수익금의 30% 정도를 로열티로 지급
- 쿼키의 스튜디오에는 시제품을 만들기 위한 각종 공구, 밀링 머신, 3D 프린터를 제공

클라우드 생산(Cloud Manufacturing)

- 네트워크 기반 소규모의 제조 회사들이 모인 분산 시스템
- 인터넷으로 사용 가능한 디바이스를 연결
- 다양한 비즈니스 모델을 형성하고 성장시킴.
- 저비용으로 IT 자원을 확보
- SNS 같은 서비스 플랫폼 결합으로 세계적 확장 가능

스마트 기기와 3D 기술

- 3D 프린팅은 3D 데이터가 출발점
  - 사용자가 3D 데이터에 쉽게 접근할 수 있는 환경과 솔루션
  - 3D 스캐너가 중요한 역할을 함. 최근 저가 스캐너 보급 시작
- 스마트폰(가장 대중화된 디바이스) 활용 시도
  - 3D 이미지 생성, 3D 모델링
  - Autodesk 123D Catch 프로그램

애플의 아이팟과 아이튠즈의 성공 요인

- 통합의 비즈니스 모델
  - 하드웨어 + 소프트웨어 + 콘텐츠 + 서비스의 결합

예상문제 풀이
Chapter 03 — 3D 프린팅 응용과 미래 산업

01 최근 3D 프린팅에 의해 촉발된 제조 기술이 현재까지의 생산 체계를 바꿀 수 있는 계기가 될 가능성이 매우 높다고 평가하는 전문가와 전문 기관이 많다. 관련 사실과 다른 것을 고르시오.

① 3D 프린팅으로 촉발된 첨가적 제조(Additive Manufacturing)에 대한 새로운 평가이다.
② 금형 기반 대량 생산 시스템의 변화 가능성을 예상하고 있다.
③ 소재를 가공할 때 발생하는 공구와 소재의 간섭 문제의 해결을 예상하고 있다.
④ 원격 제조의 가능성을 예상하고 있다.

해설 3D 프린팅은 첨가적 제조(Additive Manufacturing)의 영역을 확대시킬 것으로 기대되는데, 이에 따라 금형 기반 대량 생산 시스템의 변화 가능성을 예상하고 있으며, 인터넷과 연결되며 원격 제조의 가능성도 예상하고 있다.

02 현재 3D 프린팅이 해결해야 할 기술적 과제로 거리가 먼 것을 고르시오.

① 일반적으로 제품 제작 속도가 상대적으로 느리다.
② 일반적으로 조형물의 물리적, 화학적 내구성이 작다.
③ 제작 가능한 조형물의 크기가 제한적이다.
④ 제작 가능한 조형물의 형태가 재래식 제작 방식에 비해 제한적이다.

해설 현재의 3D 프린팅 기술로 제작 가능한 조형물의 형태는 재래식 제작 방식보다 그 범위가 매우 다양하다. 또한 3D 프린팅 기술로 조형물을 제작할 경우 조형물의 형태 변경이 매우 용이하다.

03 다음 주장과 3D 프린팅을 가장 올바르게 관련지은 것은?

> 미국 코넬대학 교수인 호드 립슨(Hod Lipson)은 그의 책 《3D 프린팅의 신세계》에서 "인간이 점차 물리적 세계에 대한 통제력을 키워 나가는 과정 중 첨가적 방식의 진화가 진행됐다."고 했다. 이는 물체의 '형태'에 대한 인간의 통제력, 물체의 '구성'에 대한 통제력, 그리고 '행동'에 대한 통제력을 말하는 것이다. 이 중 행동에 대한 통제력은 우리가 단순히 수동적인 소비자로 머무는 것이 아니라, 능동적으로 생산 활동에 간여하게 된다는 것을 뜻한다.

 01. ③ 02. ④ 03. ③

① 3D 프린팅은 인간의 사회 활동을 제한할 것이다.
② 3D 프린팅은 인간의 생산 방식을 다소 개선할 것이다.
③ 3D 프린팅 기술은 생산 방식의 개선의 차원을 넘어 문화사적으로 한 획을 긋는 계기가 될 것이다.
④ 3D 프린팅은 기존의 생산 방식과 공존하며 결국에는 보완적 관계를 유지하며 정착할 것이다.

해설 호드 립슨(Hod Lipson) 교수는 그의 저서에서 3D 프린팅 기술은 단지 생산 방식의 개선의 차원을 넘어 문화사적으로 한 획을 긋는 계기가 될 것이라고 했다.

04 현재 3D 프린팅이 해결해야 할 사회 제도적 과제로 거리가 먼 것을 고르시오.

① 새로운 법규와 제도 도입
② 국제적으로 통용 가능한 표준화 제도 도입
③ 지적 재산권 관련 법규와 제도 도입
④ 소재 개발 관련 규제 철폐

해설 현재 3D 프린팅 기술이 해결해야 할 사회 제도적 과제로는 새로운 법규와 제도 도입, 국제적으로 통용 가능한 표준화 제도 도입, 지적 재산권 관련 법규와 제도 도입 등이 있다.

05 현재 3D 프린팅 기술이 해결해야 할 기술적 항목 중 서로 양면적 대비 관계가 가장 큰 항목은?

① 제작 속도와 정밀도
② 조형물 크기와 내구성
③ 조형물 소재 가격과 내구성
④ 제작 속도와 내구성

해설 3D 프린팅으로 조형할 때, 정밀도를 낮추는 대신 투입 재료의 양을 늘려 두께를 키우면 제작 속도가 빨라지는 등 제작 속도와 정밀도는 서로 양면적 대비 관계에 있다.

정답 04. ④ 05. ①

제1과목 3D 프린팅 동향

06 산업체에서는 3D 프린팅 기술로 제작된 제품들이 공통적으로 안고 있는 문제를 어느 정도 극복하기도 하였다. 이와 관련된 설명으로 바른 것은?

① 측력에 약한 조형물의 내구성이 문제가 되었다.
② 플라스틱 계열의 조형물은 제조 과정에서 자연 보상이 되므로 내구성에 대해서는 별다른 문제가 없었다.
③ 잉크젯 기술을 사용함에 따라 조형물의 색상을 구현하는 문제는 거의 모든 소재에 대해 해결되었다.
④ 제작 속도 문제는 빠른 속도의 마이크로프로세서와 정밀도 높은 스테퍼 모터의 개발로 극복되었다.

해설 3D 프린팅으로 조형할 때 많은 경우 조형물의 내구성이 문제였는데, 특히 측력에 약한 점이 있다.

07 최근 GE 항공이 신세대 제트 엔진인 LEAP 엔진의 주요 부품인 연료 노즐을 3D 프린팅 기술을 이용하여 생산하기로 한 사실과 관련된 설명으로 바르지 않은 것은?

① GE 항공은 3D 프린팅의 제조 방식인 적층식 제조 방식의 근본적인 문제점을 극복했다는 것을 보여 준다.
② 플라스틱 계열의 조형물이 많은 3D 프린팅 분야에서 금속 재료도 실제 시스템에 적용 가능한 수준으로 제조 가능함을 보여 준다.
③ 항공기 엔진 부품을 3D 프린팅을 이용해서 제작했다는 사실은 재료 수급 및 재고 관리에도 많은 장점이 있음을 시사한다.
④ 3D 프린팅 기술로 제작한 부품의 성능은 아직 뒤지지만, 가격 경쟁력 때문에 사용 결정을 내린 것이다.

해설 GE 항공이 신세대 제트 엔진인 LEAP 엔진의 주요 부품인 연료 노즐을 3D 프린팅 기술을 이용하여 생산하기로 했다는 사실은 적층식 제조 방식의 근본적인 문제점을 극복했다는 사실을 말해 준다. 플라스틱 계열의 조형물이 많은 3D 프린팅 분야에서 금속 재료도 실제 시스템에 적용 가능한 수준으로 제조 가능함을 보여주고 있다. 또한 재료 수급 및 재고 관리 등에도 많은 장점이 있어 국제적 분업이 필수적인 항공기 제작 업체들이 주목하고 있다. 연료 노즐 제작에 사용한 방식은 금속 소재 가공이 용이한 SLS 계열 방식이며 GE 항공은 이번 사례를 통해 3D 프린팅 기술로 제작한 부품의 성능이 재래 방식으로 제작한 부품의 성능에 비해 떨어지지 않음을 입증했다. 재래 방식으로 제작할 경우에는 20여 개의 부품을 따로 제작하여 조립하는 과정이 필요했으나 3D 프린터로는 하나의 부품으로 제작 가능하다는 것을 입증하였다. 또한 고온·고압의 특성을 가진 제트 엔진의 부품 제작에 3D 프린팅 기술을 사용한다는 사실은 3D 프린팅 기술이 고온·고압 시스템 부품도 제작 가능함을 보여 준다.

정답 06. ① 07. ④

08 현재 3D 프린팅을 비롯한 수많은 상품들이 ICT(Information Communication Technology) 기술과의 융합을 통해 발전을 거듭해 왔다. 이와 관련된 설명으로 바르지 않은 것은?

① 3D 프린팅은 프린팅을 위한 3차원 도면이 디지털화하며 ICT 발전과 같은 방향으로 발전해 왔다.
② 3D 프린팅 소재 산업 발달의 한계를 고성능 마이크로프로세서를 사용하여 극복하며 3D 프린팅의 새로운 발전을 지향하고 있다.
③ 향후 3D 프린팅의 대중화를 위해서는 ICT 기술과의 융합이 더욱 진행될 것이고, 하드웨어와 소프트웨어 기술을 결합한 다양한 비즈니스 모델이 활성화될 것으로 예상된다.
④ 인터넷을 통해 세계 어느 곳에서도 정보를 주고받을 수 있는 환경이 조성된 것이 3D 프린팅 발전에 큰 도움이 되었다.

해설 3D 프린팅 소재 산업 발달의 한계를 고성능 마이크로프로세서를 사용하여 극복한다는 것은 사실과 거리가 있다.

09 3D 프린팅은 최근 ICT(Information Communication Technology) 발달에 커다란 혜택을 입고 시너지를 발휘하고 있다. 이러한 사실과 가장 거리가 먼 것은?

① PC의 성능 향상으로 워크스테이션을 사용하지 않고도 CAD 설계를 자유롭게 할 수 있다.
② 인터넷의 성능 향상으로 인해 실시간에 가깝게 세계 어느 곳이라도 디지털 자료의 교환이 가능하다.
③ 3D 프린팅 분야에서는 사물 인터넷 개념이 일찍이 정립되어 다른 분야보다 일찍 사물 인터넷 기술 적용이 이루어졌다.
④ 3D 프린터 내부에서 모든 기능 제어를 담당할 컨트롤 보드의 마이크로프로세서 성능이 좋아지고 가격이 저렴해졌다.

해설 사물 인터넷 기술 발달과 그 적용에 대해서는 비교적 최근에 노력이 이루어지고 있다.

10 3D 프린팅이 가져올 미래 비즈니스의 키워드는 '디지털 제조업자'의 등장이다. 이러한 사실과 가장 거리가 먼 것은?

① 3D 프린터의 등장으로 개인도 생산 수단을 가질 수 있게 되었다.
② 3D 프린팅은 새로운 제품에 대한 아이디어만 있으면 개인도 제품을 손쉽게 만들 수 있는 환경을 마련하였다.
③ 개인도 온·오프라인에서 제품을 유통할 수 있게 되었다.
④ 대기업의 자본 집약이 더욱 심해져서 새로운 제조업의 등장이 점점 어려워지고 있다.

08. ② 09. ③ 10. ④

해설 3D 프린팅이 가져올 미래 비즈니스의 키워드가 '디지털 제조업자'의 등장이라는 것은 개인도 새로운 제품에 대한 아이디어만 있으면 제품을 손쉽게 만들 수 있는 환경이 마련되었고, 온·오프라인에서 제품을 유통할 수 있게 된 것이다.

11 다음에서 제시하는 새로운 비즈니스 모델을 보여 주고 있는 3D 프린팅 관련 회사는 어느 곳인가?

- 회원들의 투표와 전문가 집단의 논의를 거쳐 이용자들로부터 수집된 아이디어 중 우수 아이디어를 선정한다.
- 아이디어가 선정되면 연구 개발을 거쳐 실제 제품으로 제작하며, 판매 수익금의 30% 정도가 아이디어 제공자에게 로열티로 지급된다.
- 집단 지성을 발휘하는 소셜 개발 플랫폼이다.
- 디지털 제조업을 활성화하는 비즈니스 모델로 주목받고 있다.

① 쿼키
② 셰이프웨이즈
③ 스트라타시스
④ 3D 시스템즈

해설 미국의 쿼키(Quirky, www.quirky.com)는 집단 지성을 발휘하는 크라우드 소싱(Crowd Sourcing) 기반의 소셜 개발 플랫폼이며, 디지털 제조업을 활성화하는 비즈니스 모델로 주목받고 있다.

12 다음 글이 설명하는 새로이 등장할 생산 체계로 옳은 것은?

- 설계 및 제조 서비스 제공 업체와 소비자 사이의 소셜 네트워킹과 협상 플랫폼을 통해 최소 비용의 열린 혁신 및 신속한 제품 개발을 가능하게 한다.
- 소규모의 제조 회사들이 모인 초대형 네트워크에 기반을 둔 분산 시스템이다.
- 생산자들이 서로 연결되고 다양한 솔루션이 결합되어 온라인을 통해 다양한 비즈니스 모델을 형성한다.

① 금형 기반 생산(Mold based Manufacturing)
② 사물 인터넷 기반 생산(IoT based Manufacturing)
③ 클라우드 생산(Cloud Manufacturing)
④ 소비자 직접 생산(Consumer Direct Manufacturing)

해설 위키피디아는 클라우드 생산(Cloud Manufacturing)이 설계 및 제조 서비스 제공 업체와 소비자 사이의 소셜 네트워킹과 협상 플랫폼을 통해 최소 비용의 열린 혁신 및 신속한 제품 개발을 가능하게 하며, 소규모의 제조 회사들이 모인 초대형 네트워크에 기반을 둔 분산 시스템이며, 생산자들이 서로 연결되고 다양한 솔루션이 결합되어 온라인을 통해 다양한 비즈니스 모델을 형성한다고 설명하고 있다.

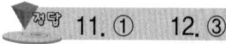
11. ①   12. ③

13 다음 글이 설명하는 새로이 등장할 생산 체계는 무엇인가?

- 하드웨어와 각종 애플리케이션까지 사용한 양만큼만 비용을 지불하면 되므로, 인프라 투자 및 유지에 드는 비용을 획기적으로 절감하는 것이 가능하다.
- 큰 규모의 시스템 투자 없이 저비용으로 IT 자원을 확보할 수 있으며, 인터넷에 접속 가능한 어떤 디바이스를 통해서도 편집과 같은 애플리케이션 작업이 가능하다.
- SNS 같은 서비스 플랫폼과 결합하여 사용자 기반을 글로벌로 확장할 수 있다.

① 사물 인터넷 기반 생산(IoT based Manufacturing)
② 클라우드 생산(Cloud Manufacturing)
③ 금형 기반 생산(Mold based Manufacturing)
④ 소비자 직접 생산(Consumer Direct Manufacturing)

해설 클라우드 생산(Cloud Manufacturing)을 설명하고 있다.

14 최근 웹 기반 기능 및 서비스가 결합된 CAD 프로그램이 다음과 같은 개념으로 잇따라서 공개되고 있다. 이러한 개념은 어떤 종류의 서비스에 대한 설명인가?

- 어디서나 작업 내용을 열어 보거나 저장하고, 디자인 및 엔지니어링 문서에 웹이나 모바일 기기를 통해 쉽게 접근할 수 있다.
- 특정 소프트웨어를 사용하지 않는 다른 사용자들과도 작업 공유가 가능한 오픈 디자인 환경을 제공한다.
- 고성능 렌더링, 디자인 최적화 기능, 시뮬레이션 및 소셜 협업 기능을 이용할 수 있다.

① 사물 인터넷 서비스(IoT Service)
② 소비자 서비스(Consumer Service)
③ 공공 서비스(Public Service)
④ 클라우드 서비스(Cloud Service)

해설 클라우드 생산(Cloud Manufacturing)을 설명하고 있다.

15 최근 스마트 단말기에 다음과 같은 3D 기능을 구현하려는 시도가 활발하게 진행되고 있다. 이러한 움직임의 결과에 가장 직접적으로 수혜를 받고 있는 3D 프린팅 분야는?

> • Autodesk 123D Catch
> • 옥시피탈(Occipital) 사가 개발한 '스트럭처 센서'
> • 펠리칸 이미징(Pelican Imaging)의 '16개 렌즈 어레이 카메라'
> • 구글의 '탱고' 프로젝트
> • 인텔의 '리얼센스(RealSense)' 카메라

① 모델링 분야
② 프린팅 분야
③ 후처리 분야
④ 인터넷 분야

해설 위에 설명한 것들은 모두 3D 이미지 그리고 그 연장선상의 3D CAD와 관련한 새로운 움직임들이다. 모두 3D CAD 모델링에 큰 도움을 줄 것으로 기대하고 있다.

16 3D 프린터가 첨가식 제조 방법으로 적층하여 3차원 구조물을 효과적으로 조형하는 도구라면, 이를 이용한 3차원 구조물 제작 활용은 바이오 분야도 예외가 아니다. 다음 설명 중 사실과 다른 것은?

① 3D 프린팅 기술이 도입된 후 일부 바이오 분야에서도 활발하게 응용하고 있다.
② 3D 프린팅 기술 중 바이오 분야에서 주로 활용되는 기술은 SLS 계열의 기술로 산업계의 응용 방향과 유사하다.
③ 3D 프린팅으로 세포가 붙어서 자랄 수 있는 틀을 만드는 작업을 할 수 있다.
④ 3D 프린팅 분야 중 바이오 응용 기술은 아직 초기 단계에 있다.

해설 바이오 3D 프린팅에서는 세포에 대한 손상이 우려되므로 레이저를 사용하는 SLS 방식은 적합하지 않다.

정답 15. ① 16. ②

17 애플의 아이튠즈와 아이폰, 아이팟의 성공의 예를 통해 3D 프린터의 나아갈 방향을 짐작할 수 있다는 주장에 대한 올바른 설명은?

① 3D 프린팅 기술의 확산을 위해서는 애플의 iOS 같은 고유의 운영 체제 개발이 매우 중요하다.
② 3D 프린팅 발전에 가장 중요한 것은 애플 같은 국제적 브랜드의 필요성이다.
③ 애플의 성공 사례를 분석하면, 직접 마케팅 및 서비스가 성공의 핵심이다.
④ 서비스와 콘텐츠를 하드웨어와 연결시킨 비즈니스 모델 그리고 이를 뒷받침할 수 있는 소프트웨어 기술의 개발이 모두 필요하다.

해설 애플의 성공은 아이튠즈를 기반으로 한 서비스와 콘텐츠를 하드웨어와 연결시킨 비즈니스 모델 그리고 이를 뒷받침할 수 있는 소프트웨어 기술의 개발을 바탕으로 이루어졌다. 이러한 성공 방식이 3D 프린팅 성공에도 필요하다고 보는 전문가들이 많다.

17. ④

3D 프린팅 시장과 지배자

🔴 오픈 소스 프로젝트

- **주로 소프트웨어 분야에서 발달**
  - 1980년대 리처드 스톨만의 자유 소프트웨어 재단 → GNU 배포
  - GPL 개념 도입 : 1990년대 리눅스 운영 체제가 GPL로 배포
  - '자유 소프트웨어' → '오픈 소스 소프트웨어'

🔴 오픈 소스(오픈 소스 이니셔티브)란?

- 자유로운 재배포 허가, 파생 소프트웨어 배포 허가, 개인이나 집단의 차별 금지
- 소프트웨어 라이선스에는 'OS 인정 마크'가 주로 소프트웨어 분야에서 발달 ⓔ 리눅스

🔴 GPL(General Public License)

- 자유 소프트웨어 재단의 리처드 스톨만이 창시
- GNU 프로젝트로부터 시작한 소프트웨어에 적용되는 라이선스
- 저작권은 개발자에게 있지만, 제3자가 자유롭게 복사·변경·배포할 수 있는 라이선스
- GPL이 적용된 소프트웨어를 이용해 개량된 소프트웨어를 개발했다면, 개발한 소프트웨어의 소스 코드 역시 공개해야 함.
- GPL을 이용하여 소프트웨어의 배포판을 만들어 배포할 수 있고, 배포판을 상업적으로 이용 가능
- 가장 널리(공개 소프트웨어의 70~80%) 적용되는 공개 소프트웨어 라이선스
- 공개 소프트웨어 세계의 헌법이라는 별칭을 가짐.

🔴 혁신의 상징 오픈 소스 프로젝트인 렙랩 프로젝트

- **Replication Rapid Prototyping(www.reprap.org)**
  - 영국 바스 대학 기계공학과의 아드리안 보이어(Adrian Bowyer) 교수에 의해 2005년 시작, 하드웨어 오픈 소스 형태로 대중의 참여 유도
  - 오늘날 우리가 접하는 대부분의 개인용 3D 프린터에 결정적 영향을 줌.

렙랩의 3가지 성공 방정식

- **FDM 방식**
  - 가장 간편한 방식 : 레이저를 사용하지 않는 방식이어서 기구의 사용이 간편함.
  - 특허가 2009년에 만료되는 기술을 미리 대비
- **오픈 소스 방식**
  - 소스 코드, 회로도, 설계도 등 자료 모두 공개
  - 관심 있는 전문가의 참여로 개발 · 발전
- **구하기 쉬운 부품과 DIY 방식**
  - 공개한 프린터의 부품은 모두 가격이 저렴하고 쉽게 조달 가능
  - CAD 설계도를 공개하여 플라스틱 소재의 기계적인 부속품으로 3D 프린터 자체 제작 가능

쿼키(Quirky) : 통합의 비즈니스 모델 시도

- 산업 디자인 제품을 설계 · 제작 · 판매하는 회사
- 크라우드 소싱(Crowd Sourcing) 기반의 소셜 개발 플랫폼
- 회원들의 투표와 전문가 집단의 논의를 거쳐 이용자 아이디어 중 우수 아이디어 선정
- 아이디어가 선정되면 연구 개발을 거쳐 실제 제품으로 개발, 아이디어 제공자에게 판매 수익금의 30% 정도를 로열티로 지급
- 쿼키의 스튜디오에는 시제품을 만들기 위한 각종 공구, 밀링 머신, 3D 프린터를 제공

주요 3D 프린팅 관련 회사

- **스트라타시스(www.stratasys.com)**
  - 1989년 스콧 크럼프가 FDM(Fused Deposition Modeling) 방식 바탕으로 설립한 회사
  - 현재 전 세계 시장 1위 업체
- **3D 시스템즈(www.3dsystems.com)**
  - 1986년 찰스 헐에 의해 세워진 회사, 현재 전 세계 시장 2위 업체
  - 3차원 프린터를 세계 최초로 상용화함.
  - SLA(Stereo Lithography Apparatus) 기술 선도
- **EOS(www.eos.info/en)**
  - 독일 회사로 1989년 설립됨.
  - DMLS(Direct Metal Laser Sintering) 방식을 세계 최초로 개발함.
  - 최첨단 산업용 3D 프린터 분야에서 두드러진 기업(점유율 약 2%)

- 메이커봇(www.makerbot.com)
  - 2009년 미국 뉴욕 브루클린에서 출발
  - 렙랩 기반, 저렴한 데스크톱 3D 프린터 판매
  - 2012년에는 약 25%의 점유율을 기록함.
  - 엔지니어, 디자이너, 연구원과 일반 소비자들까지 사용
  - 2013년 6월 19일에 스트라타시스에 합병됨.

- 비트프롬바이트(www.bitsfrombytes.com)
  - 2008년 설립됨.
  - 2010년에 3D 시스템즈에 합병됨.
  - 렙랩의 다윈 오픈 소스를 기반으로 3D 프린터 키트 생산

- 셰이프웨이즈(www.shapeways.com)
  - 네덜란드 회사로 대표적인 3D 프린터 제품 판매
  - 인터넷을 통해 제품 디자인·판매·제조·배송 통합 서비스를 선보임.
  - 제품을 거래하는 마켓 플레이스 역할을 함.

- 싱기버스(www.thingiverse.com)
  - 메이커봇 사에서 운영하는 공유 사이트

3D 프린팅 시장과 지배자

01 렙랩(RepRap)에 대한 설명 중 사실과 다른 것을 고르시오.

① 오픈 소스 하드웨어 형태로 대중의 참여를 유도했다.
② 오늘날 우리가 접하는 대부분의 개인용 3D 프린터에 큰 영향을 끼쳤다.
③ 3D 프린터 기술의 대중화에 가장 크게 기여했다.
④ FDM 방식 특허를 기증받은 후 활발히 추진되었다.

해설 렙랩(RepRap)이 출범할 당시 FDM 방식만을 따랐지만 기증받지는 않았다. 렙랩은 오픈 소스 프로젝트 방식을 따랐으며 아드리안 보이어 교수가 주도적으로 시작했다.

02 아드리안 보이어 교수가 렙랩을 출범한 2005년 당시에는 FDM 방식의 특허가 아직 유효한 기간이었다. 그럼에도 불구하고 특허 문제가 없었던 이유는?

① FDM 방식을 기증받았다.
② 본래의 FDM과는 다른 방식으로 피해 갔기 때문이다.
③ FDM 방식의 특허 보유자인 스콧 크럼프도 같이 참여했기 때문이다.
④ FDM 방식 특허 만료 기간인 2009년까지는 상업적 활동을 하지 않았기 때문이다.

해설 2005년에 설립한 렙랩은 FDM 방식 특허가 만료되는 2009년까지는 상업 활동을 하지 않고, 개발에만 집중했다.

03 다음 중 렙랩이 추구한 기본 방향과 거리가 먼 것은?

① FDM 방식을 추진했다.
② 개인의 지적 재산권을 철저히 보호했다.
③ 구하기 쉬운 부품을 사용했다.
④ DIY(Do-It-Yourself) 방식을 추구했다.

해설 렙랩은 오픈 소스 프로젝트 방식으로 진행됐기 때문에 개인의 지적 재산권에 대해서는 GPL 방식을 따랐다.

정답 01. ④ 02. ④ 03. ②

제1과목 3D 프린팅 동향

04 렙랩이 추구한 기본 방향인 오픈 소스 방식과 거리가 먼 것은?

① 출발 때부터 관심 있는 전문가들의 참여를 모았다.
② 개인의 지적 재산권을 철저히 보호했다.
③ 소스 코드, 회로도, 설계도 등을 모두 공개하였다.
④ 누구라도 참여하여 자료를 볼 수 있으며, 개선 방향을 자유롭게 제안할 수 있도록 했다.

해설 렙랩은 오픈 소스 프로젝트 방식으로 진행됐기 때문에 개인의 지적 재산권에 대해서는 GPL 방식을 따랐고, 모든 자료를 공개하고 누구나 차별 없이 참여 가능하도록 했다.

05 렙랩이 추구한 기본 방향인 '구하기 쉬운 부품'과 'DIY 방식'과 거리가 먼 것은?

① 쉽게 구할 수 있는 프린터 부품으로 설계하여 공개하였다.
② 금속 소재 부품을 포함하여 프린터 부품 중 75%는 3D 프린터로 제작 가능하게끔 설계하였다.
③ 프린터의 마이크로컨트롤러도 아두이노 보드를 사용할 수 있도록 했다.
④ 구하기 쉬운 부품과 DYI 방식이라는 철학으로 출발한 렙랩은 개인용 3D 프린터 보급에 결정적인 역할을 했다.

해설 렙랩의 부품 중 플라스틱 부품만 자체 제작 가능하다.

06 다음 중 렙랩과 거리가 먼 것은?

① 창립 이후 FDM 방식의 프린터 모델을 계속 공개하였다.
② 메이커봇, 비트프롬바이트 등과 같은 대기업의 개인용 프린터의 기반이 됐다.
③ 컨트롤러는 아두이노 보드를 사용했다.
④ 미국의 팹앳홈과 공조하며 영향력을 키워 갔다.

해설 렙랩은 미국의 팹앳홈과 특별한 공조 없이 독자적으로 영향력을 키워 갔다.

07 3D 프린팅 관련 주요 회사 혹은 단체와 창립자를 연결한 것으로 틀린 것은?

① 스콧 크럼프 – 스트라타시스
② 찰스 헐 – 3D 시스템즈
③ 아드리안 보이어 – 팹앳홈
④ 리처드 스톨만 – 자유 소프트웨어 재단

해설 아드리안 보이어는 렙랩의 창시자이다.

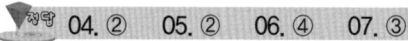
04. ② 05. ② 06. ④ 07. ③

[08~13] 주어진 설명에 적합한 3D 프린팅 관련 회사를 고르시오.

08 다음에서 제시하는 지배력이 큰 3D 프린팅 관련 회사의 명칭은?

- SLA 방식을 기반으로 출발
- 찰스 헐이 주도적으로 설립
- 1997년부터 수십 개의 회사를 인수 합병

① 스트라타시스　　　　② 3D 시스템즈
③ EOS　　　　　　　　④ 메이커봇

해설 3D 시스템즈 사는 1984년 찰스 헐이 SLA 방식을 기반으로 설립한 회사인데, 이후 수십 개의 회사를 인수 합병하여 사업을 다각화하였다.

09 다음 글이 제시하는 3D 프린팅 관련 회사의 명칭은?

- FDM 방식을 기반으로 출발
- 1989년 스콧 크럼프가 주도적으로 설립
- 1997년부터 여러 개의 회사를 인수 합병
- 3D 프린터 시장 점유율 1위

① 스트라타시스　　　　② 3D 시스템즈
③ EOS　　　　　　　　④ 메이커봇

해설 스트라타시스 사는 1989년 스콧 크럼프가 주도적으로 설립한 3D 프린터 전문 기업인데, 1997년부터 여러 개의 회사를 인수 합병하고, 현재 3D 프린터 시장 점유율 1위이다.

10 다음 글이 설명하는 3D 프린팅 관련 회사의 명칭은?

- FDM과 챔버(Chamber) 특허를 가지고 있다.
- 개인용 3D 프린팅 시장을 주도해 온 메이커봇을 인수하였다.
- 오브젯(Objet)을 합병하여, 기존에 가지고 있던 FDM 기술과 더불어 '오브젯 잉크젯' 기술을 보유하고 있다.

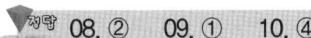
08. ②　09. ①　10. ④

① 엔비전테크 ② 3D 시스템즈
③ EOS ④ 스트라타시스

해설 스트라타시스 사는 FDM(Fused Deposition Modeling)과 챔버(Chamber) 특허를 보유하고 있고, 개인용 3D 프린팅 시장을 주도해 온 메이커봇, 그리고 다양한 색상을 구현할 수 있는 '오브젯 잉크젯' 특허를 보유하고 있는 오브젯도 합병하였다.

11 다음 글이 설명하는 3D 프린팅 관련 회사의 명칭은?

- 2012년에 컬러 프린팅이 가능한 기술을 보유한 독일의 Z 코퍼레이션을 인수
- 개인용 3D 프린터 제작사인 큐비파이를 인수
- 개인용, 전문가용, 생산용 등 3가지 그룹의 프린터를 생산

① 엔비전테크 ② EOS
③ 3D 시스템즈 ④ 스트라타시스

해설 3D 시스템즈 사는 2012년에 컬러 프린팅이 가능한 기술을 보유한 독일의 Z 코퍼레이션, 개인용 3D 프린터 제작사인 큐비파이를 각각 인수하여 사업 영역을 넓혀 갔다.

12 다음 글이 설명하는 3D 프린팅 관련 회사의 명칭은?

- 최첨단급 산업용 3D 프린터 분야에서 두드러진 기업
- 금속 분야 3D 프린터 시장에서 뛰어난 활약을 펼칠 차세대 기술인 DMLS(Direct Metal Laser Sintering) 방식을 세계 최초로 개발
- 플라스틱, 나일론 등의 다양한 비금속으로 만든 출력물은 정확도, 내구성 그리고 유연성 면에서 우수한 품질을 인정받음.

① 메이커봇 ② EOS
③ 3D 시스템즈 ④ 스트라타시스

해설 EOS는 최첨단급 산업용 3D 프린터 분야에서 두드러진 기업으로서 특히 DMLS(Direct Metal Laser Sintering) 방식을 세계 최초로 개발하였으며, 플라스틱, 나일론 등의 다양한 비금속으로 만든 출력물은 정확도, 내구성 그리고 유연성 면에서 우수한 품질을 인정받고 있다.

정답 11. ③ 12. ②

13. 다음 글이 설명하는 3D 프린팅 관련 회사의 명칭은?

- 인터넷을 통해 제품 디자인 · 판매 · 제조 · 배송 통합 서비스 제공
- 제품을 거래하는 마켓플레이스 역할 수행

① 셰이프웨이즈 ② EOS
③ 3D 시스템즈 ④ 스트라타시스

해설 셰이프웨이즈는 대표적인 3D 프린팅 제품을 판매하는 기업으로서, 인터넷을 통해 제품 디자인 · 판매 · 제조 · 배송 통합 서비스 등을 제공하고 제품을 거래하는 마켓플레이스 역할을 수행하고 있다.

14. 다음 글이 나타내는 3D 프린팅 관련 회사의 공통점은?

- 싱기버스(Thingiverse)
- 셰이프웨이즈(Shapeways)
- 포노코(Ponoko)

① 3D 프린터 소재 전문 회사
② 3D 프린터 제작 회사
③ 3D 프린터 교육 회사
④ 3D 프린터 관련 서비스 회사

해설 싱기버스, 셰이프웨이즈, 포노코 등은 3D 프린팅 관련 서비스 회사로서 제품 판매, 유통, 디자인 서비스 등을 제공하고 있다.

15. 다음 3D 프린팅 관련 회사들 중 사업 영역이 다른 회사는?

① 스트라타시스 ② EOS
③ 엔비전테크 ④ 셰이프웨이즈

해설 스트라타시스, 3D 시스템즈, EOS 등은 주요 사업 영역이 프린터 제작이며, 셰이프웨이즈의 주요 사업 영역은 3D 프린팅 관련 서비스 제공이다.

정답 13. ① 14. ④ 15. ④

제1과목 3D 프린팅 동향

16 다음 3D 프린팅 관련 회사들 중 사업 영역이 다른 회사는?

① 스트라타시스
② 셰이프웨이즈
③ 싱기버스
④ 포노코

해설 스트라타시스의 주요 사업 영역은 프린터 제작이며, 셰이프웨이즈, 싱기버스, 포노코의 주요 사업 영역은 3D 프린팅 관련 서비스 제공이다.

17 다음 3D 프린팅 관련 회사들 중 프린터 제작사는?

① 싱기버스
② 셰이프웨이즈
③ 메이커봇
④ 포노코

해설 메이커봇의 주요 사업 영역은 프린터 제작이며, 셰이프웨이즈, 싱기버스, 포노코의 주요 사업 영역은 3D 프린팅 관련 서비스 제공이다.

정답 16. ① 17. ③

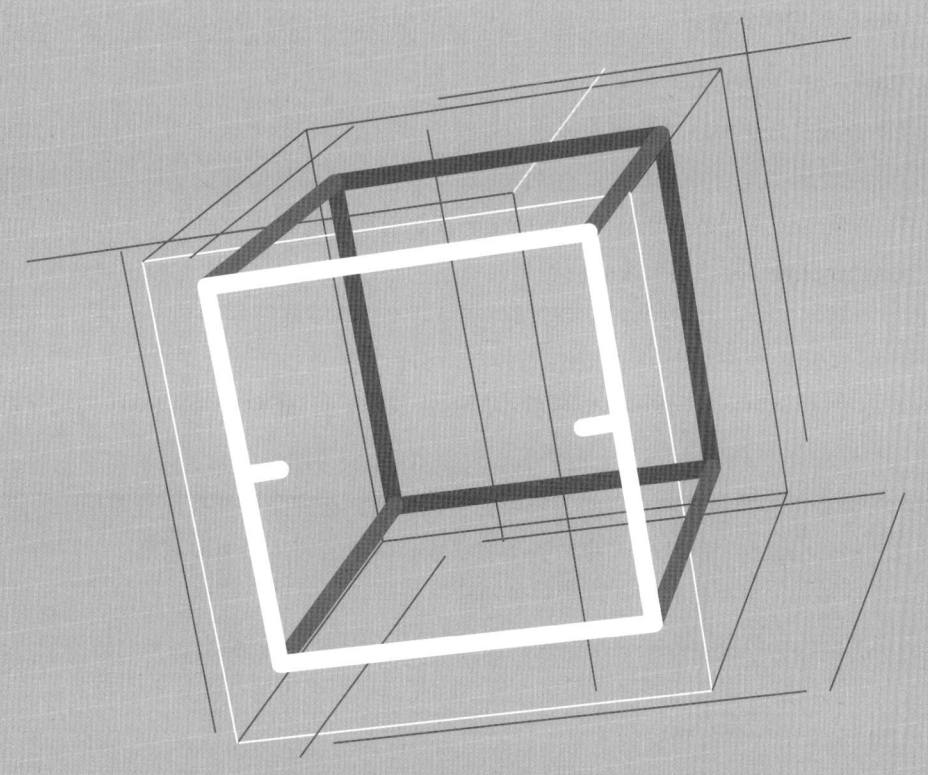

제2과목

3D 모델링과 3D 스캐닝

이상적인 3D 출력물을 위한 3D 모델링 123D Design

123D Design의 메뉴

1. 명령어 메뉴(메인 툴바 기능)

(1) Transform(변형) 메뉴
- Move : X, Y, Z축으로 평행 이동, 회전 이동
- Scale : 화살표를 이용하거나 Factor 값을 입력해 확대·축소

(2) Primitive(기본 도형) 메뉴
- Box : 길이, 너비, 높이를 정의하여 3차원 상자를 생성
- Sphere : 반지름을 입력하고 위치를 지정해 구를 생성
- Cylinder : 밑면의 반지름과 원기둥의 높이를 입력하여 원기둥을 생성
- Cone : 밑면의 반지름과 원뿔의 높이를 입력하여 원뿔을 생성
- Donut : 전체 토러스의 반지름과 둘레 원의 반지름을 입력하여 도넛 생성
- Rectangle : 길이와 너비를 입력하여 정사각형이나 직사각형을 생성
- Circle : 반지름을 입력하여 원을 생성
- Ellipse : 장축의 길이와 단축의 길이의 반을 입력하여 타원 생성
- Polygon : 외접원의 반지름과 변의 개수를 입력하여 정다각형을 생성

(3) Sketch(스케치) 메뉴
- Rectangle : 꼭짓점을 지정하거나 입력 창에 길이를 입력하여 사각형 생성
- Circle : 원의 중심과 지름을 입력하여 원을 생성
- Ellipse : 장축의 길이와 단축의 길이의 반을 입력하여 타원을 생성
- Polygon : 외접원의 반지름과 변의 개수를 입력하여 정다각형을 생성
- Polyline : 이어지는 선분들이나 호를 그림.
- Spline : 점을 지나는 자유 곡선을 그림.
- Two Point Arc : 호의 중심을 지정한 후 호의 시작점과 끝 점을 지정해 호를 그림.
- Three Point Arc : 호의 시작점과 끝 점을 지정한 후 세 번째 점을 정해 호를 그림.
- Fillet : 각 진 부분에 (Fillet Radius)를 지정해 둥글게 모깎기함.
- Trim : 필요 없는 선들을 잘라 낼 수 있음.
- Extend : 선, 면 들을 연장할 수 있음.
- Offset : 기본 도형을 확대·축소해서 지정된 거리만큼 새로 그림.
- Project : 공간상의 도형이나 선들을 다른 평면에 비추어 보여 줌.

(4) Construct(만들기) 메뉴
- Extrude : 한 면을 돌출시키고 기울일 수 있음.
- Sweep : 경로에 따라 도형이 흐르는 입체를 만듦.
- Revolve : 회전축을 중심으로 도형을 회전시킴.
- Roft : 다른 평면상의 도형을 연결하여 둘러싸서 입체 도형을 만듦.

(5) Modify(꾸미기) 메뉴
- Press Pull : 도형을 올리거나 내린 후 원하는 각도대로 기울일 수 있음.
- Tweak : 입체 도형의 한 면을 기울이거나 회전시킬 수 있음.
- Split Face : 다른 도형을 이용해 면을 분할할 수 있음.
- Fillet : 둥글게 할 반지름을 지정해 모서리를 둥글게 함.
- Chamfer : 모서리를 선택하여 깎아 낼 거리를 지정하면 모서리를 각 지게 따냄.
- Split Solid : 입체 도형에서 다른 입체 도형을 이용해 분할할 수 있음.
- Shell : 입체 도형을 조개처럼 속을 파낸 도형으로 만들 수 있음.

(6) Pattern(패턴 만들기) 메뉴
- Rectangular Pattern : 원하는 정사각형 모양의 패턴을 만들 수 있음.
- Circular Pattern : 원하는 원 모양의 패턴을 만들 수 있음.
- Path Pattern : 경로를 따라 흐르는 패턴을 만들 수 있음.
- Mirror : 거울처럼 대칭이 되는 도형을 만듦.

(7) Combine(결합하기) 메뉴
- combine : 하나의 입체 도형에서 다른 입체 도형을 결합(Join), 제거(Subtract), 혹은 겹치는 부분(intersect)을 새로운 입체 도형으로 구할 수 있음.

2. 표시 관련 메뉴

→	Pan	화면을 상하좌우로 이동
→	Orbit	솔리드를 회전
→	Zoom	화면을 확대·축소
→	Fit	솔리드를 화면 중앙 전체에 표시
→	표시 상태 변경	개체의 표면 또는 가장자리 실선 표시를 조절
→	표시하기/숨기기	솔리드(모델)나 스케치를 표시/숨기기 상태로 설정하는 명령어
→	그리드 표시하기/숨기기	작업 영역 그리드를 표시/숨기기 상태로 설정하는 명령어

예상문제 풀이 Chapter 01 — 이상적인 3D 출력물을 위한 3D 모델링 123D Design

01 3D 프린팅의 3단계 순서로 바른 것을 고르시오.

> 가. Printing
> 나. Post-Process
> 다. Modeling

① 다 – 나 – 가　　② 다 – 가 – 나
③ 나 – 다 – 가　　④ 나 – 가 – 다

해설 3D 프린팅 프로세스는 3차원 모델링 – 3D 출력 – 3D 출력물에 대한 후가공으로 이루어진다.

02 3D 모델링 단계에서 이루어지는 세부 프로세스와 가장 관계없는 것을 고르시오.

① 3D 스캐너　　② 3D CAD 모델링
③ STL 파일 변환　　④ 3D 슬라이싱

해설 3D 슬라이싱(Slicing) 소프트웨어는 3D Printing Process 단계에서 이루어진다.

03 3D 출력 단계에서 이루어지는 세부 프로세스와 가장 관계없는 것을 고르시오.

① 3D Object의 출력　　② Pronterface
③ 3D 출력물 서포트 제거　　④ 3D 슬라이싱 소프트웨어

해설 3D 출력물 서포트 제거는 3D 출력물의 후처리(Post-Process) 단계에서 이루어진다.

04 3D 모델링 소프트웨어에 대한 설명 중 잘못된 것을 고르시오.

① 오토데스크 123D Design은 오토데스크 사가 2011년부터 개인용으로 배포하기 시작한 무료 프로그램이다.
② 오토캐드는 CAD 응용 분야의 산업에 널리 알려져 있으며, 한글 서비스가 지원되는 장점이 있는 유료 프로그램이다.

정답 01. ②　02. ④　03. ③　04. ④

③ 라이노는 산업용 디자인 응용 분야에 많이 쓰이며, 유료 프로그램이다.
④ Sculptris는 3D 예술 조각품을 모델링하기에 적합하며, 유료 소프트웨어다.

해설 Sculptris는 무료 소프트웨어로 누구나 무료로 사용 가능하다.

05 3D 모델링 소프트웨어가 3D 입체를 정의하는 방법을 설명한 것으로 잘못된 것을 고르시오.

① 123D Design은 캐드 프로그램으로 Surface로 입체를 정의한다.
② Sculptris는 그래픽 프로그램으로 Polygon으로 입체를 정의한다.
③ 라이노는 캐드 프로그램으로 Surface로 입체를 정의한다.
④ 오토캐드는 캐드 프로그램으로 Wire-Frame으로 입체를 정의한다.

해설 123D Design은 Solid(덩어리)로 입체를 정의한다.

06 123D Design에서 2D 도형을 생성하는 명령이 아닌 것을 고르시오.

① Circle   ② Ellipse
③ Box   ④ Polyline

해설 Box는 길이(Length), 너비(Width), 높이(Height)를 정의하여 3차원 상자를 생성하는 명령이다.

07 123D Design의 Box 명령에 대한 세부적인 설명으로 옳지 않은 것은?

① 속성 매니저(Attribute Manager)에 길이(Length), 너비(Width), 높이(Height)를 입력해 크기를 정한다.
② 입력 창의 각 항목은 [Tab] 키를 이용해 이동 가능하다.
③ [Enter] 키를 누르면 적용되어 3차원 상자 생성이 완료된다.
④ 생성된 Box는 나중에 크기를 변경할 수 없다.

해설 123D에 생성된 도형은 Transform – Scale로 확대·축소할 수 있다.

08 123D Design에서 3차원 도형을 생성하는 명령을 잘못 설명하고 있는 것을 고르시오.

① Cylinder는 밑면의 반지름과 원기둥의 높이를 'Radius'와 'Height'에 입력하여 원기둥을 만든다.
② Torus는 전체 토러스의 지름과 둘레 원의 지름을 각각 입력하여 3차원 도넛 모양을 만든다.
③ Cone은 밑면의 반지름과 원뿔의 높이를 각각 입력하여 원뿔을 만든다.

정답 05. ①   06. ③   07. ④   08. ②

④ 생성된 Box는 나중에 크기를 변경할 수 있다.

해설 Torus는 전체 토러스의 반지름과 둘레 원의 반지름을 각각 'Major Radius'와 'Minor Radius'에 입력하여 3차원 도넛을 생성한다.

09 123D Design에서 Primitive(기본 도형) 메뉴의 Rectangle과 Sketch(스케치) 메뉴의 Rectangle을 비교 설명하고 있다. 옳지 않은 것은?

① Sketch(스케치) 메뉴의 Rectangle은 꼭짓점을 지정하는 방법으로 사각형을 그리며 별도의 입력 값 옵션은 제공되지 않는다.
② Primitive(기본 도형) 메뉴의 Rectangle은 길이(Length)와 너비(Width)를 각각 입력하여 사각형을 만든다.
③ Rectangle로 생성된 사각형은 Extrude 명령으로 3차원 도형으로 변형 가능하다.
④ Sketch(스케치) 메뉴의 Rectangle은 체크 박스를 클릭해서 스케치 명령을 종료한다.

해설 Sketch(스케치) 메뉴의 Rectangle은 꼭짓점을 지정해 직사각형을 그리거나 입력 창에 길이를 바로 입력해도 된다.
　＊ 입력 창은 [Tab] 키를 이용해 이동 가능하다.

10 123D Design에서 표시 관련 메뉴 중 화면을 회전시키는 Orbit 기능을 동일하게 실행하는 마우스의 작동 방법으로 옳은 것은?

① 마우스 가운데 버튼을 'Press and mouse drag' 한다.
② 마우스 가운데 버튼을 'Scroll the wheel' 한다.
③ 마우스 오른쪽 버튼을 'Press and mouse drag' 한다.
④ 선택한 오브젝트를 키보드 [F]와 조합한다.

해설 ①은 PAN 기능과 동일하다. ②는 Zoom 기능과 동일하다. ④는 Fit 기능과 동일하다.

11 123D Design에서 Transform(변형) 메뉴 중 Move 메뉴에 대한 다음 설명 중 바르지 않은 것은?

① X, Y, Z축으로 평행 이동시킬 수 있다.
② X, Y, Z축으로 크기를 늘리거나 줄일 수 있다.
③ X, Y, Z축으로 회전 이동시킬 수 있다.
④ 회전 중심도 원하는 대로 설정할 수 있다.

해설 X, Y, Z축으로 크기를 늘리거나 줄일 수 있는 것은 Scale 메뉴에 대한 설명이다.

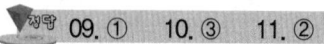
09. ①　10. ③　11. ②

12 123D Design에서 Scale 메뉴에 대한 다음 설명 중 바르지 않은 것은?

① 선택한 오브젝트의 화살표를 이용하여 확대·축소할 수 있다.
② Factor 값을 직접 입력하는 방법으로 확대·축소할 수 있다.
③ 옵션을 'Uniform'으로 설정하면 X, Y, Z축으로 동시에 확대·축소된다.
④ X, Y, Z축 각각의 방향으로는 따로 확대·축소할 수 있는 기능이 지원되지 않는다.

해설 옵션을 'Nonuniform'으로 설정하면 X, Y, Z축 각각의 방향으로 따로 확대·축소할 수 있다.

13 123D Design에서 Sketch 메뉴에 대한 설명 중 옳지 않은 것은?

① 2차원 작업에 대한 명령들의 모임이다.
② 스케치 메뉴는 2차원 드로잉을 할 그리드나 도형의 작업 평면을 미리 한 번씩 클릭하여 지정해야 한다.
③ [Enter] 키를 누르면 적용되어 2차원 작성이 완료된다.
④ 각 명령의 입력 창은 Space 바를 이용해 이동 가능하다.

해설 각 명령의 입력 창은 [Tab] 키를 이용해 이동 가능하다.

14 123D Design에서 Sketch 메뉴의 명령에 대한 설명으로 옳지 않은 것은?

① Ellipse 명령은 장축의 길이와 단축의 길이의 반을 'Major Axis'와 'Minor Axis'에 입력하여 타원을 그린다.
② Circle 명령은 원의 중심과 반지름(Radius)을 입력하여 원을 그린다.
③ Rectangle 명령은 꼭짓점을 지정해 직사각형을 그리거나 입력 창에 길이를 바로 입력해도 된다.
④ Polygon 명령은 외접원의 반지름과 변의 개수를 'Radius'와 'Sides'에 입력하여 정다각형을 그린다.

해설 Sketch(스케치) 메뉴의 Circle 명령은 원의 중심과 지름(Diameter)을 입력하여 원을 그린다.
＊ Primitive(기본 도형) 메뉴의 Circle 명령은 반지름을 'Radius'에 입력하여 원을 그린다.

정답 12. ④ 13. ④ 14. ②

15 123D Design에서 Polyline을 이용하여 이어지는 선분들이나 호를 다 그린 후 메뉴를 종료시키는 방법으로 옳지 않은 것은?

① 마지막에서 마우스를 누른 상태로 드래그해서 종료한다.
② 마지막에서 더블 클릭하면 메뉴가 종료된다.
③ 마지막에서 [Enter] 키를 누르면 메뉴가 종료된다.
④ 마지막에서 [ESC] 키를 누르면 메뉴가 종료된다.

해설 Polyline에서 호를 그릴 때 마우스를 누른 상태로 드래그하면 호가 적절히 그려지도록 하는 역할을 한다.

16 123D Design에서 각 제어점을 지나는 자유 곡선을 그리며, 이를 조절하여 곡선도 수정 가능하게 하는 2D 도형 생성 명령은?

① Three Point Arc   ② Two Point Arc
③ Polyline   ④ Spline

해설 Three Point Arc는 호의 시작점과 끝 점을 지정한 후 세 번째 점을 정해 호를 그린다. Two Point Arc는 호의 중심을 지정한 후 호의 시작점과 끝 점을 지정해 호를 그린다. Polyline은 이어지는 선분들이나 호를 그린다.

17 123D Design에서 Three Point Arc에 대한 설명 중 옳지 않은 것은?

① 호의 시작점과 끝 점을 지정한 후 세 번째 점을 정해 호를 그린다.
② 반지름 크기와 중심각을 입력해 호를 그릴 수도 있다.
③ 이 메뉴로는 반지름은 알 수 없으나 교점을 지나는 호를 그릴 수 있다.
④ 다른 도형에 접하는 호를 그릴 때는 매우 편리하다.

해설 Two Point Arc는 호의 중심을 지정한 후 호의 시작점과 끝 점을 지정해 호를 그린다. 반면 반지름 크기와 중심각을 입력해 호를 그릴 수도 있다.

18 123D Design의 명령 중 2D 도형을 가지고 실행할 수 있는 편집 명령이 아닌 것은?

① Fillet   ② Chamfer
③ Offset   ④ Extend

해설 Chamfer는 모서리를 각이 지게 따는 편집 명령으로 3D 도형에 대해 실행되는 메뉴이다.

정답 15. ① 16. ④ 17. ② 18. ②

19 123D Design의 2D 도형에 대한 편집 명령을 설명한 것으로 옳지 않은 것은?

① Fillet은 각진 부분을 둥글게 모깎기 하며, 빨간색 선으로 미리 결과를 보여 준다.
② Offset은 선택된 도형을 간격을 두고 확대 또는 축소해서 지정된 거리만큼 도형을 새로 그려 준다.
③ Trim은 필요 없는 선들을 잘라 내며, 다른 그룹의 다른 개체와도 함께 선택하여 실행이 된다.
④ Extend는 선, 면들을 연장할 수 있다.

해설 Trim이나 Extend는 같은 개체 안에서만 실행된다.

20 123D Design에서 공간상의 도형이나 선들을 다른 평면에 비추어 보여 주는 명령은 무엇인가?

① Project
② Extrude
③ Sweep
④ Offset

해설 Project는 공간상의 도형이나 선들을 다른 평면에 비추어 보여 주는 명령으로 빨간색 선으로 미리 결과를 보여준다.

21 123D Design에서 그림과 같은 실행 화면을 도출해 내는 2D 편집 명령을 고르시오.

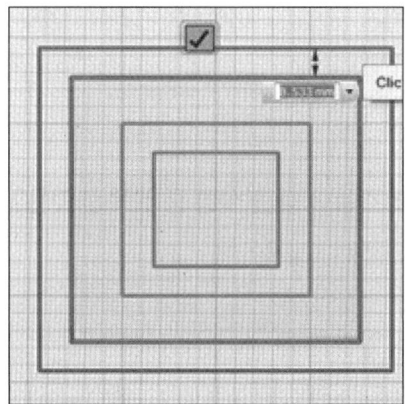

① Extend
② Rectangle
③ Project
④ Offset

해설 Offset은 선택된 도형을 간격을 두고 확대 또는 축소해서 지정된 거리만큼 도형을 새로 그려준다.

19. ③　20. ①　21. ④

22. 123D Design Construct 메뉴 중 Extrude 명령에 대한 설명으로 잘못된 것을 고르시오.

① 한 면을 돌출시키고 기울일 수 있다.
② 마우스로 돌출시킬 거리를 움직일 수 있다.
③ 새로 돌출되어 만들어진 도형은 새로운 오브젝트로 지정할 수 없고 한 그룹으로만 묶인다.
④ 속성 매니저는 돌출 거리 지정이나 회전 각도를 입력하는 창으로 구성된다.

해설 Extrude의 New Solid 옵션을 이용하면 새로 만들어진 도형을 떼어 낼 수 있도록 생성한다.

23. 123D Design에서 경로(Path)에 따라 도형(Profile)이 흐르는 입체를 만드는 Construct 메뉴는?

① Revolve
② Sweep
③ Extrude
④ Loft

해설 Sweep은 경로에 따라 도형을 흐르게 함으로써 3D 입체 도형을 만든다.

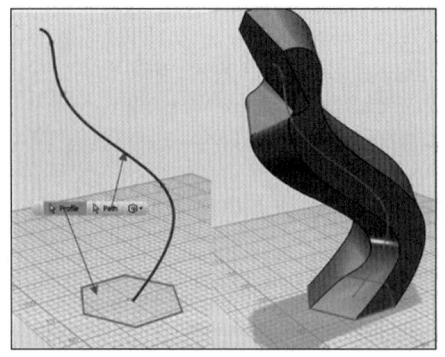

24. 123D Design의 Construct 메뉴에 대한 설명 중 잘못된 것은?

① Revolve는 커브와 축을 이용한 회전이다.
② Sweep는 도형과 커브를 이용한 유기적 형상을 만든다.
③ Loft는 동일 평면상의 도형을 연결하여 입체를 만든다.
④ Extrude는 단면을 밀어서 도형을 잘라 버릴 수 있다.

해설 Loft는 다른 평면상의 도형을 연결하여 둘러싸서 입체 도형을 만든다.

정답 22. ③ 23. ② 24. ③

25 123D Design에서 회전축(Axis)을 중심으로 도형(Profile)을 회전시켜 입체를 형성하는 명령은?

① Revolve   ② Loft
③ Press Pull   ④ Tweak

해설 Revolve는 회전축(Axis)을 중심으로 도형(Profile)을 회전시켜 입체 도형을 만든다.

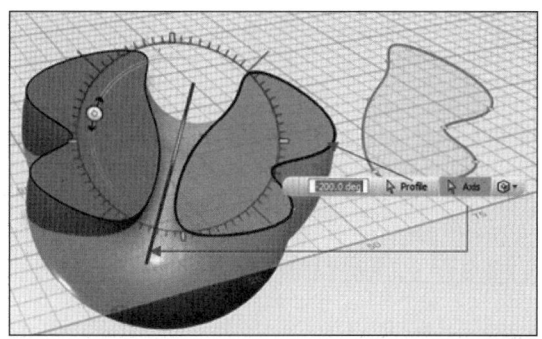

26 123D Design에서 Loft 명령을 이용하여 다음 그림과 같이 실행 결과를 내기 위한 명령으로 옳지 않은 것은?

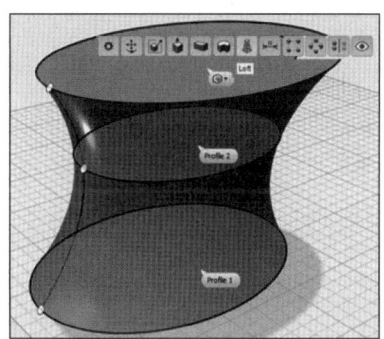

① 프로파일로 쓰이는 2D 도형을 하위 2개 선택해 입체로 만든 후, 같은 방법으로 상위 2개를 선택해 입체 도형을 만들었다.
② 프로파일로 쓰이는 2D 도형 3개를 모두 다른 평면상에 위치시킨 후 이 도형들을 연결하여 입체 도형을 만들었다.
③ 사용되는 3개의 프로파일을 [Ctrl]로 모두 선택했다.
④ 사용되는 3개의 프로파일을 [Shift]로 모두 선택했다.

해설 프로파일로 쓰이는 2D 도형을 하위 2개 선택해 입체를 만든 후, 같은 방법으로 상위 2개 선택해서 Loft를 실행했다면 각 프로파일을 연결하는 입체 도형은 부드러운 곡선이 아닌 직선으로 연결되기 때문에 그림과 같은 결과를 낼 수 없다.

25. ①   26. ①

27 123D Design의 3D 편집 명령에 대한 설명으로 옳지 않은 것은?

① Press Pull은 도형을 선택하여 올리거나 내린 후 원하는 각도대로 기울일 수 있다.
② Tweak은 입체 도형의 한 면을 기울이거나 회전시킬 수 있다.
③ Split Face는 입체 도형에서 다른 입체 도형을 이용해 분할할 수 있다.
④ Fillet은 둥글게 할 반지름을 지정해 모서리를 둥글게 한다.

해설 Split Face는 면을 분할하는 명령이다. 이때 다른 도형을 사용해서 분할할 면을 분할한다.

28 123D Design에서 모서리를 선택하여 깎아낼 거리(Distance)를 지정하여 모서리를 각지게 따 내게 하는 명령은?

① Shell ② Chamfer
③ Fillet ④ Tweak

해설 Chamfer는 모서리를 선택하여 모서리를 각지게 따 내게 하는 명령으로 깎아낼 거리(Distance)를 지정하거나 마우스로 깎아 낼 거리를 조절하는 것이 가능하다.

29 123D Design의 Shell에 대한 설명 중 옳지 않은 것은?

① 입체 도형을 조개처럼 속을 파낸 도형으로 만든다.
② Thickness Inside/Outside는 벽의 두께를 안쪽 또는 바깥쪽으로 지정하게 한다.
③ Direction에서는 방향을 정할 수 있다.
④ 각진 모양의 3D 입체 도형에만 적용 가능하다.

해설 Shell은 두께를 남기고 속을 파낼 수 있는 모든 3D 입체 도형에 적용 가능하다.

30 123D Design에서 지원되는 Pattern에 대한 설명 중 옳지 않은 것은?

① Rectangular Pattern은 선택된 입체 도형을 사각형 모양의 패턴으로 만들 수 있다.
② Mirror는 원하는 각도만큼 회전되는 도형을 만들 수 있다.
③ Path Pattern은 선택된 입체 도형의 경로(Path)와 개수를 정해주면 경로를 따라 흐르는 패턴을 만들 수 있다.
④ Circular Pattern은 선택된 입체 도형의 개수와 원의 중심(Axis)을 정해 주어 원형 모양의 패턴을 만들 수 있다.

해설 Mirror는 거울처럼 대칭이 되는 도형을 만든다.

27. ③   28. ②   29. ④   30. ②

31 123D Design의 Rectangular Pattern에 대한 세부 설명으로 잘못된 것은?

① 패턴으로 만들 원본 입체 도형을 선택하여 정사각형 모양의 패턴을 만들 수 있다.
② 직사각형을 이루는 두 모서리의 방향(Direction)을 지정해 주어야 한다.
③ 개수가 정해지면 생성되는 입체 도형 중 원하지 않는 입체 도형은 제거하지 못한다.
④ 거리(Distance)와 개수(Quantity)를 정할 수 있다.

해설 Pattern으로 생성되는 것 중 원하지 않는 입체 도형은 선택하지 않을 수 있다(선별적 생성 가능).

32 123D Design의 Path Pattern에 대한 세부 설명 중 잘못된 것은?

① 2D 도형을 선택하여 경로를 따라 흐르는 패턴을 만들 수 있다.
② 경로(Path)와 개수를 정해 주어야 한다.
③ 입체 도형의 원래 방향(Identical)대로 패턴을 생성시킬 수 있다.
④ 경로의 방향(Path Direction)을 따라 패턴을 만들 수 있다.

해설 Path Pattern은 3D 입체 도형(Solid)에만 적용할 수 있다.

33 123D Design에서 Measure 명령으로 측정할 수 없는 것은?

① 거리(Distance) ② 각(Angle)
③ 넓이(Area) ④ 재질(Material)

해설 Measure 명령은 면(Face), 모서리(Edge), 꼭짓점(Vertex), 입체 도형(Body)을 선택한 후 거리(Distance), 각(Angle), 넓이(Area), 부피(Volume)를 쉽게 보여 준다.

34 다음과 같은 모델링 과정에서 사용되는 123D 명령 중 불필요한 명령을 고르시오.

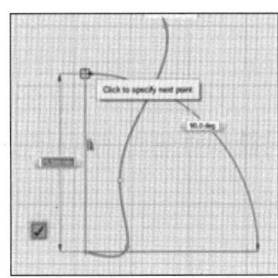 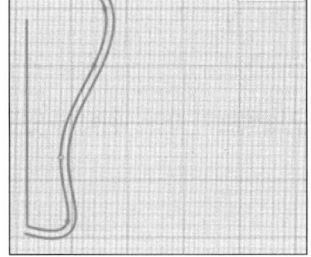 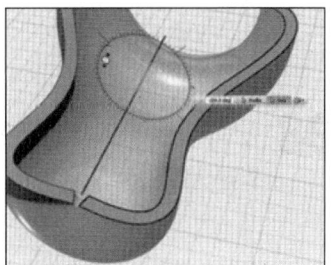

① Spline ② Polyline
③ Offset ④ Sweep

정답 31. ③ 32. ① 33. ④ 34. ④

해설 Spline, Polyline, Offset, Revlove가 사용되었다.
Sweep는 경로(Path)에 따라 도형(Profile)이 흐르는 입체를 만든다.

35 123D Design에서 유용한 단축키(Hot Keys)에 대한 설명 중 옳지 않은 것은?

① Tweak는 'Select face + T'이다.
② Transform의 단축 메뉴는 'Ctrl + T'이다.
③ Scale은 '오브젝트 선택 + S'이다.
④ Press and Pull은 'Select face + P'이다.

해설 Tweak는 'Select face / edge / vertex + K'이다.

36 123D Design의 combine 명령에 대한 설명 중 옳지 않은 것은?

① 하나의 입체 도형(Target Solid)에 다른 입체 도형(Source Solid)을 결합한다.
② 하나의 입체 도형(Target Solid)에서 다른 입체 도형(Source Solid)을 제거한다.
③ 2D 도형에 대해서도 동일하게 실행할 수 있는 결합 명령이다.
④ 하나의 입체 도형(Target Solid)에서 다른 입체 도형(Source Solid)에서 겹치는 부분으로 새로운 입체 도형을 구한다.

해설 Combine는 3D 입체 솔리드에 대한 결합 명령이다.

37 123D Design에서 접하고자 하는 입체 도형의 면을 선택한 후 다른 입체 도형의 면을 지정하여 자석처럼 달라붙게 하는 명령은?

① Measure
② Snap
③ Material
④ combine

해설 Snap 명령을 실행하여 붙이기 명령으로 접하고자 하는 입체 도형의 면을 선택한 후 다른 입체 도형의 면을 지정하면 자석처럼 달라붙는다.

38 123D Design에서 선택한 오브젝트가 어느 위치에 있든 작업 Grid 위로 위치시키는 단축키로 사용되는 키는?

① D
② Shift+X
③ Space Bar
④ Tab

해설 Shift + X : X축에 대한 Rotate 실행
Space Bar : Flip 실행

정답 35. ① 36. ③ 37. ② 38. ①

39 123D Design의 Text Tool에 대한 설명 중 옳지 않은 것은?

① 원하는 텍스트를 생성한다.
② '진하게', '기울이기' 기능을 부여할 수 있다.
③ 3D 입체 Solid 형태의 글자를 생성한다.
④ 텍스트는 수정 가능하다.

해설 Text Tool은 글자(text)를 2D로 생성한다.

 39. ③

02 Chapter 이상적인 3D 출력물을 위한 3D 모델링 Sculptris & 3D 스캐너 활용

● Sculptris 프로그램

1. Brush controls 메뉴

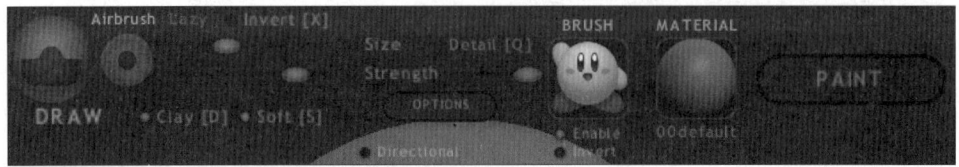

- **Size slider** : 브러시의 크기를 조절함.
- **Strength slider** : 브러시의 강도를 조절함.
- **Airbrush** : 브러시할 때마다 선택된 툴이 실행함.
- **Lazy** : 선이나 곡선을 깨끗하게 만듦.
- **Invert button** : 선택된 툴의 반대 효과를 가져옴.
- **Detail slider** : 큰 값이 세팅될수록 더 많은 triangle이 만들어짐.
- **Brush icon** : 브러시 내에 이미지를 적용할 수 있음.

2. Sculptris brush 메뉴

- **CREASE** : 표면에 선을 새김. 반대 모드는 두둑을 만듦.
- **ROTATE** : 조형물을 회전시킴.
- **SCALE** : 조형물의 크기를 조절함.
- **DRAW** : 조형물의 표면으로부터 들어 올리는 효과가 생김.
- **FLATTERN** : 표면을 평평하게 만듦.
- **GRAB** : 조형물을 옮김.
- **INFLATE** : 표면을 풍선처럼 볼록하게 만듦.
- **PINCH** : 손가락으로 집은 것 같은 모양을 만듦.
- **SMOOTH** : 표면을 부드럽게 함.

3. Utility control 메뉴

- **REDUCE BRUSH** : 표면의 삼각형의 개수를 줄임.
- **REDUCE SELECTED** : 선택된 영역의 삼각형의 개수를 줄임.
- **SUBDIVIDE ALL** : 조형물의 다각형의 개수를 4배로 만듦.
- **MASK BRUSH** : 조형물의 작은 부분에 삼각형의 개수를 많게 함.

- **WIREFRAME** : 토글 형식으로 조형물의 와이어프레임을 보여 줌.
- **SYMMETRY MODE** : 토글 형식으로 대칭이 활성화 또는 비활성화됨.

4. Scene management 메뉴
- **new sphere** : 현재 scene 또는 새로운 scene에 새로운 구를 만듦.
- **new plane** : 현재 scene 또는 새로운 scene에 새로운 평면을 만듦.
- **import** : 현재 scene 또는 새로운 scene에 OBJ 또는 GoZ 파일을 가져옴.
- **export** : OBJ 또는 GoZ 파일로 내보냄.
- **open** : 이미 만들어진 Sculptris mesh(.sc1파일)를 엶.
- **save** : .sc1 형식으로 Sculptris 파일을 저장하기 위한 다이얼을 엶.
- **GoZ** : 현재 scene을 ZBrush로 보냄. ZBrush가 설치되어 있어야 함.

3D 스캐너

- 실물 또는 실제 환경으로부터 그것의 형상이나 색깔을 디지털 데이터로 전환하는 장치
- 3D 물체를 역설계하여 3D 모델링 파일을 얻어 냄.
- 3D 스캐너를 활용하여 물체의 외곽선의 좌표 값 추출
- 3D 데이터를 얻기 위해 사용

3D 스캐너의 종류

- **접촉식 3D 스캐너** : 탐촉자로 불리는 프루브(Probe)를 측정하는 물체에 직접 닿게 해서 측정하는 방식
- **TOF(Time of Flight) 방식 3차원 스캐너** : 레인지 파인더(Range Finder or Laser Range Finder)라고 불리는 빛을 물체 표면에 조사하여, 그 빛이 돌아오는 시간을 측정해 물체와 측정 원점 사이의 거리를 구하는 기술을 바탕으로 하는 방식
- **광 삼각법 3D 레이저 스캐너** : 능동형 스캐너로 분류, TOF 방식의 스캐너처럼 레이저를 이용함. 레이저가 얼마나 멀리 있는 물체에 부딪혔는가에 따라 레이저를 수신하는 CCD 카메라 소자에는 레이저가 다른 위치에 보이게 됨.
- **핸드헬드(Handheld) 스캐너** : 3D 이미지를 얻기 위해 광 삼각법을 주로 이용함.
- **백색광(White light) 방식 스캐너** : 특정 패턴을 물체에 투영하고 그 패턴의 변형 형태를 파악해 3D 정보를 얻어냄.
- **변조광(Structured-Light) 방식의 3D 스캐너** : 물체 표면에 지속적으로 주파수가 다른 빛을 쏘고 수광부에서 이 빛을 받을 때, 주파수의 차이를 검출해 거리 값을 구하는 방식으로 작동함.

센스 프로그램

- **세팅 버튼 메뉴**

Orientation (스캐너 방향)	가로형(Landscpae), 세로형(Portrait) 스캐너를 잡기 편한 방향으로 선택함.
Resolution(해상도)	Low / Med / High 3단계로 조정 가능
Object Size (스캔 대상의 크기)	Small / Med / Large / Custom 4단계로 조정 가능
Object Recognition (대상 인지)	대상을 제외한 주변을 자동으로 제거함.
Color(컬러 변경)	스캔 화면을 단색과 실제 색상으로 표현
Frame(프레임 비율)	스캔 화면에서 중간에 타겟 링 위에 위치한 0.0 FPS를 표시
Target Ring(타겟 링)	스캔 화면의 중앙에 있는 대상을 인지하는 둥근 원을 표시할 것인지 설정
Performance Test	사용자 컴퓨터의 CPU와 그래픽 카드 처리 능력을 조정
Tutorial & Video	시작 시 스캐닝 프로세스 스텝 팁을 보여 줌.

- **스캔 편집 메뉴**

Crop(자르기)	Crop 버튼을 선택. 남길 부분을 대각선으로 드래그하여 원도 영역을 잡은 후 Crop 버튼을 다시 누름.
Erase(지우기)	스캔 중 원하지 않는 부분을 지움.
Solidify (솔리드 형태로 만들기)	3D 인쇄가 가능하도록, 모든 구멍을 메우고 닫아 주어 채워진 솔리드 형태로 만들어 줌.
Auto Enhance (자동 향상시키기)	자동으로 밝기, 강도 등을 조정하여 깨끗하게 정리해 줌.
Trim(다듬기)	Trim 툴을 선택한 후 자를 경계선을 드래그하여 경계선을 기준으로 영역 바깥 부분을 모두 없앰.
Touch Up (마무리 손질하기)	상태를 보정하고 싶은 영역을 드래그하면 울퉁불퉁한 부분이 보기 좋게 정리됨.

이상적인 3D 출력물을 위한 3D 모델링 Sculptris & 3D 스캐너 활용

Chapter 02

01 Sculptris 모델링 프로그램에 대한 설명 중 틀린 것은?

① 큰 덩어리를 시작으로 디테일하고 입체적인 3D 오브젝트를 만들 수 있다.
② 직관적 사용법으로 3D 모델링 초보자도 쉽게 익힐 수 있다.
③ 마치 디지털 예술가가 흙으로 모형을 만드는 기능과 흡사한 프로그램이다.
④ Autodesk 사가 무료로 배포하는 3D 모델링 프로그램이다.

해설 Sculptris는 ZBrush로 유명한 Pixologic 사의 3D 모델링 프로그램으로 큰 덩어리에서 입체적인 3D 오브젝트로 디테일하게 만들 수 있는 3D 프로그램이다.

02 Sculptris 화면 구성에 대한 설명 중 옳지 않은 것은?

① 초기 화면에서 사용 매뉴얼을 볼 수 있다.
② Sculpt Brushes는 브러시 및 재질에 대한 도구의 모음이다.
③ Triangle Count는 삼각 VERTEX의 개수를 의미한다.
④ Scene Management는 모델 추가 오픈 및 저장에 관한 도구의 모음이다.

해설 Sculpt Brushes는 브러시 아이콘 및 편집에 관련한 도구의 모음이다.

03 Sculptris에서 모델링 시간을 단축할 수 있는 단축키에 대한 다음 설명 중 옳지 않은 것은?

① Space 바는 Brush 세팅 메뉴를 호출한다.
② Z 키는 현재 화면 뷰에서 가장 가까운 직교 모드로 화면을 이동시킨다.
③ '〈' 키와 '〉' 키는 Brush 사이즈를 증가 또는 축소시킨다.
④ Tab 키는 메뉴를 보이거나 숨길 수 있다.

해설 '[' 키와 ']' 키가 Brush 사이즈를 증가 또는 축소시킨다.

정답 01. ④ 02. ② 03. ③

04 Sculptris의 Sculptris 모드 사용자 인터페이스 메뉴에 대한 다음 설명 중 옳지 않은 것은?

① Scene management는 조형물의 재질을 편집하는 도구를 위한 공간이다.
② GoZ bridge는 이 버튼을 클릭하면 조형물을 ZBrush로 보낸다.
③ Work space는 조형물을 만드는 공간이다.
④ Camera view는 측면, 앞뒤, 윗면 등의 카메라 뷰를 볼 수 있다.

해설 Scene management는 새로운 조형물을 만들거나 기존에 있는 조형물을 가져온다.

05 Sculptris의 Brush controls 메뉴에 대한 세부 설명으로 옳지 않은 것은?

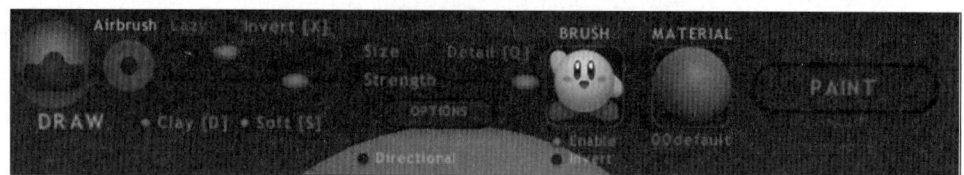

① Size slider는 브러시의 크기를 조절한다.
② Size checkbox가 활성화되면, 펜의 압력은 0%에서 최대 Size Slider에 명시된 값까지 조절된다.
③ Strength slider는 브러시의 강도를 조절한다.
④ Detail slider는 큰 값이 세팅될수록 더 적은 triangle이 만들어진다.

해설 Detail slider는 큰 값이 세팅될수록 더 많은 triangle이 만들어진다. triangle의 개수는 메모리와 밀접한 관계가 있으므로 중간값 사용을 권장한다.

06 Sculptris의 Brush controls 메뉴 중 선이나 곡선을 깨끗하게 만드는 기능을 하며 손의 작은 움직임을 없앨 때 유용한 옵션 메뉴는?

① Brush icon   ② Airbrush
③ Lazy   ④ Invert button

해설
- Brush icon은 브러시 내에 이미지를 적용할 수 있다.
- Airbrush는 브러시를 사용할 때마다 선택된 툴이 실행된다.
- Invert button은 선택된 툴의 반대 효과를 가져온다.

정답 04. ① 05. ④ 06. ③

07 Sculptris의 Brush controls 메뉴의 Size checkbox와 Strength checkbox에 대한 설명으로 가장 옳은 것은?

① 이 체크 박스가 활성화되면, 선택된 툴의 반대 효과가 0%에서 최대 Slider에 명시된 값까지 조절된다.
② 이 체크 박스가 활성화되면, 크기와 압력은 0%에서 최대 Slider에 명시된 값까지 조절된다.
③ 이 체크 박스가 활성화되면, 큰 값이 세팅될수록 더 작게, 더 작은 압력으로 적용된다.
④ 이 체크 박스가 활성화되면, 작은 값이 세팅될수록 더 크게, 더 큰 압력으로 적용된다.

해설 Size checkbox와 Strength checkbox는 각각 브러시의 크기와 브러시의 강도를 조절하는 것으로 이 체크 박스가 활성화되면, 크기와 압력은 0%에서 최대 Slider에 명시된 값까지 조절된다.

08 Sculptris의 Sculptris brush 메뉴에 대한 설명으로 옳지 않은 것은?

① DRAW는 표면에 선을 새긴다.
② INFLATE는 표면을 풍선처럼 볼록하게 만든다.
③ PINCH는 손가락으로 집은 것 같은 모양을 만든다.
④ SMOOTH는 표면을 부드럽게 한다.

해설 DRAW는 조형물의 표면을 들어 올리는 효과를 준다(Invert가 활성화되었다면 새겨지는 효과). 같은 자리에서 여러 번 클릭을 하면 계속하여 높이 올라간다.

09 Sculptris의 DRAW 메뉴의 세부 옵션 메뉴에 대한 설명으로 옳지 않은 것은?

① 조형물의 표면을 들어 올리는 효과가 생긴다.
② 옵션 메뉴 중 Invert가 활성화되었다면 새겨지는 효과가 생긴다.
③ Clay 옵션은 제한 높이까지 볼록하게 한다.
④ Soft 옵션은 모서리를 부드럽게 만든다.

해설 Clay 옵션은 제한 높이까지 평평하게 한다.

10 Sculptris에서 표면을 평평하게 만드는 메뉴는?

① CREASE ② FLATTERN
③ DRAW ④ GRAB

해설 • CREASE는 표면에 선을 새긴다.
 • DRAW는 조형물의 표면을 들어 올리는 효과를 준다.
 • GRAB은 조형물을 옮긴다.

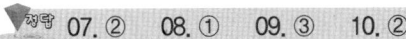
07. ② 08. ① 09. ③ 10. ②

11 Sculptris의 Utility control 메뉴에 대한 설명으로 옳지 않은 것은?

① 다른 툴은 표면의 삼각형의 개수를 많게 만들지만 REDUCE BRUSH는 반대로 삼각형의 개수를 줄인다.
② REDUCE SELECTED는 선택된 영역의 삼각형의 개수를 줄인다.
③ SUBDIVIDE ALL은 결과적으로 메모리 사용을 늘린다.
④ SUBDIVIDE ALL은 조형물의 다각형의 개수를 2배로 늘린다.

해설 SUBDIVIDE ALL은 조형물의 다각형의 개수를 4배로 늘린다.

12 Sculptris의 Utility control 메뉴인 REDUCE BRUSH의 INVERT 모드에 대한 설명으로 옳은 것은?

① 모양을 바꾸면서 삼각형의 개수를 많게 한다.
② 모양을 바꾸면서 삼각형의 개수를 적게 한다.
③ 모양은 바꾸지 않고 삼각형의 개수를 많게 한다.
④ 모양은 바꾸지 않고 삼각형의 개수를 적게 한다.

해설 다른 툴은 표면의 삼각형의 개수를 많게 만들지만 REDUCE BRUSH는 반대로 삼각형의 개수를 줄인다. INVERT 모드는 모양은 바꾸지 않고 삼각형의 개수를 많게 한다.

13 Sculptris의 Scene management 메뉴에 대한 설명으로 옳지 않은 것은?

① New Sphere는 현재 scene 또는 새로운 scene에 새로운 구를 만든다.
② New Plane는 현재 scene 또는 새로운 scene에 새로운 평면을 만든다.
③ Import는 확장자가 어떤 외부 프로그램에서 만들어진 것이라 해도 3D 모델링 파일이라면 모두 가져올 수 있다.
④ Save는 .sc1 형식으로 Sculptris 파일을 저장한다.

해설 Import는 현재 scene 또는 새로운 scene에 OBJ 또는 GoZ 파일을 가져온다.

정답 11. ④ 12. ③ 13. ③

14 Sculptris를 이용한 다음 모델링 과정 중 사용되지 않은 메뉴로 가장 적절한 것을 고르시오.

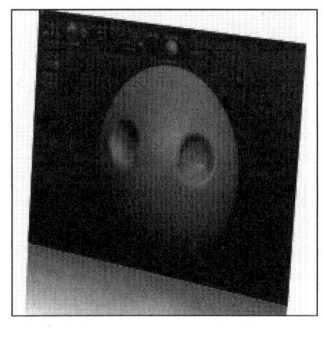 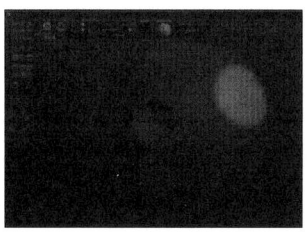 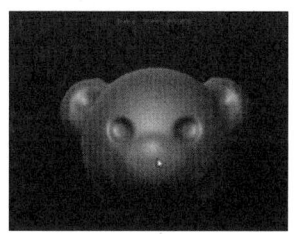

① Crease
② Draw
③ Mask
④ Grab

해설 Crease는 표면에 선을 새긴다.
　　　작업 순서 : 1) Draw(invert) : 눈, 코 만들기
　　　　　　　　 2) Mask
　　　　　　　　 3) Grab : 귀 만들기

15 3D 스캐너에 대한 설명 중 가장 옳지 않은 것은?

① 3D 물체를 역설계하여 3D 모델링 파일을 얻어 낸다.
② 사물이나 특정 제품 등을 3D 모델링 프로그램으로 모델링한다.
③ 3D 스캐너를 활용하여 물체의 외곽선의 좌표 값을 추출한다.
④ 3D 데이터를 얻기 위해 사용한다.

해설 3D 스캐너는 사물이나 특정 제품 등을 3D 모델링 프로그램으로 모델링하는 것이 아니라 3D 스캐너를 활용하여 물체의 외곽선의 좌표 값을 추출하여 3D 데이터를 얻는 것을 말한다.

16 3D 스캐너를 활용하여 3D 데이터를 얻어내는 형식으로 가장 거리가 먼 것은?

① 넙스(Non-uniform rational B-spline)
② 폴리곤(polygon : 입체의 표면을 만드는 다면체의 입체 형태)
③ 패치 형식
④ 덩어리 형식(Solid)

해설 3D 스캐너를 활용하여 물체의 외곽선의 좌표 값을 추출하여, 넙스(일정한 점들을 연결한 직선에서 3D 곡선을 구하는 방식) 또는 폴리곤, 패치 형식으로 데이터를 얻는다.

정답　14. ①　15. ②　16. ④

17 3D 스캐너를 이용하여 레이저나 백색광을 대상물에 투사하여 대상물의 형상 정보를 취득, 디지털 정보로 전환하는 모든 과정을 통칭하는 용어로 가장 올바른 것은?

① 3D 스캐너
② 3D 머징(Merging)
③ 3D 스캐닝
④ 3D 정렬(Alignment)

해설 3D 스캐닝 원리에 대한 용어로 머징(Merging)은 하나의 좌표계로 변환하는 작업을 뜻하며, 정렬(Alignment)은 정렬된 여러 데이터 셋을 하나의 데이터로 합치는 작업을 뜻한다.

18 접촉식 3D 스캐너에 대한 설명 중 바르지 않은 것은?

① 탐촉자로 불리는 프루브(Probe)를 측정하는 물체에 직접 닿게 해서 측정하는 방식이다.
② 대상물 물체에 변형이나 손상을 가져오지 않는 가장 안전한 방식이다.
③ CMM(Coordinate Measuring Machine)이 대표적인 방식이다.
④ 대부분의 제조업에 오래전부터 이 방식이 활용되어 왔고 측정 점의 정확도가 우수한 편이다.

해설 접촉식 3D 스캐너는 물체에 직접 닿게 해서 측정하는 방식으로 대상물의 표면에 접촉해야 하므로, 물체에 변형이나 손상을 줄 수 있다는 것이 단점이라 할 수 있다.

19 TOF(Time of Flight) 방식 3차원 스캐너에 대한 설명 중 바르지 않은 것은?

① 레인지 파인더(Range Finder or Laser Range Finder)라고 불리는 빛을 물체 표면에 투사한다.
② 빛이 돌아오는 시간을 측정한다.
③ 특정 패턴을 물체에 투영하고 그 패턴의 변형 형태를 파악해 3D 정보를 얻어 낸다.
④ 물체와 측정 원점 사이의 거리를 구하는 기술을 바탕으로 스캐닝한다.

해설 특정 패턴을 물체에 투영하고 그 패턴의 변형 형태를 파악해 3D 정보를 얻어 내는 것은 백색광(White light) 방식 스캐너에 대한 설명이다.

20 물체 표면에 지속적으로 주파수가 다른 빛을 쏘고 수광부에서 이 빛을 받을 때, 주파수의 차이를 검출해 거리 값을 구하는 방식으로 작동하는 3D 스캐너 종류는?

① 백색광(White light) 방식 스캐너
② 핸드헬드(Handheld) 스캐너
③ 광 삼각법 3D 레이저 스캐너
④ 변조광(Structured-Light) 방식의 3D 스캐너

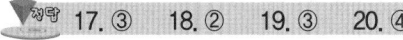
17. ③   18. ②   19. ③   20. ④

해설
- 핸드헬드(Handheld) 스캐너는 점(Dot) 또는 선(Line) 타입의 레이저를 피사체에 투사하는 레이저 발송자와 반사된 빛을 받는 수신 장치(주로 CCD)와 함께, 내부 좌표계를 기준 좌표계와 연결하기 위한 시스템을 이용하여 스캐닝한다.
- 광 삼각법 3D 레이저 스캐너는 점(Dot) 또는 선(Line) 타입의 레이저를 피사체에 투사하는 레이저 발송자와 반사된 빛을 받는 수신 장치(주로 CCD)를 이용하여 카메라와 레이저 발신자 사이의 거리, 각도는 고정되어 이미 알고 있으므로, 카메라 화각 내에서 수신 광선이 CCD 소자의 상대적인 위치에 따라 깊이(Depth)의 차이를 이용하여 스캐닝한다.

21 레이저와 관련이 없는 3D 스캐너의 종류로 가장 거리가 먼 것은?

① CMM(Coordinate Measuring Machine)
② TOF(Time of Flight) 방식 3차원 스캐너
③ 광 삼각법 3D 레이저 스캐너
④ 핸드헬드(Handheld) 스캐너

해설 CMM(Coordinate Measuring Machine)은 탐촉자로 불리는 프루브(Probe)를 측정하는 물체에 직접 닿게 해서 측정하는 방식이다.

22 핸드헬드(Handheld) 스캐너를 가장 잘 설명하고 있는 것은?

① 탐촉자로 불리는 프루브(Probe)를 측정하는 물체에 직접 닿게 해서 측정을 하는 방식이다.
② 레인지 파인더(Range Finder or Laser Range Finder)라고 불리는 빛을 물체 표면에 투사한다.
③ 피사체에 투사하는 레이저 발송자와 반사된 빛을 받는 수신 장치(주로 CCD)와 함께, 내부 좌표계를 기준 좌표계와 연결하기 위한 시스템을 이용하여 스캐닝한다.
④ 물체 표면에 지속적으로 주파수가 다른 빛을 쏘고 수광부에서 이 빛을 받을 때, 주파수의 차이를 검출해 거리 값을 구하는 방식으로 작동한다.

해설 ①은 접촉식 3D 스캐너에 대한 설명이다.
②는 TOF(Time of Flight) 방식 3차원 스캐너에 대한 설명이다.
④는 변조광(Structured-Light) 방식의 3D 스캐너에 대한 설명이다.

23 Sense 3D 스캐너 프로그램의 Settings에 대한 설명 중 올바르지 않은 것은?

① Orientation은 스캐너 방향을 세팅한다.
② Resolution은 스캐닝 해상도를 정할 수 있다.
③ Object Size는 스캔 대상이 사물인지 인물인지를 정할 수 있다.
④ Color는 스캔 화면을 단색과 실제 색상으로 표현하는 옵션을 정한다.

해설 Object Size는 스캔 대상의 크기를 Small / Med / Large / Custom의 4단계로 조정하는 것이 가능하다.

21. ① 22. ③ 23. ③

24 Sense 3D 스캐너 프로그램에서 Settings 메뉴의 세부 옵션 중 Resolution에 대한 설명으로 옳지 않은 것은?

① 스캔되는 대상물의 해상도를 설정한다.
② 옵션을 High로 선택할 경우 캡처 속도가 빨라진다.
③ Low / Med / High 3단계로 조정이 가능하다.
④ 해상도가 가장 낮은 것은 Low 옵션이다.

해설 Resolution 옵션이 High로 선택될 경우 캡처 속도가 느려질 수 있다. 해상도가 높은 상태의 고품질 스캔을 하는 경우 캡처 속도는 그만큼 느려진다.

25 Sense 3D 스캐너 프로그램의 Settings 메뉴의 Object Size에서 세부 선택 옵션 중 정확한 Width/Height/Depth 값을 직접 입력할 수 있도록 하기 위해 선택해야 할 옵션은?

① Custom   ② Small
③ Med   ④ Large

해설 Object Size는 스캔 대상의 크기를 선택하는 것으로 Small / Med / Large / Custom 4단계로 조정 가능하다. Custom으로 선택했을 경우, 정확한 Width/Height/Depth 값을 직접 입력할 수 있다.

26 Sense 3D 스캐너 프로그램에서 스캐닝하는 도중 스캔 시작 대상이 초점을 벗어나면 스캔이 자동으로 멈추고 Home 버튼을 눌러 재스캔하게 될 경우 제공되는 프로그램 메시지는?

① Pause Scan   ② Start Scan
③ Lost Tracking ④ Next

해설 스캐닝 도중 Lost Tracking! 메시지가 뜨며 스캔 시작 대상이 초점을 벗어나면 스캔이 자동으로 멈춘다. 이 경우 Home 버튼을 누르고 재스캔해야 한다.

27 Sense 3D 스캐너 프로그램의 스캔 화면 우측 상단 메뉴로 스캔 편집 시 상태를 조절할 수 있는 편집 메뉴에 대한 설명 중 잘못된 것은?

① Undo(A) : 되돌아가기로 마지막 변경 사항을 지운다.
② Reset(B) : 화면을 원점으로 돌려서 보여 준다.
③ Home(C) : 스캔 현 화면의 바로 앞 단계 화면으로 되돌아간다.
④ Settings(D) : 현재 작업 중인 스캔 세팅을 변경한다.

해설 Home(C)은 스캔 처음 화면으로 되돌아가게 하는 명령이다. 스캔 대상 선택 화면 또는 스캔 화면 초기로 되돌아간다.

28 Sense 3D 스캐너 프로그램에서 Crop, Erase의 스캔 편집 메뉴에 대한 설명 중 잘못된 것은?

① Erase는 스캔 중 원치 않는 부분을 지운다.
② Erase는 선택 후 드래그하여 지울 부분의 영역을 잡는다.
③ Crop은 스캔 대상으로 원하는 부분만을 남기는 편집 명령이다.
④ Crop은 남길 부분을 대각선으로 드래그하여 윈도(사각) 영역을 잡은 후 바깥 영역을 남긴다.

해설 Crop은 Crop 버튼을 선택한 후, 남길 부분을 대각선으로 드래그하여 윈도(사각) 영역을 잡은 후 Crop 버튼을 다시 누르면 윈도 영역을 남기고 화면이 잘라진다.

29 Sense 3D 스캐너 프로그램에서 3D 출력이 가능하도록 스캐닝 물체의 모든 구멍을 메우고 닫아 채워진 솔리드 형태로 만들어 주는 스캔 편집 명령은?

① Crop   ② Solidify
③ Auto Enhance ④ Trim

해설 Solidify는 스캐닝 된 물체를 솔리드 형태로 만든다. 이는 3D 프린터로의 3D 출력을 가능하게 한다.

30 Sense 3D 스캐너 프로그램에서 스캐닝 결과물의 밝기, 강도 등을 자동으로 조정하여 깨끗하게 정리해 주는 스캔 편집 메뉴는?

① Trim   ② Touch Up
③ Solidify   ④ Auto Enhance

해설 Auto Enhance는 자동 향상시키는 편집 명령으로 밝기, 강도 등을 자동으로 조정하여 깨끗하게 정리해 주는 스캔 편집 메뉴이다.

28. ④ 29. ② 30. ④

31 Sense 3D 스캐너 프로그램 스캔 편집 메뉴 중 상태를 보정하고 싶은 영역을 드래그한 후 그 영역의 울퉁불퉁한 부분이 보기 좋게 정리되게 하는 편집 메뉴는?

① Auto Enhance　　② Trim
③ Touch Up　　④ Solidify

해설　Touch Up은 마무리 손질하는 편집 메뉴 영역을 선택하여 상태를 보정하는데 울퉁불퉁한 부분이 보기 좋게 정리된다.

32 Sense 3D 스캐너 프로그램에서 스캔이 된 결과물을 파일로 저장할 경우 지원되지 않는 파일 확장자는?

① stl　　② jpg
③ ply　　④ obj

해설　저장되는 파일 포맷은 stl, ply, obj이다.

33 3D 스캐닝 원리에 대한 설명 중 바르지 못한 것은?

① 3D 스캐너를 통해 하나의 물체를 모델링하기 위해서는 수십 또는 수백 번에 이르는 다른 방향에서의 스캐닝 작업이 필요하다.
② 스캔 된 여러 장의 이미지들은 특정 부분의 데이터이다.
③ 여러 장의 이미지들을 하나의 좌표계로 합치는 작업을 해야 한다.
④ 머징(Merging)은 하나의 좌표계로 변환하는 작업이다.

해설　• 정렬(Alignment) or 정합(registration) : 하나의 좌표계로 변환하는 작업
　　• 머징(Merging) : 정렬된 여러 데이터 셋을 하나의 데이터로 합치는 작업

34 3D 스캐닝 활용에 대한 설명 중 가장 바르지 못한 것은?

① 대상물의 전체 형상을 모델링 프로그램으로 직접 모델링하는 데 활용된다.
② 볼트와 너트를 비롯한 초소형 대상물의 형상 정보를 손쉽게 취득하는 데 활용된다.
③ 항공기, 선박 등의 초대형 대상물의 형상 정보를 손쉽게 취득하는 데 활용된다.
④ 다양한 산업 군에 필요한 역설계(Reverse Engineering)나 품질 관리(Quality inspection) 분야에 적극적으로 활용된다.

해설　① 대상물의 전체 형상을 모델링 프로그램으로 직접 모델링하는 것은 3D 모델링에 대한 설명이다.

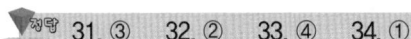
31. ③　32. ②　33. ④　34. ①

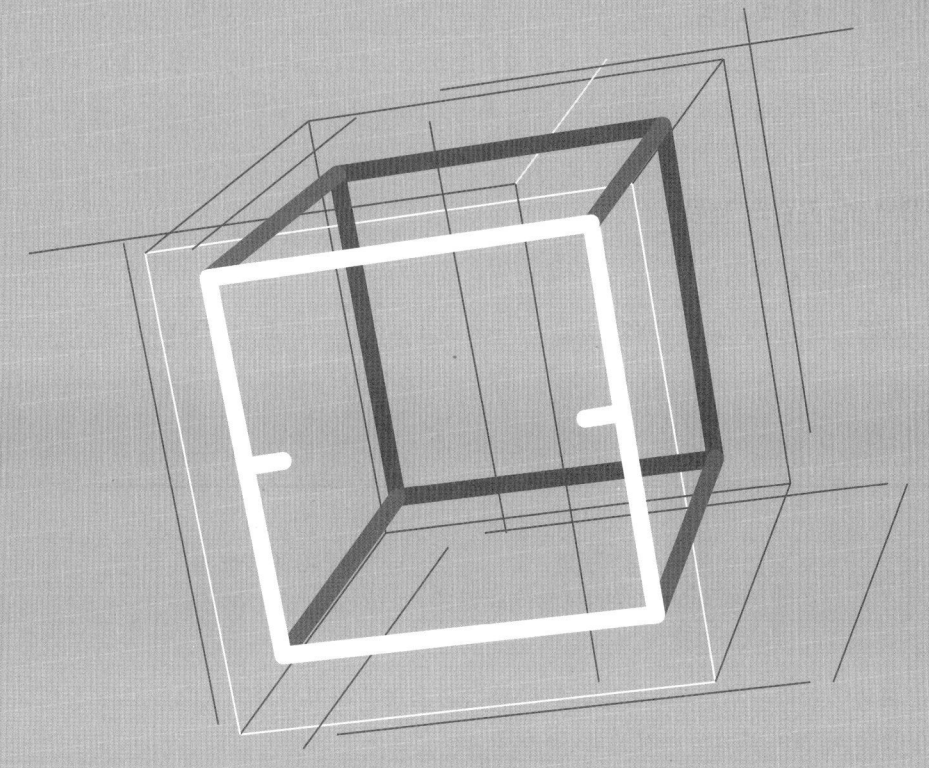

제3과목
3D 출력 관리와 후가공

3D 프린터 출력과 품질 관리

◉ 3D 프린터 출력 과정

원하는 모델링의 STL 파일 준비 → G 코드 변환 → 프린트 예열(베드 및 노즐) → 프린트 수평 확인 → 프린팅 시작

◉ FDM 3D 프린터 재료

- ABS & PLA

구분	ABS	PLA
장점	• 강성이 우수하고 가격이 저렴 • 산업용 제품 생산 및 검증에 유리하며 후처리가 가능하여 품질 개선 가능	• 친환경 소재로 가정용, 교육용 원료로 적합 • ABS의 80% 강성, 친환경 수지로 냄새 없음. • 수축률이 적어 히티드 베드 없이 조형 가능. • ABS보다는 가격이 높으나, 다른 원료에 비해 저렴한 편
단점	• 조형 중 약간의 냄새가 발생 • 히티드 베드 없이 조형 불가능(수축 발생)	• 가격이 ABS의 2배 정도 비쌈. • 후처리가 다소 어려움.

◉ 3D 프린터 출력을 위한 3D 모델링에서 모든 3D 모델링 파일은 STL, OBJ, AMF 등의 파일로 저장되어야 하며 부피를 가진 모델링이어야 함.

◉ G 코드를 생성하는 슬라이싱 프로그램으로는 CURA, Kisslicer, Slic3r 등의 소프트웨어가 있음.

◉ 필라멘트 구매 시 확인 사항

- 필라멘트 보빈
- 물성 안전 검사 확인 사항
- 3D 프린팅 시 재료별 조건표

◉ CURA 메뉴

1. Machine setting

메뉴	설명
Maximum width / depth / height	최대 출력 사이즈 세팅

메뉴	설명
Extruder Count	익스트루더 개수
Heated bed	출력 베드의 히팅 여부 체크
Machine center 0,0	델타봇 기종인 경우 반드시 체크해야 함.
Build area shape	Circular / Square 옵션 중 선택(델타봇 기종인 경우 Circular)
Communication Setting	PC와 3D 프린터를 직접 연결할 경우 세팅
Add new machine	새로운 3D 프린터 사용 시 새 프린터 머신 추가
Remove machine	세팅된 3D 프린터 머신 설정 삭제
Change machine name	세팅된 프린터 머신 설정을 수정해서 저장

2. Open expert settings 서브 메뉴

(1) Retraction : 원료 배출을 후퇴시킴.

(2) Skirt : 원료가 잘나오는지 확인

(3) Brim : 모델 주위에 보강대를 만들어 줌.

(4) Raft : 모델 하단부에 기초를 만들어 줌.

(5) Cool : 냉각용 쿨링 팬 설정

(6) Infill : 바닥, 윗면, 내부 채움 정도

(7) Support

- Support types
  - Grid : 격자 무늬로 서포트 내부를 채움. 격자 무늬는 아주 튼튼하게 지지해 주는 역할을 함.
  - Lines : 직선으로 서포트 내부를 채움. 직선으로 서포트 내부를 채우면 서포트 제거가 한 번에 쉽게 되지만 서포트가 튼튼하지는 않음.

3. 기본(Basic) 탭 메뉴

(1) Basic 탭

① Quality(품질) 메뉴

- Layer height : 레이어 높이를 설정
- Shell thickness : 외벽의 두께를 설정
- Enable retraction : 프린트하지 않고 헤드가 이동 중에는 필라멘트 배출을 후퇴시켜 거미줄 같은 찌꺼기가 발생하는 것을 줄일 수 있음.

② Fill(채움) 메뉴

- Bottom/top thickness : 상단과 하단의 가장 바깥쪽 면의 두께
- Density : 프린트할 모델의 내부 밀도를 설정

③ Speed & Temperature(속도와 온도) 메뉴
- Print speed : 출력하는 속도를 조절
- Print temperature : 출력되는 노즐의 온도를 설정

④ Support(서포트 구조) 메뉴
- Support type : 지지대 없이 프린트가 불가능한 모델인 경우에 사용
- Platform adhesion type : 출력물이 bed와 잘 고정될 수 있도록 바닥면 지지대를 만들어 줌. Brim, Raft의 두 가지 옵션이 있음.

⑤ Filament(필라멘트) 메뉴
- Diameter : 사용하고 있는 필라멘트의 직경(두께)을 입력
- Flow : 필라멘트의 흐름의 압출을 보정해 주는 보정 계수

(2) 고급(Advanced) 탭 메뉴

옵션	메뉴 설명
Machine 〉 Nozzle size	노즐 사이즈는 보통 0.4mm임.
Retraction 〉 speed	필라멘트의 후퇴 속도를 설정함.
Retraction 〉 distance	필라멘트의 후퇴가 발생하였을 때의 길이를 설정함. 필라멘트의 재질에 따라 설정을 달리 해야 할 수 있음.
Quality 〉 Initial layer thickness	첫 번째 레이어의 두께를 설정함. 기본적으로 0.3mm를 권장하고 있음.
Quality 〉 Cut off bottom	출력 모델이 베드(바닥)와 닿는 부분이 적을 경우 모델을 플랫폼 밑으로 가라 앉혀 바닥을 평평하게 만듦.

◉ 3D 프린터 출력의 질을 높이기 위한 방법

- **프린팅 이전**
  - 출력 속도를 늦춤.
  - 노즐에 쿨러를 적용함.
  - 챔버(프린팅 주변 온도 유지)에 넣음.

- **프린팅 이후에 적용할 수 있는 방법**
  - 아세톤 훈증 기법(ABS에 적용)
  - 광택 연마기의 사용(날카로운 부위가 많은 출력물에는 부적합)

- **레프트가 잘 밀착되도록 함.**
  - 베드의 온도를 필라멘트에 알맞은 온도로 올림.
  - 유리판 위에 필라멘트가 잘 붙는 성분의 스프레이를 도포
  - 마스킹 테이프나 캡톤 테이프와 같은 제품을 베드에 사용

3D 출력 시의 주의 사항
- 출력 시 속도가 너무 빠르면 축이 변경되거나 구멍이 날 수 있기 때문에 적절한 속도를 설정함.
- 노즐과 베드의 간격이 너무 가까우면 베드 면에 노즐이 막힐 수 있기 때문에 A4 용지가 지나다닐 정도의 간격을 마련
- 출력물의 형상과 규모, 사용하는 소프트웨어, 용도에 따라 다양한 세팅 가능

캘리브레이션(Calibration)
- 하드웨어에 대한 기술로 출력 품질에 많은 영향을 줌.
- 출력을 위해 노즐의 온도를 정하는 일, 사용하는 재료의 특성을 반영하는 일, 출력하려는 Object에 따른 파라미터 값을 조정하는 일 등 사전 조정 단계가 반드시 필요
- 일부는 슬라이싱 프로그램에서 값을 세팅하고, 일부는 펌웨어에서 파라미터 값을 설정

예상문제 풀이 Chapter 01 — 3D 프린터 출력과 품질 관리

01 3D 프린터 재료 중 플라스틱 필라멘트를 사용하는 FDM 방식 3D 프린터의 종류로 옳은 것은?

① 포인트 바이 포인트(SLA)
② 레이어 바이 레이어(DLP)
③ 접착제로 시트를 결합하는 방식(LOM)
④ 델타봇 방식, 카르테시안 방식

해설
- 포인트 바이 포인트(SLA)의 재료는 액체다.
- 레이어 바이 레이어(DLP)의 재료는 액체다.
- 접착제로 시트를 결합하는 방식(LOM)의 재료는 고체의 얇은 시트이다.
- 델타봇 방식, 카르테시안 방식의 재료는 고체 필라멘트다.

02 3D 프린터 출력 과정 중 가장 먼저 수행되어야 하는 과정을 고르시오.

① G 코드 변환
② 원하는 모델링의 STL 파일 준비
③ 프린트 예열(베드 및 노즐)
④ 프린트 수평 확인

해설 원하는 모델링의 STL 파일 준비 – G 코드 변환 – 프린트 예열(베드 및 노즐), 프린트 수평 확인 – 프린팅 시작

03 3D 프린터 출력을 위한 3D 모델링에서 준비되어야 할 것으로 가장 옳지 않은 것은?

① 123D Design에서는 3D 출력을 위한 G 코드로의 변환 기능이 있다.
② 모든 3D 모델링 파일은 STL, OBJ, AMF 등의 파일로 저장되어야 한다.
③ 3D 출력을 위해서는 부피(Solid)를 가진 모델링이어야 한다.
④ Sculptris는 OBJ 파일로의 변환 기능을 가진다.

해설 3D 출력을 위한 G 코드로의 변환 기능은 슬라이싱 프로그램(CURA, Slic3R 등)에서 담당한다.

정답 01. ④ 02. ② 03. ①

04 ABS 필라멘트에 대한 설명으로 옳지 않은 것은?

① 내충격성, 내약품성, 내후성 등이 뛰어나다.
② 사출 성형, 압출 성형 등의 성형성과 착색 등 2차 가공성이 우수하다.
③ ABS 필라멘트는 고온에서도 변형되지 않는다.
④ 일반적인 모든 3D 프린터(FDM / FFF 방식)에 사용 가능하다.

해설 ABS 필라멘트는 고온에서 변형될 수 있으므로 220~270℃의 적정 온도를 요구한다.

05 FDM / FFF 방식의 3D 프린터의 재료와 가장 관련이 없는 것은?

① ABS 필라멘트 ② 고체 분말
③ PLA 필라멘트 ④ 고체 필라멘트

해설 고체 분말을 사용하는 3D 프린터로는 레이저로 분말을 녹이는 방식으로 프린팅하는 SLS, LAM, DMT 프린터가 있고, 접착제로 분말을 결합하는 방식으로는 PBP, 3DP가 있다.

06 친환경 옥수수를 발효시켜 얻은 락타이드를 이용하여 제조되어 출력 시 유해한 요소가 거의 없는 FDM 방식의 3D 프린터 재료로 가장 바른 것은?

① PLA ② ABS
③ SLA ④ SLS

해설 ABS는 친환경 소재가 아니다. SLA, SLS는 3D 프린팅 기술이다.

07 PLA 필라멘트에 대한 설명으로 가장 바르지 않은 것은?

① Polylactic acid Filament의 약자다.
② 이산화탄소 발생량이 적다.
③ 바이오 소재 특성상 출력 시 유해한 성분이 발생하지 않는다.
④ PLA 필라멘트는 일반 플라스틱 ABS에 대비해 훨씬 강도가 높다.

해설 PLA 필라멘트는 일반 플라스틱 ABS에 대비해 약 80%의 강도를 가진다.

04. ③ 05. ② 06. ① 07. ④

08 FDM 방식의 3D 프린터 재료인 필라멘트에 대한 설명으로 옳지 않은 것은?

① ABS는 강성이 우수하고 가격이 저렴하다.
② ABS는 히티드 베드 없이 조형하는 것이 불가능하다.
③ PLA는 ABS와 가격이 비슷하고 후처리가 다소 어렵다.
④ PLA는 친환경 소재로 가정용, 교육용 원료로 적합하다.

해설 PLA는 가격이 ABS의 2배 정도로 비싸다.

09 필라멘트 구매 시 사용자의 필수 확인 사항으로 가장 적절하지 않은 것은?

① 필라멘트 보빈
② 필라멘트의 색상
③ 물성 안전 검사 확인 사항
④ 3D 프린팅 시 재료별 조건표

해설 구매 시 필수 확인 사항 중 필라멘트의 색상은 가장 후순위의 확인 사항이다.

10 FDM 방식의 3D 프린팅 시 재료별 조건에 대한 설명으로 가장 옳지 않은 것은?

① 프린팅 적정 온도는 ABS는 220~260℃, PLA는 180~200℃이다.
② 필라멘트 규격은 1.75mm, 3.0mm가 있다.
③ 정밀도(오차 범위)는 ±0.1mm이다.
④ ABS는 히티드 베드 없이 가능하다.

해설 베드 적정 온도는 ABS는 100~110℃, PLA는 7~80℃로 히티드 베드 없이 가능하다.

11 3D 모델링 후 3D 출력을 위해서 최종 변환되어야 할 파일 확장자는?

① DXF
② DWG
③ 3DS
④ STL

해설 3D 출력을 위해서는 3D 모델링 후 STL 파일로 저장한다. CAD, CAM 기반의 프로그램에서는 Export 명령으로 STL 파일로 저장을 지원한다. 다른 3D 모델링 툴(라이노 3D, 3D Max 등)에도 기본적으로 STL 파일의 저장을 지원한다.

12 3D 출력을 위한 슬라이싱 프로그램에서 생성되는 코드는?

① Z 코드
② G 코드
③ D 코드
④ C 코드

정답 08. ③ 09. ② 10. ④ 11. ④ 12. ②

해설 3D 프린터로 출력하기 위해 STL 파일로의 변환이 끝났다면 이제 G 코드를 생성하는 슬라이싱 프로그램을 실행하여 실제 출력하는 단계를 거친다.

13 G 코드에 대한 설명으로 옳지 않은 것은?

① 펌웨어에서는 인식되지 않는다.
② 출력하고자 하는 오브젝트를 실제 기계가 출력해 내기 위하여 필요한 기계의 움직임을 정의하는 정보가 들어 있다.
③ 슬라이싱 프로그램 사용의 결과물로 생성된다.
④ 출력되기 전 단계의 마지막 작업 과정이다.

해설 슬라이싱 프로그램에서 3D 출력을 위해 설정한 파라미터 값 및 G 코드는 펌웨어가 인식한다.

14 G 코드를 생성하는 슬라이싱 프로그램과 가장 거리가 먼 것은?

① CURA
② Kisslicer
③ Pronterface
④ Slic3r

해설 G 코드를 생성하는 슬라이싱 프로그램으로는 CURA, Kisslicer, Slic3r 등의 무료 소프트웨어 등이 있다.

15 큐라(CURA)에 대한 설명으로 잘못된 것은?

① G 코드를 생성하는 슬라이싱 프로그램이다.
② 얼티메이커 홈페이지(http://software.ultimaker.com/)에서 다운로드 가능하다.
③ 설치가 완료되면 바탕화면에 큐라 프로그램 실행 파일이 생긴다.
④ 유료 소프트웨어로 소액 지불 프로그램이다.

해설 큐라(CURA)는 무료 소프트웨어이다.

16 큐라 실행 화면에 대한 설명으로 옳지 않은 것은?

① 같은 모델링이라면 환경 설정과 관계없이 모두 같은 패스가 만들어진다.
② 사용자가 설정한 환경 설정에 맞게 패스가 생성된다.
③ 적색은 외벽을 의미한다.
④ 녹색은 내벽을 의미한다.

해설 같은 모델링이라도 환경 설정에 따라 전혀 다른 패스가 만들어지고 형상과 퀄리티도 달라진다.

13. ①   14. ③   15. ④   16. ①

17 큐라에서 SD 카드에 G 코드 저장 시 사용되는 가장 적합한 File 메뉴는?

① Save G 코드
② Load Model file
③ Save Model
④ Show slice engine log

해설 Load Model file 메뉴는 모델링 파일(.stl 파일)을 불러온다.
Save Model 메뉴는 모델링 파일을 저장한다.
Show slice engine log 메뉴는 슬라이스 정보 창을 불러온다.

18 큐라에서의 File 메뉴에 대한 설명 중 옳지 않은 것은?

① Open Profile은 설정 값을 불러온다.
② Save Profile은 현재 설정 값을 저장한다.
③ Preference는 기계를 세팅하는 창을 불러온다.
④ Reset Profile to default는 설정 값을 초기화한다.

해설 Preference는 필라멘트 정보 입력 창을 불러 온다.

19 큐라에서 필라멘트 정보를 입력할 수 있게 하는 실행 화면은?

① Pronterface 실행 화면
② Preference 실행 화면
③ Machine Setting 실행 화면
④ Open expert settings 실행 화면

해설 Preference 실행 화면

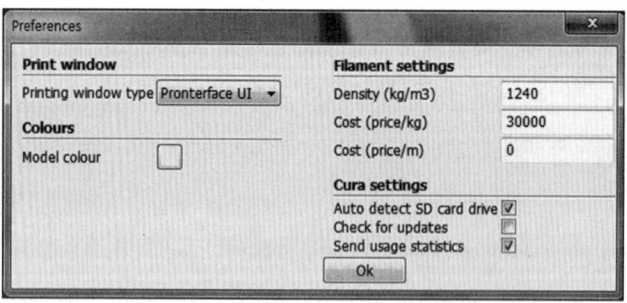

20 큐라에서 출력 실행 시 사용되는 Pronterface에서 지원하는 기능으로 적절치 못한 것은?

① 필라멘트를 피더에서 밀어내는 기능
② 프린팅 온도 설정
③ 배드의 온도 설정
④ 최대 출력 사이즈 설정

해설 Machine Setting 실행 화면에서 최대 출력 사이즈를 설정한다.

정답 17. ① 18. ③ 19. ② 20. ④

21 다음은 큐라의 Machine setting 실행 화면이다. 다음 설명 중 옳지 않은 것은?

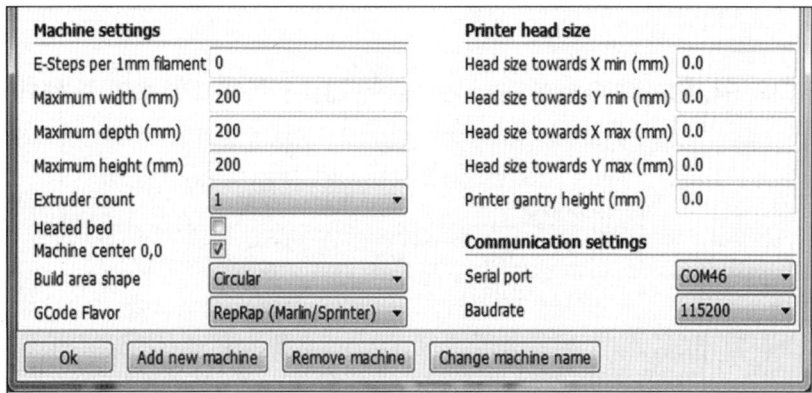

① Maximum width / depth / height은 최대 출력 사이즈를 세팅한다.
② Build area shape은 출력되는 형상 타입을 정한다.
③ Extruder Count는 익스트루더 개수이다.
④ Heated bed는 출력 배드의 히팅 여부를 체크한다.

해설 Build area shape은 Circular / Square 옵션 중 선택한다. 델타봇 기종인 경우 Circular를, 카르테시안 방식 기종인 경우 Square를 선택한다.

22 델타봇 기종의 3D 프린터 머신 세팅 시 큐라(Cura)의 Machine setting을 설정한 것으로 가장 적절치 않은 것을 고르시오.

① Heated bed는 선택하지 않았다(비체크).
② Machine center 0, 0은 선택했다(체크).
③ Machine center 0, 0은 선택하지 않았다(비체크).
④ Build area shape은 Circular를 선택했다.

해설 Machine center 0, 0은 델타봇 기종 머신 사용을 위한 세팅 시 반드시 체크되어야 한다.

23 큐라의 Machine setting 중 Communication Setting에 대한 설명으로 옳지 않은 것은?

① PC나 노트북과 3D 프린터를 직접 연결할 경우 세팅한다.
② Serial port 항목은 노트북 사용 시에는 자동 세팅된다.
③ Serial port는 PC와 3D 프린터를 직접 연결할 경우 사용되는 시리얼 포트를 선택한다.
④ Baudrate는 통신 속도를 의미한다.

21. ② 22. ③ 23. ②

해설 Serial port는 PC나 노트북과 3D 프린터를 직접 연결할 경우 이때 사용되는 시리얼포트는 제어판을 통해 확인한 후 반드시 시리얼 포트를 일치시켜서 설정해 주어야 한다.

24 큐라의 BASIC 탭의 Quality – Layer height 메뉴 항목에 대한 설명 중 옳지 않은 것은?

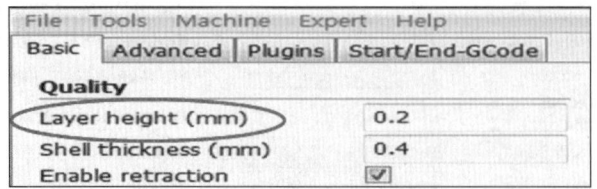

① 레이어 높이를 설정한다.
② 인쇄 품질과 인쇄 시간에 대한 가장 중요한 요소로 작용한다.
③ 레이어의 높이가 낮아질수록 레이어의 수가 줄어든다.
④ 레이어의 높이가 낮아질수록 출력물의 결과는 정밀하다.

해설 레이어의 높이가 낮아질수록 출력물의 결과가 좀 더 정밀하나 레이어의 수가 늘어나 프린트 출력 시간은 그만큼 늘어난다.

25 큐라에서 다음 수치는 레이어의 높이이다. 출력 품질이 가장 좋은 것은?

① 0.2mm
② 0.1mm
③ 0.06mm
④ 0.02mm

해설 레이어의 높이가 낮아질수록 출력 결과물의 품질이 좋아진다.

26 큐라의 BASIC 탭의 Quality – Shell thickness 메뉴 항목에 대한 설명 중 옳지 않은 것은?

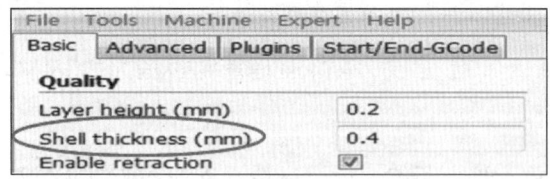

① Shell thickness는 모델에 상관없이 수치를 높여서 출력 퀄리티를 높이는 게 좋다.
② 외벽의 두께를 설정한다.
③ 두께를 증가시킬수록 벽면의 강도는 높아진다.
④ 0.4mm 노즐로 Shell thickness를 0.4mm로 설정하면 벽을 1번만 프린팅하게 된다.

해설 모델에 따라 적절한 Shell thickness 수치를 조절하여 사용하는 것이 바람직하다.

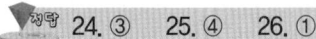
24. ③ 25. ④ 26. ①

27 큐라에서 헤드가 이동 중에 필라멘트 배출을 후퇴시켜 거미줄 같은 찌꺼기가 발생하는 것을 줄이기 위해 사용되어야 할 메뉴 항목은?

① Enable retraction ② Density
③ Bottom/Top thickness ④ Shell thickness

해설 Enable retraction은 BASIC 탭의 Quality – Enable retraction 메뉴 항목으로 프린트하지 않고 헤드가 이동 중에 필라멘트 배출을 후퇴시켜 거미줄 같은 찌꺼기가 발생하는 것을 줄인다. 빠른 인쇄나 설정을 변경해야만 하는 상황이 아니라면 항상 사용하는 것이 좋다.

28 큐라의 BASIC 탭의 Quality – Fill 메뉴 항목에 대한 설명 중 옳지 않은 것은?

Fill	
Bottom/Top thickness (mm)	1.6
Fill Density (%)	100

① Bottom/Top thickness는 상단과 하단의 가장 바깥쪽 면의 두께를 정한다.
② Bottom/Top thickness 두께를 증가시킬수록 재질에 따라 더 견고한 상·하판을 만든다.
③ Fill Density는 수치가 낮을수록 가득 채운다.
④ Fill Density는 출력물 내부를 얼마나 채울 것인가를 정하는 메뉴이다.

해설 Fill Density는 수치가 높을수록 가득 채운다.

29 큐라의 BASIC 탭의 Quality – Fill Density 메뉴 항목에 대한 설명 중 옳지 않은 것은?

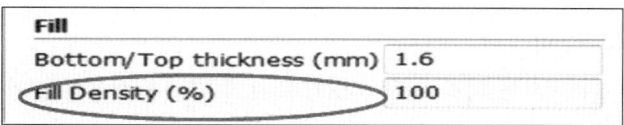

① 프린트할 모델의 내부 밀도를 설정한다.
② 채우는 수치만큼 출력 시간은 짧아진다.
③ 수치가 높을수록 가늑 채운다.
④ 밀도를 증가시킬수록 결과물의 견고함을 향상시킬 수 있다.

해설 밀도를 증가시킬수록 결과물의 견고함을 향상시킬 수 있으나, 채우는 시간만큼 출력 시간이 오래 걸린다.

30 큐라의 BASIC 탭의 Speed and Temperature – Print speed 메뉴 항목에 대한 설명 중 옳지 않은 것은?

① 출력하는 속도를 조절한다.
② 출력 속도를 높일수록 모델을 출력하는 시간을 줄일 수 있다.
③ 권장 출력 속도를 무조건 사용해야 한다.
④ 출력 속도를 너무 빠르게 하다 보면 필라멘트 적층의 균일성이 떨어진다.

해설 권장 출력 속도를 사용하되, 다른 설정 값의 변화에 따라 출력의 퀄리티가 변할 수 있으므로 출력 모델에 따라 변경하여 사용하는 것이 바람직하다.

31 큐라의 BASIC 탭의 Speed and Temperature – Print temperature 메뉴 항목에 대한 설명 중 옳지 않은 것은?

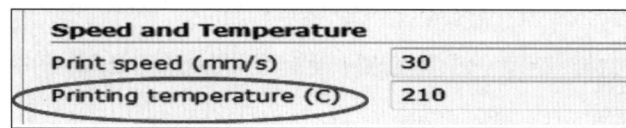

① 출력 시 거미줄 같은 찌꺼기들이 생겨난다면 이를 줄이기 위해 온도를 높여야 한다.
② 출력되는 노즐의 온도를 설정한다.
③ 보통 ABS 재질의 온도는 230도 이상(PLA 재질은 온도 180도 이상)이지만, 기본 값보다 더 올릴 수도 있다.
④ 사용하는 필라멘트에 따라 적정 온도가 다르기 때문에 사용하고 있는 필라멘트의 적정 온도를 확인하여 사용하는 것을 권장한다.

해설 보통 ABS 재질의 온도는 230도 이상(PLA 재질은 온도 180도 이상)이지만, 기본 값보다 더 올릴 수도 있고 출력 시 거미줄 같은 찌꺼기들이 생겨난다면 이를 줄이기 위해 온도를 내려야 한다.

정답 30. ③ 31. ①

32. 큐라의 BASIC 탭의 Support – Support type 메뉴 항목에 대한 설명 중 가장 옳지 않은 것은?

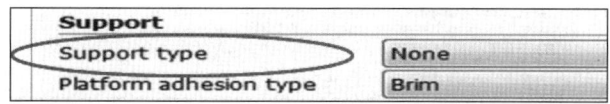

① 지지대 없이 프린트가 불가능한 모델인 경우에 사용한다.
② Touching buildplate는 바닥 면에서 평평한 지지대를 올렸다고 가정했을 때, 출력 모델과 처음 닿는 부분만 지지대를 만들어 준다.
③ Everywhere는 바닥 면에서 평평한 지지대를 올렸다고 가정했을 때, 출력 모델과 닿는 모든 곳과 내부의 지지대가 필요한 부분에 지지대를 만들어 준다.
④ Everywhere는 바닥 면에서 평평한 지지대를 올렸다고 가정했을 때, 출력 모델과 내부의 지지대가 필요한 부분만 지지대를 만들어 준다.

해설 Everywhere 옵션은 바닥 면에서 평평한 지지대를 올렸다고 가정했을 때, 출력 모델과 닿는 모든 곳과 내부의 지지대가 필요한 부분에 지지대를 만들어 준다.

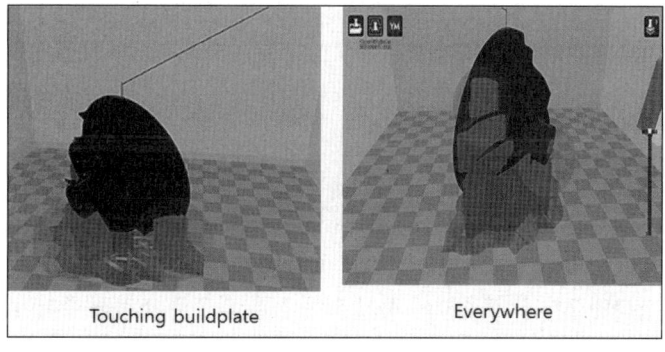

32. ④

33 큐라의 BASIC 탭 Support 메뉴에서 설정할 수 있는 항목으로 다음 그림과 같이 모델 주위에 보강대를 만들어 주는 옵션 메뉴는?

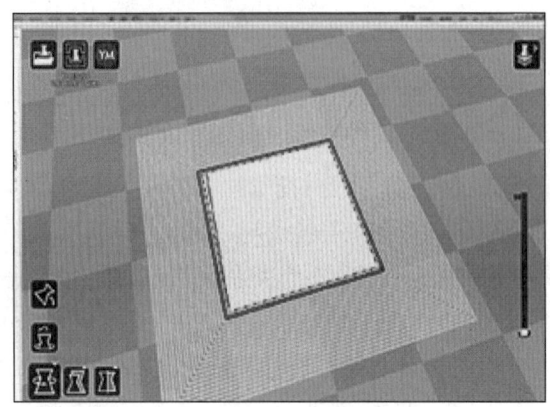

① Raft　　　　　　　　② Brim
③ Grid　　　　　　　　④ Line

해설 Support – Platform adhesion type의 두 옵션은 Brim, Raft이다. Brim은 모델 주위에 보강대를 만들어 준다. Raft는 모델 하단부에 기초를 만들어 준다.

34 큐라의 BASIC 탭의 Filament 메뉴에 대한 으로 가장 바르지 않은 것은?

① Diameter는 사용하고 있는 필라멘트의 직경(두께)을 입력한다.
② Diameter는 일반적인 필라멘트인 경우 1.75mm 두께를 사용한다.
③ Flow는 필라멘트가 잘 토출되게 하기 위해 적은 값으로 조절해 주어야 한다.
④ Flow는 필라멘트의 흐름의 압출을 보정해주는 보정 계수를 입력한다.

해설 Flow(밀도) 메뉴는 필라멘트의 흐름, 즉 필라멘트의 압출을 보정해 주는 보정 계수를 입력하는 항목으로 %로 값을 입력한다. 필라멘트에 따라 압출량을 조절해 주어야 하는데 값이 클수록 필라멘트가 잘 토출된다.

35 큐라에서 3D 출력물의 최하단 Bottom Layer의 위치를 가장 잘 나타내는 것은?

① Bridge 바로 위　　　　② Brim 바로 위
③ Skirt 바로 위　　　　　④ Raft 바로 위

해설 3D 출력물의 최하단 Bottom Layer는 Raft 바로 위에 위치하나, Brim과 Skirt는 같은 선상 위에 위치한다.

정답 33. ②　34. ③　35. ④

[36~44] 다음 Open expert settings 실행 화면에 대한 물음에 답하시오.

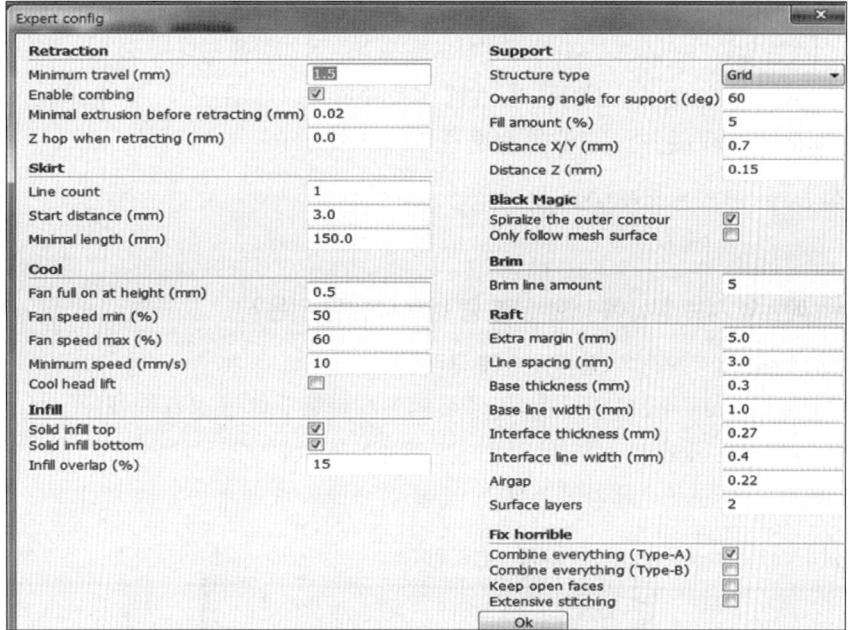

36 3D 출력 시 점프 상태에서 원료 배출을 후퇴시키는 기능과 가장 관련이 깊은 메뉴는?

① Skirt ② Retraction
③ Cool ④ Infill

해설
- Skirt : 출력이 시작될 때 물체 주위에 그려지는 선에 대한 메뉴
- Cool : 쿨링 팬에 관한 메뉴
- Infill : 출력물의 내부 속 채움에 대한 메뉴

37 Retraction 메뉴의 서브 항목에 대한 설명 중 바르지 않은 것은?

① Minimal extrusion before retracting은 retraction 하기 전 필라멘트에서 토출되는 최대 양을 지정한다.
② Minimum travel은 retraction이 발생하는 노즐의 최소 이동 거리를 입력한다.
③ Enable combing 체크 해제 시에는 직선 이동한다.
④ Zhop when retracting은 retraction이 끝났을 때 이 값만큼 헤드가 올라간다.

해설 Minimal extrusion before retracting은 retraction하기 전 필라멘트에서 토출되는 최소 양을 지정한다.

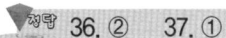
36. ② 37. ①

38 Skirt 메뉴의 서브 항목에 대한 설명 중 바르지 않은 것은?

① 출력되는 첫 레이어 위에 그려진다.
② 이것은 압출기(익스트루더)가 준비하도록 도와주는 역할을 한다.
③ Line count는 출력이 시작될 때, 출력 물체 주위에 그려지는 선의 층 수이다.
④ Start distance는 스커트와 첫 번째 층 사이의 거리이다.

해설 Skirt는 출력되는 첫 레이어와 같은 선상에 그려진다.

39 Brim 메뉴의 서브 항목에 대한 설명 중 바르지 않은 것은?

① 출력되는 첫 레이어와 같은 선상에 그려진다.
② Brim line amount의 값이 늘어날수록 물체가 바닥에 더 잘 붙게 된다.
③ Brim line amount는 브림에 사용되는 선의 두께이다.
④ Brim line amount의 값이 늘어날수록 출력 영역을 더 좁게 만들 수 있다.

해설 Brim line amount는 브림에 사용되는 선의 양이다.

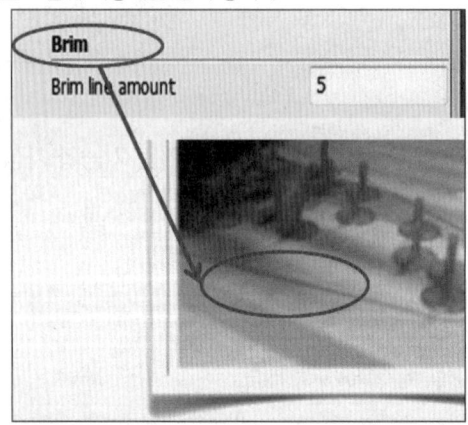

40 Raft 메뉴의 서브 항목에 대한 설명 중 바르지 않은 것은?

① Raft는 출력되는 첫 레이어 아래에 위치한다.
② Support를 사용할 경우 Raft는 Support 위에 위치한다.
③ Extra margin은 물체 가장자리의 추가 레프트 길이를 입력한다.
④ Extra margin 값을 증가시키면 더 강한 레프트를 만들 수 있다.

정답 38. ① 39. ③ 40. ②

해설 Support를 사용할 경우 Raft는 Support 아래에 위치한다.

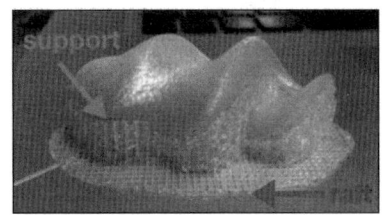

41 Raft 메뉴의 서브 항목에 대한 설명 중 바르지 않은 것은?

① Base thickness는 레프트 베이스(첫 번째) 층의 두께를 입력한다.
② Air gap은 레프트의 마지막 층과 출력 물체의 첫 번째 층 사이의 갭을 입력하며, 이 작은 갭은 레프트의 제거를 더욱 어렵게 할 수 있다.
③ Surface layer는 레프트의 위에 놓이는 층 수를 입력하며, 이 층은 완전히 꽉 채워져 출력된다.
④ Base line width는 레프트 베이스 층의 라인의 너비를 입력한다.

해설 Air gap은 레프트가 쉽게 제거되도록 해준다.

42 Cool 메뉴의 서브 항목 중 출력 속도를 늦춰 필라멘트가 흘러나올 수 있으므로 적당한 스피드를 주어야 하는 서브 항목으로 옳은 것은?

① Fan full on at height
② Fan speed min
③ Fan speed max
④ Minimum speed

해설 Minimum speed는 한 층을 출력하는 데 걸리는 최소 속도로 출력 속도를 아주 늦출 수 있으며 그로 인해 필라멘트가 흘러나올 수 있으므로 적당한 스피드를 주어야 한다.
• Fan full on at height : 팬이 켜지는 높이
• Fan speed min: 팬 최소 속도
• Fan speed max: 팬 최대 속도

43 Support 메뉴의 서브 항목에 대한 설명 중 바르지 않은 것은?

① Overhang angle for support는 바닥과 수평이면 0도, 바닥과 수직이면 90도로 본다.
② Overhang angle for support는 돌출부의 각도가 최소 이 각도가 되어야 서포트를 댈 수 있도록 한다.
③ Grid 〈 Lines : 서포트 제거가 쉽다.
④ Grid 〉 Lines : 서포트가 튼튼하다.

정답 41. ② 42. ④ 43. ①

해설 Overhang angle for support : 돌출부의 각도가 최소 이 각도가 되어야 서포트를 댈 수 있도록 함. 바닥과 수평이면 90도, 바닥과 수직이면 0도로 봄.

44 Support 메뉴의 서브 항목에 대한 설명 중 바르지 않은 것은?

① Fill amount는 서포트의 내부 양을 의미한다.
② Fill amount는 (%)가 낮을수록 약하게 지지해 준다.
③ Fill amount는 (%)가 높을수록 제거하기에는 쉽다.
④ Distance X/Y는 X/Y방향으로 출력물과 서포트 사이의 거리로 출력물과 서포트 사이에 빈 공간을 만들어 서포트를 제거하기가 쉬워진다.

해설 Fill amount는 서포트의 내부 양이다. (%)가 낮을수록 약하게 지지해 주지만, 제거하기에는 쉽다.

45 큐라에서 출력될 모델의 View Mode(보기 모드)가 아닌 것은?

① Normal
② Overhang
③ Layer
④ Wireframe

해설 큐라에서 출력될 모델의 View Mode(보기 모드)는 Normal, Overhang, Transparent, X-ray, Layer의 5가지 모드가 있다.

46 큐라에서 출력될 모델의 View Mode(보기 모드)에 대한 설명으로 옳지 않은 것은?

① Transparent는 투명도를 적용시켜 표시한다.
② X-ray는 X-ray 효과를 이용하여 표시한다.
③ Overhang은 패인 부분을 확인할 수 있도록 빨간색으로 표시한다.
④ Layer는 프린트되는 모델의 툴 패스를 표시함.

해설 Overhang : 돌출부를 확인할 수 있도록 빨간색으로 표시한다.

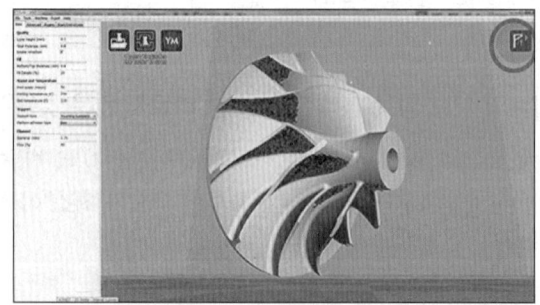

정답 44. ③ 45. ④ 46. ③

47 큐라에서 출력 모델에 대해 지원되는 편집 명령이 아닌 것은?

① Array
② Rotate
③ Scale
④ Mirror

해설 Cura에서 Array는 출력 모델의 배열 기능이 지원되지 않는다.

48 큐라 편집 명령 Rotate에 대한 설명 중 바르지 않은 것은?

① Rotate 아이콘을 클릭하면 모델 주위에 원이 표시된다.
② 선택된 모델 주위에 생기는 원을 이용한 z축 중심의 회전은 지원되지 않는다.
③ 마우스 왼쪽 버튼을 누른 상태로 초록색 원을 회전하면 X축 중심의 회전이 일어난다.
④ 마우스 왼쪽 버튼을 누른 상태로 노란색 원을 회전하면 Y축 중심의 회전이 일어난다.

해설 마우스 왼쪽 버튼을 누른 상태로 빨간색 원을 회전하면 Z축 중심의 회전이 일어난다.

49 큐라 편집 명령 Scale에 대한 설명 중 바르지 않은 것은?

① 배율을 입력하여 모델의 크기를 변경할 수 있다.
② 사이즈를 직접 입력하여 크기를 변경할 수 있다.
③ 사이즈는 cm 단위로 값을 직접 입력할 수 있다.
④ 배율이 2인 경우 현 모델 크기보다 2배 커진다.

해설 사이즈는 mm 단위로 값을 조절할 수 있다.

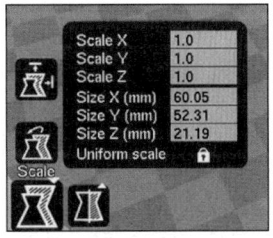

정답 47. ① 48. ② 49. ③

50 3D 프린터 출력의 질을 높이기 위해 프린팅 이전에 적용할 수 있는 방법으로 가장 옳지 않은 것은?

① 출력 속도를 늦춘다.
② 노즐에 쿨러를 적용한다.
③ 챔버(프린팅 주변 온도 유지)에 넣는다.
④ 아세톤 훈증 기법을 활용한다.

해설 아세톤 훈증 기법은 프린팅 이후에 적용할 수 있는 방법이다.

51 3D 프린터 출력의 질을 높이기 위해 레프트가 잘 밀착되도록 하는 방법으로 옳지 않은 것은?

① 노즐과 베드의 간격을 증가시켰다.
② 베드의 온도를 필라멘트에 알맞은 온도로 올렸다.
③ 유리판 위에 필라멘트가 잘 붙는 성분의 스프레이를 도포했다.
④ 마스킹 테이프나 캡톤 테이프와 같은 제품을 베드에 사용했다.

해설 자연적으로 붙도록 하는 방법으로는 노즐과 베드의 간격을 줄여서(0.1mm 이하) 초기 레이어의 필라멘트가 잘 붙도록 한다.

52 출력물의 형상과 품질 FACTOR에 대한 다음 설명 중 바르지 않은 것은?

① 출력 면적이 좁아질수록 강한 냉각 팬과 긴 냉각 시간이 필요하다.
② 출력 면적이 넓을수록 자연 냉각이 잘된다.
③ 출력물의 높이가 높아질수록 수축의 영향으로부터 자유로워 출력물이 갈라지지 않는다.
④ 작은 면적의 출력물일 경우 여러 개를 한 번에 만들어 빠른 출력을 할 수 있다.

해설 출력물의 높이가 높아질수록 수축의 영향으로 인해 갈라지거나 휨이 발생할 가능성이 높아진다.

53 냉각 팬 적용 전후의 브리지 성공을 위한 영향력이 없는 것은?

① 냉각 팬의 속도
② 출력 속도
③ 출력물의 형상
④ 서포트 사용 여부

해설 냉각 팬, 냉각 팬의 속도, 출력 속도, 출력물의 형상, 실내 온도에 따라 브리지 성공률은 천차만별이다.

정답 50. ④ 51. ① 52. ③ 53. ④

54 3D 출력 시의 주의 사항에 대한 설명으로 옳지 않은 것은?

① 출력 시 속도가 너무 빠르면 축이 변경되거나 구멍이 날 수도 있기 때문에 적절한 속도를 설정해 주어야 한다.
② 3D 프린팅 비용은 3D 프린팅 시간과 품질과는 무관하다.
③ 노즐과 베드의 간격이 너무 가까우면 베드 면에 노즐이 막힐 수 있기 때문에 A4 용지가 지나다닐 정도의 간격이 필요하다.
④ 출력물의 형상과 규모, 사용하는 소프트웨어, 용도에 따라 다양한 세팅이 존재할 수 있다.

해설 3D 프린트에서 비용, 시간, 품질 등은 서로 Trade off 관계이며 모든 요구를 만족시키는 세팅은 존재하지 않는다. 3D 프린팅 시간이 길고 출력 품질이 높은 만큼 비용은 높아진다.

55 다음 글이 설명하는 3D 프린터 용어는 무엇인가?

- 하드웨어에 대한 기술로 출력 품질에 많은 영향을 준다.
- 출력을 위해 노즐의 온도를 정하는 일, 사용하는 재료의 특성을 반영하는 일, 출력하려는 Object 에 따른 파라미터 값을 조정하는 일 등 사전 조정 단계가 반드시 필요하다.
- 일부는 슬라이싱 프로그램에서 값을 세팅하고, 일부는 펌웨어에서 파라미터 값을 설정하게 된다.

① Calibration
② 3D Printing
③ 브릿지
④ Home Position

해설 좋은 출력물을 얻기 위하여 매우 중요한 3D 프린터 사전 조정 단계를 캘리브레이션이라 한다.

56 다음 중 3D 프린터 Calibration과 가장 관련이 없는 것은?

① 기계적, 전기적 장치의 Verification
② Step per Units 값
③ Z Height(Home Position) 값 변경
④ 피더(Feeder)의 제조사

해설 Calibration의 종류
- 기계적, 전기적 장치의 Verification : 각 축의 틀어짐, 모터의 전류 값 조정
- Kinematics의 Offset 값 이해
- Step per Units 값(X, Y, Z) 이해
- Z Height(Home Position) 값 변경
- Bed Leveling 조정
- Feeder E 값 조정

54. ② 55. ① 56. ④

57 Z의 원점(0) 값이 Bed와 너무 벌어지면(0.1mm 이상) 노즐에서 나오는 필라멘트가 Bed에 붙지 못하고 떨어지는 현상이 발생하여 일직선이 꾸불꾸불하게 나오게 되는 경우 실행할 수 있는 Calibration으로 가장 적절한 것은?

① Step per Units 값
② Home Position 값 변경
③ Bed Leveling 조정
④ Feeder E 값 조정

해설 Home Position 캘리브레이션
- Z의 원점(0) 값이 Bed와 너무 벌어지면(0.1mm 이상) 노즐에서 나오는 필라멘트가 Bed에 붙지 못하고 떨어지는 현상이 발생하여 일직선이 꾸불꾸불하게 나오게 된다.
- 반면 Bed와 너무 가깝게 붙으면 노즐을 막아 버리게 되므로 나오는 필라멘트의 양이 적게 된다. Feeder에서는 G 코드에 의해 일정한 속도로 밀어 주지만 출력이 안된다.
- 이 경우 Home Position 캘리브레이션을 통해 해결할 수 있다.

58 필라멘트가 정확하게 토출되지 않는 경우 실행할 수 있는 Calibration은?

① Step per Units 값
② Home Position 값 변경
③ Feeder E 값 조정
④ Bed Leveling 조정

해설 프린트 결과물의 품질이 이상할 경우 E 값을 수정
필라멘트가 정확하게 토출되지 않는 경우, 예를 들어 필라멘트를 10cm 토출시켰는데 실제로는 8cm 정도만 토출되는 것을 확인하는 경우 당연히 출력 결과물에 이상이 올 수밖에 없다. 이때 Feeder E 값 캘리브레이션으로 해결한다.

59 캘리브레이션과 관련지어 볼 때 필라멘트 구입 시 확인 사항으로 가장 거리가 먼 것은?

① Color
② 탄성도 확인 – 뚝뚝 끊어지는지 확인
③ Diameter 확인
④ Flow rate 반영

해설 탄성도 확인 – 뚝뚝 끊어지는지 확인
Diameter 확인 – 평균값(1.75mm) 확인
Flow rate 반영 – default 값은 100%나 80~100% 사이 필라멘트의 특성에 따라 조절

정답 57. ② 58. ③ 59. ①

3D 출력물의 후처리·후가공

후처리·후가공의 과정

1. **서포터 제거**
   - 니퍼, 커터 칼, 조각도 등이 쓰임.
   - 출력물에 따라 서포터만 깨끗하게 제거해도 괜찮은 결과물을 얻을 수 있음.

2. **표면 처리** : 표면 처리를 위한 도구로 사포, 줄, 퍼티, 전동 핸드 피스 등이 있음.

3. **도색** : 도색 작업 관련 도구로는 서페이서, 캔 스프레이, 스프레이 건, 에어브러시, 래커, 붓, 아크릴 물감, 에나멜 물감 등이 있음.

4. **마감**

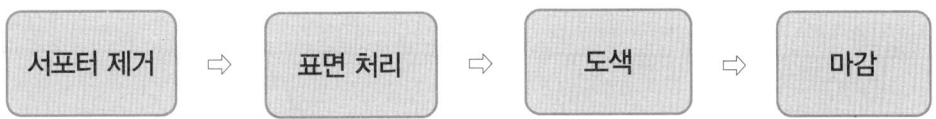

후가공·후처리용 도구 및 재료

- 서포터 제거용 니퍼 : 서포터 즉, 3D 프린터의 출력물에 지지대로 나오는 부산물을 제거
- 각종 니퍼 및 커팅 매트 : 각종 니퍼는 가격에 따라 잘라지는 면의 정밀도가 다름. 커팅 매트는 칼을 눌러서 절단할 때 편리
- 곡면에 유리한 스펀지 사포 : 종이 사포에 비해 비싸지만 부드러운 곡면 다듬기에 유리
- 천 사포와 종이 사포 : 각각 천으로 된 사포와 종이로 된 사포를 말하며 가장 구하기 쉬운 사포 종류, 220번, 400번, 600번, 1,000번이 가장 많이 활용되는 종류이며 높은 번호일수록 고움.
- 순간접착제 : 부러질 경우 접착을 위해 사용
- 폴리퍼티 : 3D 프린터 출력물의 빈 공간이나 모자란 부분을 메울 때 사용되는 점도가 높은 수지
- 에폭시 퍼티 : 폴리퍼티처럼 사용되는 수지이나 경화제와 주제를 1:1로 점토처럼 반죽하여 조형하듯이 사용 가능
- 핸드 피스류 / 전동 공구류 : 모터로 돌아가는 공구로 빠른 작업과 거칠고 많은 양을 깎을 때 좋음
- 붓 : 털이 길고 가지런한 것이 좋음. 끝이 갈라져서는 안 됨.

- 도료용 접시 : 색을 아주 조금만 섞어서 사용할 때 편리
- 도료 용기 : 색 섞기할 때 사용
- 스포이드 : 옆면에 눈금이 있는 스포이드는 도료 접시에 혼합할 때 계량하기 편함.
- 서페이서 : 대상물과 도료의 접착과 질의 향상에 필요
- 아크릴 물감 : 에나멜이나 래커의 단점인 유독성을 해결한 것
- 래커 : 넓은 면적을 빨리 색칠할 때 유용
- 에나멜 : 유성이며 건조가 느리고 피막과 점착성이 조금 떨어지나 붓질이 잘되고 색감이 우수하여 발색이 좋음.

아세톤 훈증법

밀폐된 용기에 출력물을 넣고 아세톤을 기화시킴.

3D 출력물의 후처리 · 후가공

01 FDM 방식의 3D 프린터로 출력한 3D 출력물의 후가공이 필요한 이유로 옳지 않은 것은?

① 3D 프린터의 적층 성형 방식 때문에 필요하다.
② 출력 표면에 쌓여 올라간 레이어의 결 때문에 필요하다.
③ 출력물의 질을 높이기 위해 필요하다.
④ 비싼 FDM 프린터는 후가공이 필요하지 않다.

해설 출력물에 따라 서포트를 세울 경우 아무리 출력 품질이 좋은 고가의 FDM 3D 프린터라 하더라도 서포트 제거 등 후가공은 필수적이다. 서포터는 3D 프린터의 출력물에 지지대로 나오는 부산물을 말하는데 불필요한 서포터 제거는 후가공의 시작이라 할 수 있다.

02 후처리 · 후가공의 전반적인 프로세스를 옳게 나열한 것은?

| 가) 도색 | 나) 표면 처리 |
| 다) 서포터 제거 | 라) 마감 |

① 다 – 나 – 가 – 라 ② 다 – 가 – 나 – 라
③ 나 – 다 – 가 – 라 ④ 나 – 가 – 다 – 라

해설 서포터 제거 – 표면 처리 – 도색 – 마감 순으로 이루어진다.

03 서포터 제거 단계에서 사용되는 도구가 아닌 것은?

① 니퍼   ② 커터 칼
③ 사포   ④ 조각도

해설 사포는 표면 처리 단계에서 사용된다.

정답 01. ④ 02. ① 03. ③

04 서포터 제거를 위한 니퍼에 대한 설명 중 옳지 않은 것은?

① 공업용 니퍼와 플라스틱용 니퍼가 있다.
② 서포터 제거를 위한 니퍼는 공업용 니퍼가 주로 사용된다.
③ 각종 니퍼는 가격에 따라 잘라지는 면의 정밀도가 다르다.
④ 니퍼는 서포터 제거를 위한 필수 도구라 할 수 있다.

해설 플라스틱 니퍼의 경우 대상물을 잘라내는 형태가 되지만 공업용의 경우 짓눌러서 끊어 내는 형태가 되므로 지저분하게 되어 손이 더 가므로 플라스틱용 니퍼가 주로 사용된다.

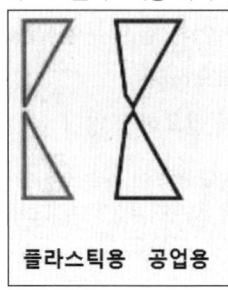

05 커팅 매트를 사용할 경우의 장단점으로 틀린 것은?

① 칼날을 잘 망가지게 한다.
② 커팅 매트는 바닥에 까는 고무 매트를 말한다.
③ 칼을 눌러서 절단할 때 편리하다.
④ 테이블에 흠집을 낼 일도 없다.

해설 커팅 매트는 칼날이 망가지는 것을 방지한다.

06 후가공용 커터 칼에 대한 설명으로 옳지 않은 것은?

① 서포터가 녹아서 흐른 잔재 등을 잘라 내고 다듬을 때 유용하다.
② 커터 칼은 칼날을 잡고 흔들었을 경우 잘 흔들리지 않는 게 안전하고 사용하기 좋다.
③ 흔히 쓰이는 커터 날은 30도 날보다 상당히 날카롭고 예리하므로 사용에 주의하여야 한다.
④ 보통 흔히 쓰이는 커터 칼과 30도 각도 날의 두 종류가 있다.

해설 왼쪽 : 흔히 쓰이는 커터 칼 / 오른쪽 : 30도 각도 날

정답 04. ② 05. ① 06. ③

07 다음은 어떤 후가공용 도구에 대한 설명인가?

- 커터를 쓰기 어려운 형태일 때 사용하면 좋다.
- 깎기, 긁어내기로 작업이 가능하다.
- 서포터가 녹아서 흐른 잔재 등을 잘라 내고 다듬을 때 사용한다.
- 날 방향과 모양이 각각 다르기에 용도에 맞추어 안쪽 깊은 곳을 파내고 다듬을 때 각종 모양의 홈 등을 파내기에 좋다.
- 자주 날을 갈아주어 날카롭게 만드는 것이 오히려 안전하고 사용하기 좋다.

① 커터 칼 ② 니퍼
③ 아트 나이프 ④ 조각도

해설 조각도에 대한 설명이다.

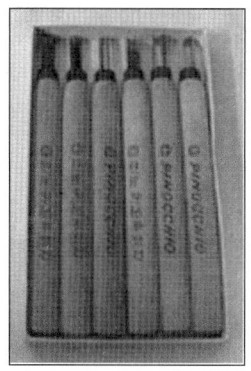

08 서포터 제거의 작업 방법을 설명한 것으로 바르지 못한 것은?

① 모형용 니퍼의 평평한 면이 본체 쪽을 향하도록 잡는다.
② 본체에서 단번에 깨끗하게 서포터를 제거해 내도록 작업해야 한다.
③ 칼을 쓸 때는 손을 다치지 않도록 출력물을 조심해서 잡는다.
④ 출력물에 따라서 서포터만 깨끗하게 제거해도 괜찮은 결과물을 얻을 수 있다.

해설 단번에 깨끗하게 직입하기 힘들면 일단 니퍼로 최대한 가깝게 제거해 내고, 나머지는 커터나 아트 나이프 등으로 깎아서 마무리한다.

09 표면 처리 단계에서 사용되는 후가공 도구와 관련이 없는 것은?

① 사포 ② 줄 ③ 퍼티 ④ 붓

해설 표면 처리를 위한 도구로 사포, 줄, 퍼티, 전동 핸드 피스 등이 있다. 붓은 도색 단계에서 쓰이는 도구이다.

정답 07. ④ 08. ② 09. ④

10 후가공용 사포에 대한 설명으로 바르지 못한 것은?

① 스펀지 사포는 종이 사포에 비해 비싸지만 부드러운 곡면을 다듬기에 유리하다.
② 거친 사포를 사용하기 시작해 고운 사포로 점차 단계를 넘어가야 한다.
③ 사포는 번호가 높을수록 거칠고 낮을수록 입자가 곱다.
④ 천 사포는 종이 사포에 비해 질기고 오래 쓸 수 있다.

해설 사포는 번호가 낮을수록 거칠고 높을수록 입자가 곱다.

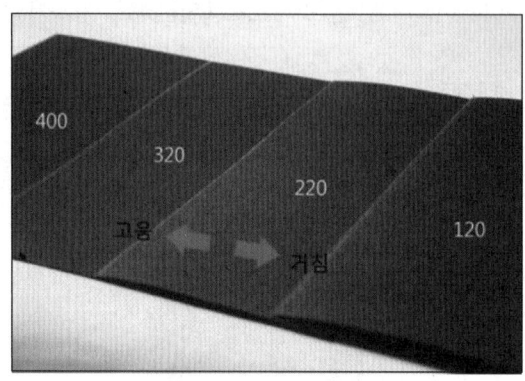

11 깊숙한 곳을 칼처럼 다듬을 때 봉처럼 말아서 둥근 면 안쪽을 줄처럼 갈아 내는 데 가장 유용한 표면 처리 도구는?

① 천 사포
② 종이 사포
③ 스펀지 사포
④ 전동 핸드피스

해설
- 천 사포는 종이에 비해 질기고 오래 쓸 수 있다.
- 스펀지 사포는 종이 사포에 비해 비싸지만 부드러운 곡면을 다듬기에 유리하다.
- 종이 사포는 구겨지고 접히는 특성을 활용해서 특수한 다듬기에 유리한데 특히 접어서 깊숙한 곳을 칼처럼 다듬을 때 봉처럼 말아서 둥근 면 안쪽을 줄처럼 갈아 내는 데 유용하다.

12 전동 핸드 피스에 대한 설명으로 옳지 않은 것은?

① 연삭 팁은 교체하면서 사용하지는 못한다.
② 모터로 돌아가는 공구이다.
③ 빠르게 작업하거나 거칠고 많은 양을 깎을 때 유용하다.
④ 용도에 따라 각종 연삭 팁을 사용할 수 있다.

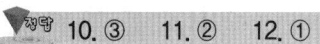
10. ③ 11. ② 12. ①

해설 핸드피스용 연삭 팁은 종류와 형태가 많아 용도에 따라 적절한 팁을 사용하도록 하며, 교체하면서 사용 가능하다.

13. 표면 처리 프로세스인 샌딩에 대한 설명 중 가장 적절하지 않은 것은?

① 흠집을 제거하는 것을 의미한다.
② 도장(塗裝)할 표면을 매끄럽게 하는 것을 의미한다.
③ 서포트가 제거된 3D 출력물의 표면 정리 작업은 반드시 샌딩 작업을 거친다.
④ 페인트 코트의 점착을 좋게 하기 위하여 연마재를 사용하여 문지르는 일을 의미한다.

해설 서포트가 제거된 3D 출력물의 표면 정리 작업은 기본적으로 샌딩 작업이지만 무턱대고 샌딩만 하는 건 비효율적이다.

14. 사포 사용법에 대한 설명으로 옳지 못한 것은?

① 사포는 종류별, 번호대별로 미리 가늘게 잘라서 클립으로 묶어 두면 낭비가 줄어든다.
② 평면을 납작하고 균일하게 갈아 낼 때는 사포를 그냥 손에 쥐고 작업하는 것이 좋다.
③ 종이 사포는 사각형 나무 판에 양면 테이프를 이용해 붙여서 샌딩 블록을 만들어 사용할 수 있다.
④ 종이 사포는 플라스틱 봉이나 나무 봉에 감으면 둥근 줄처럼 사용할 수 있다.

해설 평면을 납작하고 균일하게 갈아 낼 때는 절대로 사포를 그냥 손에 쥐고 작업하면 안 된다. 이 경우 사포를 샌딩 블록으로 만들어 작업하면 유용하다. 크기가 아주 작은 출력물을 깎을 때는 사포를 납작한 유리판이나 커팅 매트 위에 고정해 놓고 그 위에다 부품을 천천히 문지르는 식으로 다듬으면 유용하다.

정답 13. ③ 14. ②

15 표면 정리를 위해 줄을 사용하는 방법으로 가장 옳지 못한 것은?

① 밀어 낼 때 갈지 않고, 당기면서 갈아야 한다.
② 출력물에 줄의 끝 부분을 갖다 대고, 갈아야 할 면에 줄이 제대로 닿았는지부터 확인해야 한다.
③ 불필요한 힘은 빼고, 일정한 방향으로 바르게 밀어 내야 한다.
④ 갈아준 후에는 손끝으로 출력물을 만져 보고, 얼마나 갈았는지 꼼꼼히 체크하면서 작업을 반복해야 한다.

해설 밀어 낼 때만 갈아야 한다. 절대로 당기면서 갈아 내면 안 된다. 칼날이 쉽사리 상해서 줄의 수명이 그만큼 짧아지고, 줄 밥도 엉겨 붙어서 떨어내기 어렵다.

16 퍼티를 사용할 경우 퍼티가 굳은 후 바로 해야 하는 작업으로 가장 옳은 것은?

① 도색 작업
② 서포터 제거 작업
③ 마감 작업
④ 샌딩 작업

해설 작업 효율성을 높이기 위해 표면에 퍼티를 발라 틈을 메워 준 후 샌딩으로 표면 정리를 한다.

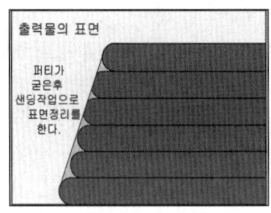

17 표면 정리 재료 중 1액형 퍼티에 대한 설명으로 적절하지 않은 것은?

① 타미야 퍼티, 자동차용 퍼티, 3m 레드 퍼티가 많이 쓰인다.
② 가성비가 좋은 것은 레드 퍼티이다.
③ 경화제가 필요한 타입의 퍼티이다.
④ 큰 틈새보다는 작고 미세한 틈새를 메우는 작업에 적합하다.

해설 1액형 퍼티는 경화제가 없는 타입의 퍼티이다.

18 표면 정리 재료인 폴리에스터 퍼티에 대한 다음 설명 중 옳지 않은 것은?

① 폴리에스테르 수지를 원료로 한 퍼티이다.
② 주제와 경화제로 나뉘어져 있다.
③ 유독한 냄새로 인해 마스크와 환기는 필수이다.
④ 건조 속도가 느려 시간이 오래 걸리는 작업에 좋다.

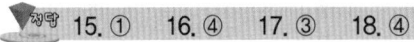

해설 폴리에스터 퍼티는 폴리에스터 수지를 원료로 한 퍼티로 주제와 경화제로 나뉘어져 있으며, 건조 속도가 빨라 신속한 작업이 가능하다.

19 다음이 설명하고 있는 표면 정리 재료는 무엇인가?

- 찰흙 같은 형태이다.
- 주제와 경화제로 나뉘어 있으며 1:1로 반죽하듯이 섞어 준다.
- 강도가 강하고 밀도가 높아 중량감이 있다.
- 메움 작업과 조형 작업에 적합하다.

① 에폭시 퍼티 ② 시바툴(우레탄 퍼티)
③ 폴리에스터 퍼티 ④ 1액형 퍼티

해설 에폭시 퍼티는 폴리에폭시 수지를 원료로 한 퍼티이며 찰흙 같은 형태이다.

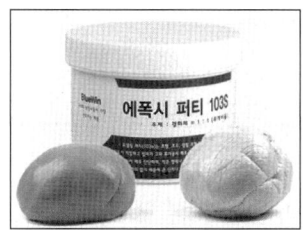

20 다음이 설명하고 있는 표면 정리 재료는 무엇인가?

- 폴리우레탄 수지를 원료로 한 퍼티이며, 찰흙 같은 형태이다.
- 주제와 경화제로 나뉘어 있으며 1:1로 반죽하듯이 섞어 준다.
- 강도가 약하고 밀도가 낮아 가볍다.
- 메움 작업과 조형 작업에 적합하다.

① 에폭시 퍼티 ② 시바툴(우레탄 퍼티)
③ 폴리에스터 퍼티 ④ 1액형 퍼티

해설 시바툴(우레탄 퍼티)에 대한 설명이다.

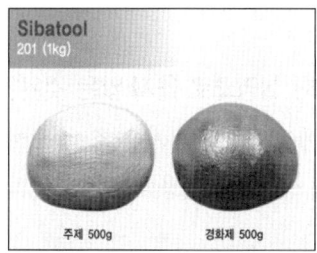

19. ① 20. ②

21 퍼티 작업에 대한 설명으로 옳지 않은 것은?

① 퍼티를 시너로 녹여 농도를 조절해서 사용할 수 있다.
② 건조하면서 수축이 많이 되므로 건조한 뒤에 또 한 번 발라 주는 식으로 여러 번 칠한다.
③ 플라스틱보다 사포에 더 잘 깎이므로 물을 칠해가면서 갈아 준다.
④ 퍼티가 완전히 마르기 전 사포질을 하는 것이 더 좋다.

해설 퍼티가 완전히 마른 후 사포질을 한다. 퍼티를 손톱으로 눌러도 자국이 남지 않을 때가 완전 경화 상태다.

22 아세톤 훈증법에 대한 설명으로 옳지 못한 것은?

① 밀폐된 용기에 출력물을 넣고 아세톤을 기화시킨다.
② 훈증 후 디테일이나 각이 더욱 선명해진다.
③ 표면을 녹여 후처리하는 방법이다.
④ 매끈한 표면을 쉽게 얻을 수 있다.

해설 아세톤 훈증법으로 최근에는 훈증 기계를 사용한 방법도 많이 사용되고 있으며 매끈한 표면을 쉽게 얻을 수 있게 하나 냄새가 많이 나고 훈증 후 디테일이나 각이 뭉개지는 경우가 있다.

23 도색 작업 단계와 가장 관련이 없는 기본 도구는?

① 서페이서　　② 캔 스프레이　　③ 퍼티　　④ 에어브러시

해설 도색 작업 관련 도구로는 서페이서, 캔 스프레이, 스프레이 건, 에어브러시, 래커, 붓, 아크릴 물감, 에나멜 물감 등이 있다.

24 서페이서의 용도와 가장 거리가 먼 것은?

① 출력 후 생긴 작은 구멍을 메운다.
② 샌딩 작업으로 생긴 미세한 스크래치를 덮는다.
③ 표면을 안정시킨다.
④ 도색 전 도료나 물감이 잘 안착되게 도와준다.

해설 출력 후 생긴 작은 구멍을 메우는 것은 파티이다.

25 서페이서의 사용 방법에 대한 설명으로 옳지 않은 것은?

① 일반적으로 적당한 거리에서 사용하며 사용 후 다소 거친 느낌의 무광택의 표면이 된다.
② 좀 가깝다 싶은 거리에서 사용하며 사용 후 반 건조 현상이 거의 나타나지 않아 매끄럽고 약간의 광택을 가진다.

21. ④　22. ②　23. ③　24. ①　25. ④

③ 가로 방향으로 뿌리고, 회전시켜 뿌리고, 세로 방향으로도 뿌릴 수 있다.
④ 서페이서를 사용할 때에는 여러 방향으로 손을 천천히 움직여서 칠하는 게 좋다.

해설 서페이서를 사용할 때에는 여러 방향으로 손을 빠르게 움직여 칠한다. 이는 서페이서를 골고루 보다 많은 부분에 칠하기 위함이다.

26 서페이서의 주요 용도로 볼 수 없는 것은?

① 흠집 메우기
② 서포트 제거
③ 밑칠 효과
④ 색칠 효과

해설 서페이서의 주요 용도
- 흠집 메우기(표면 처리 작업을 해 놓고 보면 표면이 깨끗해 보여도 사실 칼금, 사포 자국, 미처 수정되지 못한 라인들이 그대로 남아 있을 수 있고, 이런 것은 색칠해 놓고 나면 더 또렷이 나타나는 성질이 있음)
- 밑칠 효과(수축이나 틈새 등을 퍼티로 메워서 색깔이 달라진 부분은 색칠만으로 잘 감추어지지 않는 경우가 많음. 이런 때는 서페이서로 밑칠을 한 번 해 준 다음 그 위에 도료를 칠하는 게 좋음)
- 색칠 효과(서페이서도 하나의 '색칠' 과정이라고 보는 편이 좋음)

27 서페이서의 사전 작업으로 옳지 않은 것은?

① 못 쓰게 된 칫솔로 줄밥을 털어 낸다. 세밀한 라인이 있으면 사이사이 꼼꼼히 털어 낸다.
② 출력물 표면에 붙은 먼지 혹은 기름기, 작업 중에 손에서 옮겨 묻은 땀 등을 제거하기 위해 식기 세척용 중성 세제를 칫솔에 묻혀 미지근한 물로 문질러 준다.
③ 물기가 조금 남아 있는 상태에서 작업해야 한다.
④ 세제 성분이 완전히 씻겨나갈 때까지 맑은 물로 충분히 헹구어 내야 한다.

해설 물기를 잘 털어 말려 주어야 한다.

28 서페이서 작업에 대한 설명으로 옳지 않은 것은?

① 캔류의 서페이서를 뿌릴 때는 용기를 잘 흔들어 준 다음 테스트를 해서 도료의 분사 상태를 확인한다.
② 도료가 잘 닿지 않는 부분이 있는 경우는 몇 번 반복해서 뿌려야 한다.
③ 팔 전체를 움직여서 뿌리려고 하지 말고 팔꿈치는 가만 두고, 스냅을 이용하여 재빠르고 정확하게 뿌리는 게 중요하다.
④ 먼지가 일지 않는 곳에 두고 마를 때까지 기다린다.

 26. ② 27. ③ 28. ②

해설 서페이서 작업 시 주의 사항
- 캔류의 서페이서를 뿌릴 때는 용기를 잘 흔들어준 다음 테스트를 해서 도료의 분사 상태를 확인한다.
- 팔 전체를 움직여서 뿌리려고 하지 말고 팔꿈치는 가만 두고, 스냅을 이용하여 재빠르고 정확하게 뿌리는 게 관건이다.
- 출력물에서 10~15cm 정도 떨어진 거리에서 뿌려 준다.
- 도료가 잘 닿지 않는 부분이 있다고 당황해서 몇 번이나 뿌리면 안 된다.
- 두툼하게 얹어서 심할 때는 흘러내리기까지 한다.
- 서페이서의 건조 시간은 기온과 습도에 따라 조금씩 달라지지만, 대략 하루 밤낮은 가만히 두는 게 좋다. 먼지가 일지 않는 곳에 두고 마를 때까지 기다린다.
- 다 마른 후 다시 한 번 표면을 체크하고 수정한다. 서페이서 작업을 한 번에 끝낸다는 욕심은 버려야 한다.
- 마르면 체크하고, 흠을 발견하면 수정하고, 수정이 끝나면 다시 한 번 서페이서를 뿌린다.

29 중력식 스프레이건에 대한 다음 설명 중 옳지 않은 것은?

① 중력식 스프레이건은 흡상식 스프레이건에 비해 사용 후 세척이 번거롭다.
② 중력식 스프레이건은 도료 컵이 노즐 위쪽에 장치되어 있다.
③ 중력식 스프레이건은 적은 양의 도료도 사용 후 처리가 용이하고 가볍다.
④ 중력식 스프레이건은 컵 용량이 적어 넓은 면적 도장에는 부적합하다.

해설 흡상식 스프레이건은 중력식에 비해 사용 후 세척이 번거롭다.

30 흡상식 스프레이건에 대한 다음 설명 중 옳지 않은 것은?

① 도료 용기가 아래쪽에 위치하고 있다.
② 중력식에 비해 좁은 면적을 작업하기 좋다.
③ 압력 차에 의해 도료를 끌어올려 분사하는 방식이다.
④ 중력식에 비해 무겁고 도료 용기 바닥의 도료는 사용할 수 없다.

해설 흡상식 스프레이건은 중력식에 비해 도료 용량이 많아 넓은 면적을 작업하기 좋다.

31 에어브러시에 대한 다음 설명 중 옳지 않은 것은?

① 그러데이션 등과 같은 표현도 가능하다.
② 개인용 컴프레서가 나와서 예전보다는 쉽게 구매할 수 있다.
③ 에어브러시를 사용할 때는 도료의 농도, 에어브러시를 분사시키는 압력 조절 등이 중요하다.
④ 붓 도장이나 캔 스프레이로 표현할 수 있는 것보다는 정밀하지 않다.

해설 에어브러시는 붓 도장이나 캔 스프레이로 표현할 수 있는 것보다 정밀하고 다양한 표현이 가능하다.

 29. ① 30. ② 31. ④

32 캔 스프레이에 대한 설명으로 옳지 않은 것은?

① 정밀한 도색은 불가능하다.
② 캔 스프레이의 사용은 전체적으로 얼룩질 수 있기 때문에 한 번에 다 뿌려 준다.
③ 밑 도색이나 넓은 범위의 도색에 사용된다.
④ 모형용의 경우 색상 종류가 매우 다양하여 선택의 폭이 넓다.

해설 캔 스프레이의 사용 시 처음에는 얼룩이 지는 것을 두려워 말고 전체적으로 얇게 뿌리고, 마르면 또 반복한다.

33 캔 스프레이의 사용 방법에 대한 설명으로 옳지 않은 것은?

① 일반적인 캔 스프레이의 유효 도달 거리는 30~40cm이다.
② 30cm 거리에서 캔 스프레이로 칠해 지는 면적은 약 12cm이다.
③ 유광 색의 경우, 일반적인 유효 도달 거리보다 멀리 도료를 뿌려야 광택이 나온다.
④ 현실적으로 사용하기 쉬운 거리는 약 15cm의 거리로 이때는 도료의 분출을 제어하기가 좀 더 쉽다.

해설 유광 색의 경우, 좀 더 가까운 거리에서 많다 싶을 정도로 도료를 뿌려야 고광택으로 칠할 수 있다.

34 래커의 특징으로 바르지 않은 것은?

① 넓은 면적을 빨리 색칠할 때 유용하다. ② 건조가 빠르고 피막과 점착성이 우수하다.
③ 노즐이 잘 막힐 수가 있다. ④ 분사형이다 보니 냄새가 전혀 없다.

해설 래커는 침전으로 인해 색이 달라지거나 농도 차가 나지 않게 잘 흔들어 사용해야 하며, 냄새가 심하므로 환기를 잘 시켜야 한다.

35 캔 스프레이를 흔들어 사용해야 하는 수칙과 거리가 먼 것은?

① 처음부터 출력물에다 잘 흔든 후 뿌려 주면 된다.
② 모든 도료는 방치해 두면 용제와 안료가 분리되기 때문에 흔들어 준다.
③ 스프레이는 막대기 같은 걸로 저을 수 없기 때문에 흔들어 주는 것이다.
④ 일단 다른 곳에 처음 뿌릴 때 '투툭!' 하고 큰 방울이 튀어나오는 수가 있다.

해설 처음에는 다른 곳에 뿌려 본다. 처음 뿌릴 때 '투툭!' 하고 큰 방울이 튀어나오는 수가 있다. 특히 조금 사용하다 보관했던 캔 스프레이는 도료의 큰 방울이 튀어나오는 경우가 더 많다. 다른 곳에 뿌려 보고 도료가 제대로 나오기 시작하면 그때부터 출력물에 뿌린다.

32. ②   33. ③   34. ④   35. ①

36 캔 스프레이 작업에 적합한 조건이 아닌 것은?

① 칠하기 적합한 가장 좋은 때는 습기가 없는 맑은 날이다.
② 바람이 살살 부는 야외도 좋다.
③ 최대한 먼지가 올라앉지 않는 조건인 실내가 가장 좋다.
④ 골판지 상자 등으로 도료가 날리는 것을 방지한다.

해설 실내에는 늘 먼지가 날리고, 창밖으로 몸을 내밀고 스프레이를 뿌린 후 실내에서 건조시키면 순식간에 먼지가 날아 붙게 되는 경우도 있다.

37 아크릴 도료에 대한 다음 설명 중 옳지 않은 것은?

① 채색 재료로 쓰인다.
② 모든 바탕 재료에 착색할 수 있으나 건조가 다소 느리다.
③ 아크릴 수지로 만든 물감이다.
④ 비닐 물감에 비해 부착력이 강하다.

해설 아크릴 도료는 비닐 물감에 비해 부착력이 강하여 모든 바탕 재료에 착색할 수 있고 건조가 빨라 벽화·공예 등에도 유용하다.

38 아크릴 도료는 일단 마르면 완전히 고착되므로 수정하기가 어렵다. 이때 아크릴 물감의 건조 속도를 느리게 할 용도로 사용되는 건조 완화제로 옳은 것은?

① 물
② 시너
③ 퍼티
④ 리타더(retarder)

해설 아크릴 도료는 일단 마르면 완전히 고착되므로 수정하기가 어려워 숙련된 솜씨를 요구한다. 이러한 어려움을 해결하기 위하여 건조 완화제인 리타더(retarder)를 사용하여 물감의 건조 속도를 느리게 하기도 한다.

39 아크릴 도료의 특징으로 옳지 않은 것은?

① 아크릴 도료는 에나멜이나 래커의 단점인 유독성을 해결한다.
② 겹치게 칠하는 것이 가능하지 않다.
③ 어린이도 안심하고 사용할 수 있을 만큼 안전하다.
④ 수성이며 건조가 빠르고 냄새가 적다.

해설 아크릴 도료는 겹 칠이 가능하다.

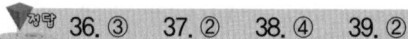
36. ③ 37. ② 38. ④ 39. ②

40 에나멜 도료의 특징으로 옳지 않은 것은?

① 유성이며 건조가 느리다.
② 피막과 점착성이 조금 떨어지나 붓질이 잘되고 색감이 우수하다.
③ 완전히 건조한 후에 피막은 튼튼하지 않은 편이다.
④ 에어브러시 사용도 가능하다.

해설 에나멜 도료는 건조에 시간이 걸리나 완전 건조 후에 피막은 꽤 튼튼한 편이다. 원래 붓 도장에 적합한 도료로서 밀리터리 인형의 색칠이나 전차의 질감 내기, 비행기의 먹선 넣기 등 마무리용으로서는 꼭 필요한 것이다.

41 붓의 선택에 대한 설명으로 옳지 않은 것은?

① 털이 길고 가지런한 것이 좋다.
② 천연모의 붓끝만큼은 가지런하지 않아도 좋다.
③ 끝이 갈라져서는 안 된다.
④ 천연모인 경우 다소 붓털이 빠지는 경우가 있다.

해설 천연모인 경우 다소 붓털이 빠지는 것은 어쩔 수 없지만 붓끝만큼은 가지런해야만 한다.

42 둥근 붓에 대한 설명으로 옳지 않은 것은?

① 흔히 '수채화 붓'이라고 불린다.
② 호수에 따라 세필만큼 작은 것에서부터 큰 것까지 크기가 다양하다.
③ 모형을 칠할 때 가장 널리 사용되는 붓이다.
④ 돼지 털을 사용하는 것이 좋다.

해설 평붓인 경우 돼지 털로 만든 붓은 접착제를 칠할 때 쓰면 좋다. 둥근 붓, 평붓은 나일론 털을 사용하는 것이 좋다.

43 인형의 눈 같은 아주 세밀한 부분을 칠할 때 없어서는 안 될 붓과 거리가 먼 것은?

① 면상필 ② 세필
③ 평붓   ④ 백규

해설 면상필
- 흔히 '세필, 백규' 등으로 불리고 화방에서 구입 가능하다.
- 인형의 눈 같은 아주 세밀한 부분을 칠할 때 없어서는 안 될 도구이다.
- 에어브러시에 익숙해진 사람도 이 면상필은 반드시 사용해야 한다.

40. ③ 41. ② 42. ④ 43. ③

44 붓의 호수에 대한 설명으로 옳지 않은 것은?

① 호수의 숫자가 클수록 붓의 크기가 크다.
② 붓의 부드러움은 호수와 깊은 관계가 있다.
③ 전체적인 면을 한 번에 고르게 채색할 때는 주로 10호 이상의 붓을 사용한다.
④ 작은 면적이나 세밀한 부분을 칠할 때는 1, 2호 정도가 적당하다.

해설 붓의 부드러움은 붓털의 종류와 관련이 있다.

45 붓 도색 방법에 대한 설명으로 옳지 않은 것은?

① 붓 칠을 할 때는 도료를 약간 희석하여 붓 자국이 살짝 남도록 한다.
② 붓 칠의 기본은 일정한 방향으로 여러 개의 줄을 긋듯이 다 칠한 뒤 그 위에 90도 방향으로 똑같이 그어 준다.
③ 넓은 부분을 칠할 때는 평붓이 좋다.
④ 세밀한 도색이 필요할 때는 둥근 붓 중 가장 작은 사이즈를 사용한다.

해설 붓 칠을 할 때는 도료를 약간 희석하여 붓 자국이 남지 않도록 한다.

46 도장 시 유의할 점 중 바르지 않은 것은?

① 모든 도료는 방치해 두면 용제와 안료가 분리되어 버리기 때문에 쓰기 전에 충분히 저어 병 속의 도료를 균일하게 섞어 주는 게 좋다.
② 아크릴 위에는 에나멜과 래커 사용이 가능하다.
③ 에나멜과 아크릴 사용 후에 래커 사용이 가능하다.
④ 에나멜 위에는 아크릴 사용이 가능하다.

해설 래커 위에는 에나멜과 아크릴의 사용이 가능하다.

47 후가공 프로세스 중 마감 작업에 대한 설명으로 옳지 않은 것은?

① 도색된 피막을 보호하여 도색이 벗겨지는 것을 방지한다.
② 광택에 따라 유광, 무광, 반광이 있다.
③ MR 컬러의 슈퍼클리어, 톱 코트나 IPP의 울트라클리너 등의 제품이 있다.
④ 빠르게 건조시키는 역할을 한다.

해설 드라이어 : 빠른 도장을 위해 아크릴 물감 등을 건조시킬 수 있음.

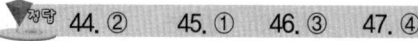 44. ②　45. ①　46. ③　47. ④

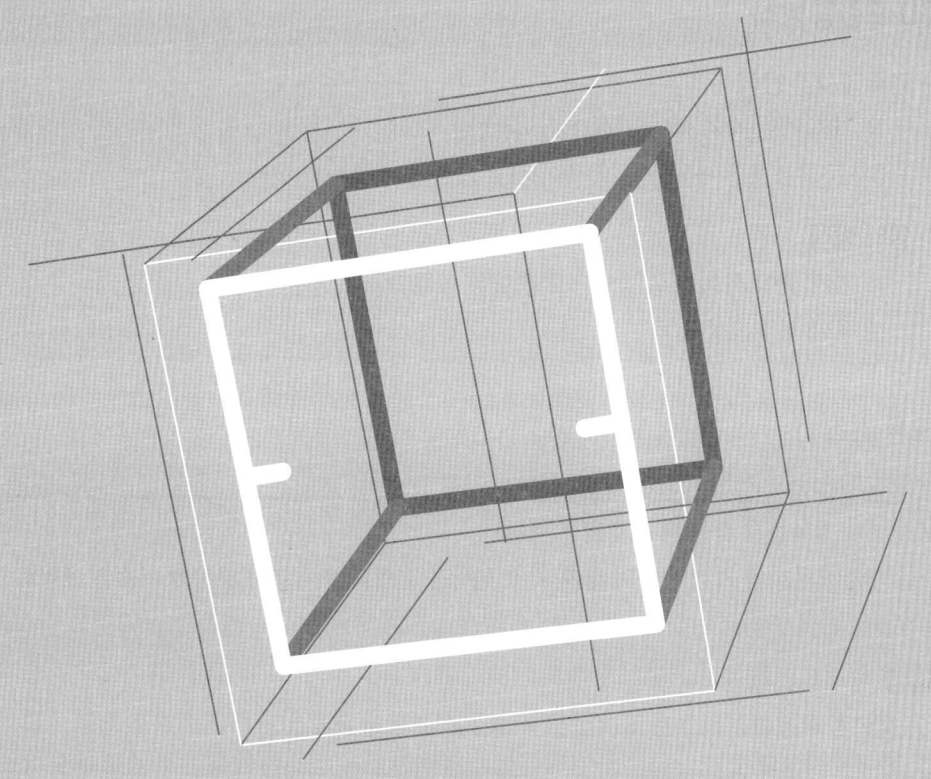

제4과목

3D 프린터 작동 원리와 조립

3D 프린터 작동 원리

● 3D 프린팅 방식

- **카르테시안 방식**
  - 세 가지 축이 각기 여러 방식으로 의존함.
  - 3차원 좌표계를 사용하여 각 축이 서로 90도를 이룸.

- **델타 방식**
  - 세 가지 축이 서로 세로 방향으로 평행을 이루도록 조립됨.
  - 세 축이 전부 의존함.

● 오픈 소스

- GPL(General Public License) 라이선스 지향
- 누구나 자유롭게 사용 및 수정할 수 있음.
- 소스를 오픈하여 가격 경쟁이 생겨 가격 하락을 유발하며 서로 협력하여 기술을 개발함.

● 렙랩

3D 프린터가 프린터 부품을 출력해 자기 복제하는 것을 목표로 함.

● G 코드의 기능

- 기계를 작동시키기 위해 준비하거나 제어함.
- 3D 프린터의 작동을 감시함.
- 3D 프린터와 대화함.
- 3D 프린터의 캘리브레이션

● 메커니즘부 : 크게 구조물, 이송부(구동부), 출력 기능부로 나뉨.

1. 구조물

(1) 프레임 : XZ 평면상에 위치해 프린터의 근간이 되는 주 프레임과 YZ 방향 운동을 하며 그 위에 작업물이 형성되는 캐리지가 있음.

(2) 로드 : 프린터의 기본 골격을 유지하며 캐리지와 압출부의 이동을 안내하고 지지하는 역할을 함.
  (3) 볼트, 너트 : 볼트는 한쪽 끝이 로드 직경보다 큰 머리를 가지고 반대쪽은 나사가 형성되어 있거나 양끝에 나사가 나 있는 형태로서 물체들을 결합시켜 주는 기계 요소

2. 이송부(구동부)
  (1) 벨트와 풀리 : 벨트는 회전 동력축(구동축)으로부터의 회전 운동을 비교적 멀리 떨어진 피동력축(종동축)에 전달하기 위해 사용되는 부품
  (2) 베어링 : 회천축을 지지해 주는 한편 회전을 원활하게 하는 축계 부속 기계 요소
  (3) 모터 : 캐리지와 소재를 사출하는 압출기를 이동하는 데 사용

3. 출력 기능부
  (1) 압출기 및 가열기 : 압출기를 통해 소재를 사출하기 위해서는 고체인 소재를 녹이기 위한 가열기가 있어야 하고 또한 녹은 소재가 통과하는 노즐이 있어야 함.
  (2) 가열판 : 알루미늄 캐리지 위에 장착되는 열선과 서미스터가 들어간 판

● 전자 제어부 : 메인보드, 센서, 압출부 가열 회로, 가열판 가열 회로 등으로 구성

1. 메인보드
  (1) 아두이노 보드 : AVR 프로세서를 이용하여 여러 응용 분야에 사용하기 편리하게 만들어진 오픈 소스를 기반으로 한 마이크로컨트롤러
  (2) RAMPS 보드 : RAMPS(RepRap Arduino Mega Pololu Shield) 보드는 아두이노 메가 보드 기능에 부가하여 3D 프린터를 운용할 수 있게 만든 전문 보드(실드라 부름)

2. 센서
  (1) 엔드 스톱 : 압출부나 캐리지의 이동이 구조물 경계에 다다를 때 이를 감지하게 해 주는 것
  (2) 서미스터 : 온도 측정을 위해서 저항 변화형 반도체 센서를 사용
  (3) 압출부와 가열판 가열 회로 : 압출부에는 파워 저항을 설치해 열을 발생시켜 가열하고 가열판에는 내부에 열선을 넣어 가열시킴.

예상문제 풀이 Chapter 01 — 3D 프린터 작동 원리

01 3D 프린팅은 몇 단계로 이루어져 있는가?

① 4단계   ② 3단계
③ 1단계   ④ 2단계

해설 1단계 – 모델링, 2단계 – 프린팅, 3단계 – 후처리 순으로 총 3단계로 이루어진다.

02 3D 프린팅 시 표준 파일을 이용한다. 이때 국제적인 표준 파일이란 무엇인가?

① STL   ② PPT
③ GIF   ④ JPG

해설
- STL(STereo Lithography) : 3D 프린팅 표준 파일
- PPT : 파워포인트
- GIF, JPG : 2차원 그림 파일

03 표준 모델링으로 변환된 파일은 다른 소프트웨어를 이용할 수 있다. 표준 모델링을 고치기 위해 필요한 소프트웨어로 옳은 것은?

① Pronterface   ② Arduino
③ Meshmixer   ④ RAMPS

해설
- Pronterface : 프린터를 컨트롤하는 프로그램
- Arduino S/W : 펌웨어 작성 툴
- RAMPS : 하드웨어

04 3D 프린팅 방식인 SLA, SLS, DLP의 공통점은?

① 플라스틱 재료를 사용한다.
② 재료를 녹이는 방식이다.
③ 델타 방식이다.
④ 레이저나 UV 같은 빛을 사용한다.

해설 SLA, SLS는 레이저를 이용하여 프린트하고 DLP는 UV 광선을 이용하여 프린팅한다.

정답 01. ②   02. ①   03. ③   04. ④

05 카르테시안 방식이란 각 축이 몇 도로 결합된 방식인가?
① 90도　　② 180도　　③ 30도　　④ 60도

해설 카르테시안 방식은 3차원 좌표계를 사용하여 각 축이 서로 90도를 이루고 있다.

06 델타 방식은 세 축이 어떤 관계를 이루고 있는가?
① 직교한다.　　② 평행한다.
③ 관계가 없이 독립적이다.　　④ 45도로 만난다.

해설 델타 방식은 서로 세로 방향으로 평행을 이루게 조립된다.

07 3D 프린터에서 카르테시안 방식은 세 가지 축이 각기 여러 방식으로 의존한다. 다음 중 실현이 불가능한 구성 방식은?
① X, Y축이 의존, Z축은 독립　　② X, Z축이 의존, Y축은 독립
③ Y, Z축이 의존, X축은 독립　　④ X, Y, Z축이 전부 의존

해설 세 축이 전부 의존하는 방식은 델타 방식이다.

08 3D 프린터 형식 중 카르테시안 방식에 대비되는 방식은?
① 델타 방식　　② 시그마 방식　　③ 세타 방식　　④ 감마 방식

해설 FFF 방식의 3D 프린터는 카르테시안, 델타 방식으로 나뉜다.

09 3D 프린터에서 Offset의 세 종류에 해당하지 않는 것은?
① X Offset　　② E Offset　　③ Z Offset　　④ Y Offset

해설 각 축의 Offset 값은 존재하지만 Extruder는 Offset 값이 존재하지 않는다.

10 Offset의 의미는 무엇인가?
① 온도 차를 뜻한다.　　② 보정 값을 뜻한다.
③ 파워를 끄는 것을 말한다.　　④ 작동을 제어하라는 명령어이다.

해설 Offset의 사전적 의미는 간격을 띄우는 것이다. 3D 프린터에서는 원점에서 거리 값을 보정하는 데 사용한다.

정답 05. ①　06. ②　07. ④　08. ①　09. ②　10. ②

11 종이나 시트를 얇게 압착해서 프린팅하는 방식은?

① FDM   ② 3DP   ③ LOM   ④ MJM

해설 프린트의 출력 방식별로 FDM – 압출, 3DP · MJM – 분사, SLS – 고체 용융, LOM – 시트 접착 방식으로 분류할 수 있다.

12 고체를 용융하는 방식은 다음 중 어떤 매체를 사용해 재료를 고형화하는가?

① 글루   ② 염산   ③ 황산   ④ 레이저

해설 고체 용융 방식은 레이저의 고온을 이용하여 고체를 용융하여 적층하는 방식이다.

13 오픈 소스에서 지향하는 라이선스는 어떤 것인가?

① GPL(General Public License)   ② GIL(General International License)
③ GAL(General Allowance License)   ④ GFL(General Free License)

해설 GPL은 2005년에 시작되었으며 무료 오픈 소스 소프트웨어 3D 프린터를 만드는 것이 목적이다.

14 렙랩 창시자의 이름은?

① 존듀   ② 스프린터
③ 마린   ④ 아드리안 보이어

해설 렙랩의 창시자는 아드리안 보이어다.

15 렙랩이 지향하는 3D 프린터의 최종 목표는 무엇인가?

① 싸고 튼튼한 3D 프린터의 개발   ② 자기 복제를 하는 프린터
③ 세계적인 3D 프린터 개발자 연대   ④ 4D 프린터의 디자인

해설 렙랩이 지향하는 프린터는 프린터가 프린터 부품을 출력해 자기 복제하는 것을 목표로 하고 있다.

16 렙랩 Family란 무엇을 뜻하는가?

① 렙랩 개발자들의 모임   ② 렙랩 기반 프린터 제조사 조합
③ 렙랩 기반 프린터들의 족보이자 생태계   ④ 렙랩 창시자 가족

해설 3D 프린터의 파생적인 하나의 기술 생태계를 렙랩 Family라고 한다.

정답 11. ③   12. ④   13. ①   14. ④   15. ②   16. ③

17 다음 중 렙랩 Family에 속하지 않는 3D 프린터는?

① Darwin ② Prusa Mendel
③ HP ④ Mendel

해설 렙랩 Family는 Darwin(2007) – Mendel(2009) – Prusa mendel(2010) 순으로 Tree를 이루고 있다.

18 시장에서 오픈 소스 계열의 프린터가 차지하는 비중은 어느 정도 인가?

① 1% 미만 ② 90% 이상
③ 40% 정도 ④ 5% 정도

해설 렙랩 21.9%, 기타가 23.4% 정도를 이루고 있다.

19 오픈 소스가 중요한 이유가 아닌 것은?

① 가격이 저렴해졌다. ② 협동적인 기술 개발이 가능하다.
③ 독점적인 시장을 형성한다. ④ 특허 분쟁에서 자유롭다.

해설 소스를 오픈하면 가격 경쟁이 생겨 가격 하락을 유발하며 서로 협력하여 기술을 개발하고 특허를 침해할 염려가 없다.

20 오픈 소스가 지향하는 저작권의 특징이 아닌 것은?

① 반드시 오픈 소스에 기여해야 한다. ② 누구나 사용할 수 있다.
③ 자유롭게 판매할 수 있다. ④ 마음대로 수정할 수 있다.

해설 오픈 소스는 항상 열려 있는 소스 프로그램을 의미한다.

21 3D 프린터를 작동시키기 위해 PC에 있어야 할 소프트웨어가 아닌 것은?

① Pronterface ② 아두이노 소프트웨어
③ Autodesk ④ 슬라이싱 소프트웨어

해설 Pronterface는 컴퓨터에서 프린터를 제어하는 프로그램이다. 아두이노 소프트웨어는 아두이노 보드 개발 프로그램이다. 슬라이싱 소프트웨어는 모델링 파일을 프린터가 사용할 수 있는 파일로 변화시키는 프로그램이다.

정답 17. ③ 18. ③ 19. ③ 20. ① 21. ③

제4과목 3D 프린터 작동 원리와 조립

22 기계와 대화하는 데 사용할 수 있는 소프트웨어는?

① KISSlicer ② Pronterface
③ Marlin   ④ Sprinter

해설 Pronterface는 컴퓨터에서 기계의 작동을 보면서 직접 제어할 수 있는 프로그램이다.

23 다음 중 G 코드의 기능이 아닌 것은?

① 3D 프린터의 작동을 감시 ② 3D 프린터와 대화
③ 3D 프린터의 캘리브레이션 ④ 3D 프린터의 펌웨어 업로드

해설 G 코드는 기계를 작동시키기 위해 준비하거나 제어하는 코드 프로그램이다.

24 슬라이서란 시뮬레이션을 하는 기능을 갖는 소프트웨어이다. 시뮬레이션 기능으로 옳은 것은?

① 3차원 Object를 2차원으로 슬라이싱한다.
② G 코드를 실행한다.
③ 디자인 파일을 시각적으로 보여 준다.
④ Tool Path를 시각적으로 레이어별로 보여 준다.

해설 시뮬레이션이란 프린터가 작동되는 모습을 시각적으로 보여 주는 것을 말한다.

25 슬라이서 프로그램은 여러 가지 종류가 있다. 다음 중 슬라이싱 프로그램이 아닌 것은?

① Skeinforge ② Sli3er
③ Cura   ④ Netfabb

해설 Skeinforge, Slicer, Cura 등의 슬라이싱 프로그램이 있다.

26 아두이노 보드를 사용하려면 아두이노 개발 환경의 소프트웨어가 필요하다. 아두이노 개발 프로그램의 이름은?

① Sketch   ② Autodesk
③ Meshlab ④ Opensource

해설 아두이노 개발 프로그램의 이름은 Sketch라고 한다.

정답 22. ② 23. ④ 24. ④ 25. ④ 26. ①

27 PC와 프린터 간 유선 통신 연결은 다음 중 어떤 방식을 사용하여 이루어지는가?

① Bluetooth   ② WiFi   ③ USB   ④ Zbee

해설 PC와 3D 프린터의 통신은 USB 케이블을 통하여 시리얼 통신을 사용한다.

28 프론터페이스(Pronterface)에서 제어할 수 없는 항목은?

① 온도 제어   ② 재료 투입
③ 좌표 이동   ④ 전원 작동

해설 Pronterface는 프린터의 제어 작동을 실행시킬 수 있다.

29 컴퓨터의 Enter 키에 해당하는 G 코드는?

① G0   ② G1
③ G28   ④ G92

해설 G28은 Enter 키에 해당한다.

30 현재 좌표를 시리얼 포트를 이용하여 보이게 하는 G 코드 명령어는?

① G28   ② G114
③ G119   ④ G666

해설 G114는 현재 자신이 원점에서 떨어져 있는 위치를 조회한다.

31 M206이 뜻하는 명령은?

① 좌표 이동   ② 팬의 작동 시작
③ Homeing offset   ④ 온도 지정

해설 M206은 이펙디에시 핫엔드 끝점끼지의 기리를 뜻하며 Home offset를 보정하는 명령어다.

32 M500이 실행하는 명령은?

① EEPROM 값의 조회   ② 변경 값의 저장
③ 예전 값의 복원   ④ Reset

해설 M500은 변경된 값을 EEPROM에 저장하는 명령이다.

정답 27. ③ 28. ④ 29. ③ 30. ② 31. ③ 32. ②

33 Endstop의 좌표를 변경하는 G 코드 명령어는?

① M206　　　　　　　　② M92
③ M666　　　　　　　　④ M119

해설 M666은 ENDStop S/W(스위치)로부터 offset된 값을 Endstop 값으로 조정하는 기능을 한다.

34 렙랩 Mendel Prusa가 주로 사용하는 펌웨어의 이름은?

① Marlin　　　　　　　② Repetier
③ Cura　　　　　　　　④ Smoothie

해설 Mendel Prusa는 Marlin 펌웨어를 주로 많이 사용한다.

35 렙랩 Mendel Prusa가 사용하는 펌웨어의 조상이 되는 펌웨어는?

① Marlin　　　　　　　② Repetier
③ Sprinter　　　　　　 ④ Smoothie

해설 Reprap 기반의 펌웨어의 기초가 되는 펌웨어는 Sprinter이다.

36 펌웨어는 주로 어떤 프로그램 언어로 개발되었는가?

① C　　　　　　　　　 ② FORTRAN
③ COBOL　　　　　　 ④ JAVA

해설 아두이노 프로그램은 C 언어 기반으로 개발되었다.

37 아두이노의 주요 라이브러리가 아닌 것은?

① LCD　　　　　　　　② Ethernet
③ SD　　　　　　　　　④ USB

해설 아두이노의 주요 라이브러리
　　　EEPROM, Ethernet, SD, Serov, SPI, SoftwareSerial, Stepper, TFT, WiFi, Wire, Firmata, LiquidCrystal

정답 33. ③　34. ①　35. ③　36. ①　37. ④

38 피더가 익스트루더에 붙어 있는 방식을 무엇이라 하는가?

① Bowden 방식　　　　　　　② Direct 방식
③ Joint 방식　　　　　　　　④ Union 방식

해설 피터가 익스트루더와 붙어 있는 방식은 Direct 방식이고 떨어져 있는 방식은 Bowden 방식이다.

39 슬라이싱 후 3D 프린터에 제공되는 Tool Path는 어떤 형식인가?

① 컴파일된 기계 언어　　　　② C 프로그램 언어
③ 좌표 수치 값　　　　　　　④ G 코드 명령어 세트

해설 기계가 작동되도록 해주는 명령어는 G 코드 명령어 프로그램이다.

40 3D 프린터에서 PID 제어 작동을 하는 부분은?

① 움직임　　② 속도　　③ 가속도　　④ 온도

해설 3D 프린터에서 움직임이나 속도 등을 제어하는 부분은 오픈 루프 제어를 한다. 온도 제어는 오픈 루프 제어인 PID 제어를 한다.

41 PID 컨트롤 중 D가 의미하는 것은?

① 미분(Derivative)　　　　　② 차이(Different)
③ 역치(Delta)　　　　　　　④ 밀도(Density)

해설 PID 제어는 P – 비례, I – 적분, D – 미분 제어를 의미한다.

42 PID 컨트롤 중 I가 의미하는 것은?

① 비례　　② 미분　　③ 적분　　④ 평균

해설 PID 제어는 P – 비례, I – 적분, D – 미분 제어를 의미한다.

43 다음 중 카르테시안 방식 프린터가 아닌 것은?

① 큐브　　　　　　　　　　　② 코셀
③ 레플리케이터 2　　　　　　④ 얼티메이커 2

해설 코셀은 델타봇 방식 프린터이다.

정답 38. ②　39. ④　40. ④　41. ①　42. ③　43. ②

44 렙랩 Family Tree에서 Mendel의 자손이 아닌 것은?

① Prusa Mendel ② Makerbot
③ Huxley ④ Mendel I2

해설 Makerbot은 별도의 가족 트리를 구성하는 형태의 프린터다.

45 렙랩 Family Tree에 대한 설명으로 틀린 것은 무엇인가?

① 렙랩은 FFF(FDM) 방식만 포함한다.
② 렙랩의 창시자는 영국인이다.
③ Family Tree는 지금도 계속 확장되고 있다.
④ Family란 족보라기보다는 기술적 발전 로드맵이다.

해설 렙랩은 하나의 방식만을 가지고 있는 것이 아니라 기본 원리로 기술적 발전을 나타내는 로드맵을 의미한다.

46 3D 프린터 제조사의 시장 점유율을 언급한 것 중 옳은 것은?

① 세계 제1의 시장 점유 사는 스트라타시스 사이다.
② ultimaker는 제2의 시장 점유를 하고 있다.
③ 3D 시스템즈는 산업용 3D 프린터만 시장에 판매한다.
④ 렙랩형의 프린터는 시장 점유율이 10% 미만이다.

해설 현재 스트라타시스 사는 산업용 기반으로 시장 점유율 1위 업체이다.

47 오픈 소스 프린터의 시장 점유율 상위 기종 중 점유율이 1위인 기종은?

① RepRap ② Mendel Prusa
③ Replicator 2 ④ Ultimaker 1

해설 Ultimaker 3D 프린터는 보급용 프린터로 점유율 1위를 차지한다.

48 아두이노 개발 프로그램에 사용되는 기본 언어 중 Structure를 정의하는 데 사용되지 않는 형식은?

① boolean ② loop ③ setup ④ while

해설 boolean은 Variables에서 Data Types를 정의하는 데 사용되는 형식이다.

정답 44. ② 45. ① 46. ① 47. ④ 48. ①

49 아두이노 개발 프로그램에 사용되는 기본 언어 중 Data Type인 것은?

① true/false ② high/low
③ byte ④ return

해설 byte는 8bit의 데이터 모음을 나타낸다.

50 아두이노 개발 프로그램에 사용되는 기본 언어 중 수리 연산자가 아닌 것은?

① = ② +/−
③ * ④ //

해설 '//'는 Further Syntax를 나타낸다.

51 다음 중 Marlin 펌웨어의 configuration.h에서 설정하는 항목 중 메인보드에 대한 설정 항목은?

① #define MOTHERBOARD 34 ② #define TEMP_SENSOR_0 1
③ #define X_MAX_POS 170 ④ #define EXTRUDERS 1

해설 ① 메인보드를 선언하는 항목
② 온도 센서를 설정하는 항목
③ 베드의 출력 공간 설정
④ 익스트루더 개수를 설정

52 다음 중 Marlin 펌웨어의 configuration.h에서 "#define EXTRUDERS 1" 설정 항목에 대한 설명 중 맞는 것은?

① 온도 센서의 종류를 설정한다. ② 출력 공간의 크기를 설정한다.
③ 익스트루더의 개수를 정의한다. ④ 메인보드의 종류를 정의한다.

해설 익스트루더 개수를 정의한다. Dual을 사용할 시 숫자가 '2'로 바뀌면 된다.

53 3D 프린터의 LCD 메뉴 중 Preheat PLA 또는 Preheat ABS의 기능은?

① 홈으로 복귀한다. ② 프린터를 시작한다.
③ 핫엔드의 온도를 설정 값까지 올린다. ④ 필라멘트를 공급한다.

해설 펌웨어상에서 설정한 온도까지 상승한다.

정답 49. ③ 50. ④ 51. ① 52. ③ 53. ③

54 3D 프린터의 LCD 메뉴 설정에서 설정할 수 없는 것은?

① 필라멘트의 직경
② 쿨링 팬의 작동 속도
③ 히트 베드 온도 설정
④ 노즐의 온도 설정

해설 출력 중이라도 쿨링 팬의 속도, 노즐 및 히트 베드의 온도는 설정할 수 있으며, 필라멘트의 직경은 큐라 등 슬라이싱 프로그램에서 설정한다.

55 3D 프린터가 출력을 실행하고 있을 때 LCD 설정에서 변경할 수 없는 것은?

① 프린터의 출력 속도
② 노즐의 온도
③ 냉각 팬의 속도
④ 출력물의 서포트

해설 출력물의 서포트는 큐라 등 슬라이싱 프로그램에서 설정할 수 있다.

56 RAMPS 1.4 실드 보드의 특징이 아닌 것은?

① 히터 출력 등 3개의 온도 제어 회로를 가진다.
② 모터, 노즐, 히터를 위한 5A 퓨즈를 가진다.
③ 펌웨어를 저장할 수 있는 SRAM을 가진다.
④ 5개의 Polou 스테퍼 드라이버(A4988) 연결이 가능하다.

해설 펌웨어를 저장할 수 있는 SRAM은 아두이노 보드가 가지고 있다.

57 RAMPS 1.4 실드 보드에서 히터 출력 등을 제어하기 위해 서미스터를 연결하기 위한 회로는 몇 개인가?

① 1개
② 2개
③ 3개
④ 4개

해설 서미스터는 온도를 제어하는 장치에 구성되어야 한다. RAMPS 1.4에는 E0, E1과 히트 베드용이 기본으로 T0, T1, T2 포트가 구성되어 있다.

58 렙랩 기반의 3D 프린터 제어 기술 중 다음 설명이 맞지 않는 것은?

① 3D 프린터에서 주로 이용되는 마이크로컨트롤러는 아두이노 보드이다.
② 메인보드에서 명령하는 G 코드에 따라 장비의 모터 등을 제어하는 펌웨어를 탑재하여 제어한다.
③ X, Y, Z축에 설치되는 엔드 스톱 스위치는 모터의 이동 범위를 제한하기 위해 사용된다.
④ X, Y, Z축 및 압출기용 모터는 각각 1개 이상 사용할 수 없다.

정답 54. ① 55. ④ 56. ③ 57. ③ 58. ④

해설 카르테시안 방식에서는 Z축 모터를 2개까지 사용할 수 있도록 구성되어 있다. 이때 Z축 모터는 2개를 다이렉트로 연결하여 사용할 수 있다.

59 아두이노 보드에 대한 설명으로 옳지 않은 것은?

① 아두이노 하드웨어 보드는 Atmel AVR 마이크로컨트롤러를 기본으로 하고 있다.
② 아두이노 보드는 ATmega 2560이 유일하다.
③ 아두이노 보드는 오픈 소스를 기반으로 사용하고 있다.
④ 아두이노 프로그램은 마이크로컨트롤러용 프로그래밍 언어인 C/C++를 기본으로 작성된다.

해설 아두이노 보드는 Arduino Uno/Arduino Leonardo/Arduino Due/Arduino Mini 등 다양한 종류를 가진다.

60 아두이노 ATmega 2560에 대한 설명 중 맞지 않는 것은?

① 256KB의 플래시 메모리를 가지고 있다.　② 8KB의 SRAM을 가지고 있다.
③ 4KB의 EEPROM을 가지고 있다.　　　④ 시리얼 통신용 9Pin 커넥터를 가지고 있다.

해설 Atmega 2560 보드는 USB 연결 커넥터를 사용한다.

61 아두이노 개발 프로그램인 스케치 설정에 대한 설명으로 맞는 것은?

① 도구 메뉴에서 시리얼포트(COM)를 맞추어 준다.
② 메뉴의 프로그램 업로드를 하기 전에는 반드시 컴파일을 한 후 업로드한다.
③ 아두이노 보드의 종류는 자동으로 설정된다.
④ 아두이노 보드에 사용되는 라이브러리는 자동으로 추가된다.

해설 스케치에서 펌웨어 업로드를 하면 컴파일 실행 후 업로드를 실행하며, 보드 종류 및 컴포트는 수동으로 설정하여야 한다. 또한 사용하는 라이브러리는 라이브러리 추가 명령을 이용하여 추가할 수 있다.

62 RAMPS 1.4 보드에 대한 설명 중 맞지 않는 것은?

① RAMPS는 아두이노 보드의 입출력 장치를 연결하기 위한 인터페이스 보드이다.
② 현재 가장 많이 사용되는 보드는 RAMPS 1.4이다.
③ RAMPS 1.4에는 펌웨어를 저장할 수 있는 부트로더가 있다.
④ RAMPS 보드는 인터페이스를 하기 위한 보드로 실드(Shield)라고 한다.

해설 3D 프린터를 구동하는 펌웨어는 아두이노 보드에 저장된다.

59. ②　60. ④　61. ①　62. ③

63 RAMPS 1.4 보드 케이블 결선에 대한 설명으로 옳지 않은 것은?

① T0, T1, T2 단자에는 X, Y, Z축 모터의 케이블을 연결한다.
② D8 단자에는 가열판 히터 케이블을 연결한다.
③ E0, E1 단자에는 압출기 모터 케이블을 연결한다.
④ AUX-3 단자에는 SD 카드를 연결한다.

해설 T0, T1, T2단자는 서미스터 케이블을 연결한다.

64 Marlin 펌웨어 Configuration.h 설정 시 "#define HEATER_0_MAXTEMP 275"는 무엇을 설정하는 것인가?

① 최고 온도 설정
② 최저 온도 설정
③ 최초 온도 설정
④ 최적 온도 설정

해설 "#define HEATER_0_MAXTEMP 275"는 펌웨어에서 최고 온도를 275도로 설정한다.

65 다음 Marlin 펌웨어 Configuration.h 설정 항목에 대한 설명으로 맞지 않는 것은?

```
#define DEFAULT_AXIS_STEPS_PER_UNIT{200, 200, 200, 515.91}
```

① STEP_PER_UNIT에서 UNIT의 단위는 mm이다.
② 숫자 {515.91}가 의미하는 것은 모터의 최대 STEP이다.
③ { } 속에 표시하는 순서는 {X, Y, Z, E} 순이다.
④ 단위 길이의 스텝 수(Step per unit)는 축 방향으로 1mm를 이동시키기 위한 모터의 스텝 수이다.

해설 STEP_PER_UNIT에서 순서대로 X, Y, Z, E 모터의 스텝을 설정한다.

66 모터의 단위 길이 스텝 수(Step per unit)를 설정할 시 고려해야 할 항목이 아닌 것은?

① 스테퍼 모터의 기본 스텝 수를 파악한다.
② 풀리(Pulley)의 톱니 수를 파악한다.
③ 벨트의 피치를 파악한다.
④ 스테퍼 모터 드라이버의 전압을 확인한다.

해설 스테퍼 모터 드라이버의 전압은 하드웨어적으로 가변 저항을 이용하여 설정한다.

정답 63. ① 64. ① 65. ② 66. ④

67 렙랩 기반의 3D 프린터에 많이 사용된 NEMA 17 모터에 대한 설명 중 옳지 않은 것은?

① 펄스당 스텝 각이 1.8도이다.
② 360도 회전하기 위해서는 200 스텝이 필요하다.
③ 사용되는 전류 암페어(A)는 모두 동일하다.
④ A4988 모터 드라이버를 사용하여 제어할 수 있다.

해설 NEMA 17 모터의 종류는 1.2A/1.5A/1.7A 등 다양하다.

68 다음 중 M 코드 명령어에 대한 설명으로 맞지 않는 것은?

① M114 – 쿨링 팬을 작동시킨다.
② M119 – Endstop 스위치의 상태를 확인한다.
③ M92 – Step per unit 값을 조정한다.
④ M206 – Home Offset 값을 조정한다.

해설 M114는 노즐의 현재 좌표 값을 나타내 준다.

69 Marlin 펌웨어 M 코드 명령어 중 PID 온도 상숫값을 자동으로 설정해 주는 명령어는?

① M301　　　　　　　　② M302
③ M303　　　　　　　　④ M304

해설
- M301– Set PID parameters P I and D
- M302 – Allow cold extrudes
- M304 – Set bed PID parameters P I and D

70 A4988 모터 드라이버에 대한 설명 중 맞지 않는 것은?

① 간단한 스텝 및 방향 제어가 가능하다.
② 다섯 개의 서로 다른 마이크로 스테핑이 가능하다.
③ 전압 조절용 가변 저항이 있어 조절 가능하다.
④ E 스텝 모터의 적정 전압은 1.5V 이상이다.

해설 E 스텝모터의 적정 전압은 0.9~1.1V이다.

정답　67. ③　68. ①　69. ③　70. ④

Chapter 02 3D 프린터 조립

◉ 카르테시안 방식 오픈 소스 3D 프린터 조립 절차

1. Y축 조립
2. 메인 프레임 조립 : Y축과의 결합
3. Y축 스텝 모터 장착과의 결합
4. 스텝 아이들러 브래킷 조립
5. 캐리지 장착
6. 가열판 장착
7. X축 조립
8. Z축 조립
9. X축 조립 마무리
10. 압출기 조립체 결합
11. 위치 센서(엔드 스톱 스위치) 설치
12. 전자 제어부 조립

◉ 델타 방식 오픈 소스 3D 프린터 조립 절차

1. 가로축 프레임 조립
2. 세로축 프레임 조립
3. 핫엔드 어셈블리 조립
4. 가로세로 프레임 조립
5. 프레임에 핫엔드 어셈블리 조립
6. 상판 조립
7. 보드 장착 및 결선하기
8. 조립 마무리

◉ 하드웨어 부품

- **스테퍼 모터** : 컨트롤부에서 나오는 하나의 신호를 한 스텝으로 인식해 스텝 단위로 모터의 회전을 제어함.
- **익스트루더** : 높은 온도로 재료를 녹여 적층을 준비하는 기구부
- **아두이노 보드** : MCU의 일종인 다기능의 컨트롤 보드

핫엔드
- 기계부의 익스트루더에 속하는 부분
- 글루건과 같은 원리로 플라스틱 필라멘트를 녹여 노즐로 토출함.
- 출력 품질에 큰 영향을 주므로 적절한 온도 설정이 중요
- 노즐 부분의 온도가 가장 높아야 함. PEEK 부분으로 올라갈수록 온도가 낮아짐. 온도를 낮추기 위해 쿨링 팬 등을 사용하며 공랭식과 수냉식을 사용함.

엔드 스톱
- X, Y, Z의 끝부분을 알려 주는 스위치
- 기계는 원점에서부터의 거리 값을 측정하여 움직이는 방식을 채택하는데 이때 엔드 스톱 스위치가 기계의 원점으로 사용됨.
- 엔드 스톱 스위치는 레벨링 시 변경이 가능하게 장착하여 베드 교체나 조립 공차 등에 대응할 수 있도록 조립

제4과목 3D 프린터 작동 원리와 조립

예상문제 풀이 Chapter 02 — 3D 프린터 조립

01 하드웨어는 전기 전자 기계로 이루어지는데 이 중에서 전기부에 속하지 않는 부품은?

① Controller
② Stepper Motor
③ Endstop
④ Hotend

해설 Hotend는 기계부의 Extruder에 속하는 부분이다.

02 하드웨어는 전기 전자 기계로 이루어지는데 이 중에서 기계부에 속하는 부품은?

① Extruder
② Heated Bed
③ Stepper Drive
④ Arduino Board

해설 Extruder는 기계부에 속하는 부분이다.
Heated Bed, Stepper Drive, Arduino Board는 전기부에 속하는 부분이다.

03 CAD CAM 외에 PC에서 OS(Operating System)와 같은 역할을 하는 소프트웨어는?

① Cura
② Firmware
③ Printrun
④ Autodesk 123D

해설 Firmware란 장비를 작동시키기 위해 데이터를 연산하는 프로그램을 의미한다.

04 오픈 소스 3D 프린터 Mendel의 의미는?

① 유전학자의 이름을 따온 것으로 계속 진화한다는 뜻이다.
② 아무 의미가 없다.
③ 개발자의 이름을 딴 것이다.
④ 3D 프린터가 처음 개발된 지명을 뜻한다.

해설 지속적으로 진화한다는 의미로 명명되었다.

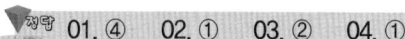
01. ④   02. ①   03. ②   04. ①

05 다음 중 렙랩 기반의 3D 프린터 중 가장 최신 버전인 오픈 소스 프린터의 이름은?

① Replicator
② Prusa Mendel i3
③ Printrbot
④ Kossel

해설 렙랩 기반의 3D 프린터 중 가장 최신 버전 오픈 소스 프린터는 Prusa Mendel i3이다.

06 스테퍼 모터의 특징으로 옳은 것은?

① Step 단위로 모터를 제어한다.
② 1.7A만 사용한다.
③ 전력 소모가 가장 적다.
④ 아두이노에서 제어가 되는 유일한 모터이다.

해설 스테퍼 모터란 컨트롤부에서 나오는 하나의 신호를 한 스텝으로 인식해 스텝 단위로 모터의 회전을 제어하는 모터를 말한다.

07 NEMA 17 모터의 최소 단위 스텝의 각도는?

① 1.6도
② 1.7도
③ 1.8도
④ 2.0도

해설 NIMA 17 모터는 1펄스당 1.8도 회전하며, 360도 회전을 위해 200펄스가 필요하다.

08 NEMA 17 모터가 한 바퀴 돌 때 돌아가는 총 스텝 수는 얼마인가?

① 150 스텝
② 180 스텝
③ 200 스텝
④ 250 스텝

해설 360 ÷ 1.8 = 200

09 NEMA 17 모터와 함께 사용하는 스텝 모터 드라이버 Pololu A4988의 마이크로 스텝 종류가 아닌 것은?

① 4 스텝
② 8 스텝
③ 16 스텝
④ 32 스텝

해설 full-step, half-step, quarter-step, eighth-step, sixteenth-step의 분해능을 갖는다.

정답 05. ② 06. ① 07. ③ 08. ③ 09. ④

10 1/16 마이크로 스텝을 고려할 때 모터가 한 바퀴 돌 때 총 스텝 수는 얼마인가?

① 3000 스텝   ② 3200 스텝
③ 3300 스텝   ④ 3500 스텝

해설 200×16 = 3200

11 모터의 원주 운동을 직선 운동으로 1차적으로 변환해 주는 부품 이름은?

① 벨트   ② 베어링
③ 풀리(Pully)   ④ 리니어 모션 가이드

해설 풀리는 모터의 회전축에 물려 동력을 전달하는 부품이다.

12 벨트에서 직선 운동의 길이를 정해 주는 특성치는?

① 벨트의 길이   ② 벨트의 탄성도
③ 벨트의 이빨 수   ④ 벨트의 피치

해설 벨트의 이와 이 사이의 거리 값을 피치라고 한다. 피치의 거리 값과 풀리의 이빨의 개수로 1회전할 때 직선 운동의 길이 값을 정의할 수 있다.

13 전산볼트(Threaded Rod)에서 직선 운동의 길이를 정하는 특성치는?

① 전산볼트의 둘레길이   ② 전산볼트의 나사 간 간격
③ 전산볼트의 총 길이   ④ 전산볼트의 재질

해설 볼트의 나사 간의 간격은 볼트가 1회전할 때 직선 운동으로 바뀌는 값을 의미한다.

14 피더는 어떤 역할을 하는 부품인가?

① 재료를 밀어 넣어 준다.
② 재료를 녹여서 내어보낸다.
③ 열기를 냉각시킨다.
④ 전압을 조정한다.

해설 피더는 출력 재료를 핫엔드에 밀어 넣어 압출할 수 있게 해 주는 일을 한다.

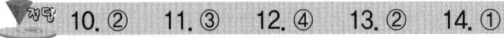
10. ②   11. ③   12. ④   13. ②   14. ①

15 Feeding rate는 무엇을 정의하는 것인가?

① 전압의 크기를 정한다.
② 재료의 입력 속도를 정한다.
③ 온도를 전해 준다.
④ 노즐 움직임의 속도를 정한다.

해설 Feeding rate는 피더 모터의 회전 속도를 정의하여 재료의 입력 속도를 정해 준다.

16 피더가 근본적으로 가지는 문제점은 무엇인가?

① 속도가 느리다.   ② 수명이 짧다.
③ 고가이다.   ④ 정확한 작동이 어렵다.

해설 피더는 밀어 주는 힘을 스프링의 장력으로 조절하기 때문에 정확한 힘으로 일정하게 밀어 주는 것이 어렵다.

17 피더에서 재료를 밀어 주는 힘의 종류는 무엇인가?

① 스프링 압력   ② 기어 장력
③ 벨트 탄력   ④ 풀리 회전력

해설 피더의 재료를 밀어 주는 힘은 스프링의 장력을 이용한다.

18 익스트루더는 높은 온도로 재료를 녹여서 적층을 준비하는 기구부인데 PLA의 경우 어느 정도의 온도를 필요로 하는가?

① 150도 ±10도   ② 190도 ±10도
③ 230도 ±10도   ④ 260도 ±10도

해설 PLA의 적층 적정 온도는 180~200도 정도이다.

19 익스트루더는 높은 온도로 재료를 녹여서 적층을 준비하는 기구부인데 ABS의 경우 어느 정도의 온도를 필요로 하는가?

① 150도 ±10도   ② 190도 ±10도
③ 210도 ±10도   ④ 260도 ±10도

해설 ABS의 적층 적정 온도는 220~240도 정도이다.

15. ②   16. ④   17. ①   18. ②   19. ③

20 Endstop이 기계에 제공하는 역할은 무엇인가?

① 전원 스위치　　② 압력 센싱
③ 원점 인식　　　④ 온도 센싱

해설 기계는 원점에서부터의 거리 값을 측정하여 움직이는 방식을 채택한다. 이때 Endstop s/w는 기계의 원점으로 사용된다.

21 보드와 부품의 전기부 조립 · 연결 시 틀린 것은?

① 스테핑 모터는 방향성이 있으므로 결선 시 주의한다.
② 델타 프린터의 축은 정면을 기준으로 좌측을 X, 우측을 Y, 뒤쪽을 Z축으로 정한다.
③ Thermistor는 방향성이 있으므로 결선 시 주의한다.
④ FAN은 방향성이 있으므로 결선 시 주의한다.

해설 Thermistor는 방향성이 없는 가변 저항으로 만들어져 있다.

22 아두이노 보드의 특징이 아닌 것은?

① 이탈리아어로 친구란 뜻이다.
② 오픈 소스이다.
③ 3D 프린터만을 위해서 만들어졌다.
④ 우노, 메가 등 보드의 종류가 다양하다.

해설 아두이노 보드는 MCU의 일종으로 다기능의 컨트롤 보드이다.

23 아두이노는 사용 성격에 따라 실드를 적층하는 방식이다. 다음 중 실드로 볼 수 없는 것은?

① RAMPS　　　② 모터 드라이버
③ WiFi　　　　④ Bluetooth

해설 모터 드라이버는 모터를 가동시키기 위한 펄스를 생성하는 장치이다.

24 RAMPS의 주요 기능은?

① 재료의 토출　　　② 아두이노의 입출력 게이트
③ LCD 정보 처리　　④ 펌웨어의 실행

해설 RAMPS는 아두이노 보드의 입력과 출력을 필요한 장치들과 연결하는 보드이다.

정답 20. ③　21. ③　22. ③　23. ②　24. ②

25 ATmega 2560에서 EEPROM의 사이즈는?

① 4KB ② 100KB
③ 1MB ④ 2GB

해설 ATmega 2560에서 EEPROM 사이즈는 4KB이다.

26 RAMPS 중 S는 무슨 말의 약자인가?

① Socket ② Side
③ System ④ Shield

해설 RepRap Arduino Mega Pololu Shield의 앞 글자를 따서 RAMPS라고 한다.

27 FDM 프린터에서 서미스터(Thermistor)의 역할은 무엇인가?

① 원점의 위치를 측정한다.
② 필라멘트의 토출량을 측정한다.
③ 베드와 핫앤드의 위치를 측정한다.
④ 서미스터는 온도 감지 부품으로 핫엔드의 온도를 측정하는 데 사용한다.

해설 서미스터는 온도에 따라 저항 값이 변하는 가변 저항이다. 그러므로 온도를 측정하는 데 주로 사용된다.

28 엔드 스톱은 X, Y, Z의 끝부분을 알려 주는 스위치이다. 기계식 엔드 스톱은 세 개의 연결 접점을 가지고 있다. 이들 접점은 어떤 선과 연결되는가?

① COM/COM ② COM/NC
③ NO/NC ④ 모든 단자

해설 Endstop s/w는 NC 접점을 사용하고 RAMPS 보드에서 풀업 저항을 이용하여 아두이노 보드에 NO 신호를 보내는 방식을 사용한다.

29 FDM 프린터에서 핫플레이트는 RAMPS 보드로부터 히팅에 필요한 전류를 공급받는다. RAMPS의 어느 포트와 연결되는가?

① D10 ② D9
③ D8 ④ E0

해설 D10 – E0 히팅봉에 전원 공급, D9 – E1 or FAN에 전원 공급, D8 – 히팅 베드에 전원 공급

25. ①　26. ④　27. ④　28. ②　29. ③

30 RAMPS 보드의 12-35UDC 입력 포트로 유입되는 전류의 종류와 A 수는?

① 11A 한 종류
② 5A 한 종류
③ 11A, 5A 두 종류
④ 11A, 5A, 2A 세 종류

해설 RAMPS 보드는 11A, 5A의 두 가지의 전원을 공급받는다.

31 RAMPS 보드의 이름은 RepRap Arduino Mega Pololu Shield의 앞 글자에서 유래된 것이다. 여기서 Pololu가 뜻하는 바는 무엇인가?

① 스텝 모터 드라이버 제조사의 이름에서 유래
② 모터 제조사의 이름에서 유래
③ 모터 드라이버 개발자의 이름에서 유래
④ 보드 개발자의 이름의 제일 앞 글자에서 유래

해설 Pololu는 스텝 모터 드라이버 제조사의 이름으로 Pololu A 4988 드라이브를 사용한다.

32 렙랩 프린터 중 Prusa Mendel I-3가 Z축에 두 개의 모터를 사용하는 이유는?

① 2개의 축이 상호 보강 작용으로 정밀도를 높이기 위함이다.
② X축이 Z축에 올라타 있어 익스트루더의 무게가 Z축의 움직임에 부담을 주기 때문이다.
③ 축을 담당하는 전산볼트를 구동하는 데 2개의 모터가 꼭 필요하기 때문이다.
④ 다른 축과 구분하기 위해서이다.

해설 I-3 방식은 Z축이 익스트루더를 포함하고 있는 X축을 들어 올리는 구조로 되어 있다.

33 Z축의 모터 2개를 RAMPS 보드에 연결하는 방법 중 틀린 것은?

① 하나는 익스트루더 1번을 활용하여 사용한다.
② 두 개의 선을 한 가닥씩 합하여 한 개의 선(총 4개 선)으로 결선한다.
③ 두 개의 모터 선을 한 개의 모터 선으로 연결(합)하는 PCB를 사용한다.
④ RAMPS 보드에는 Z축 모터를 연결하는 두 개의 Z 포트가 있다.

해설 익스트루더 1 포트는 듀얼 익스트루더를 사용할 때 2번째 익스트루더를 결선하는 포트이다.

정답 30. ③ 31. ① 32. ② 33. ①

34 RAMPS 보드에서는 다수의 익스트루더 연결을 지원한다. 최대 몇 개의 익스트루더를 연결할 수 있는가?

① 1개　　② 2개
③ 3개　　④ 4개

해설 기본 E0, E1의 2개를 지원한다.

35 프린트 방식 중 Granular Sintering 방식은 고체를 녹여서 조형하는 방식이다. 재료는 어떤 형태를 가지는가?

① 선　　② 카트리지 형식
③ 박스형　　④ 가루 형태

해설 가루 형태이다.

36 고체 용융 방식에서 사용하는 용융 매체로 사용되지 않는 방식은?

① 레이저　　② 전기열선
③ 전자파　　④ Electron Beam

해설 전자파는 고체 용융 방식에서는 사용되지 않는다.

37 오픈 소스 3D 프린터 부품 중 익스트루더의 구성 부품이 아닌 것은?

① Hotend　　② Coldend
③ PTFE　　④ Threaded rod

해설 PTFE는 Hotend에 사용되는 구성 재료이다.

38 오픈 소스 3D 프린터 부품 중 Electronics의 구성 부품이 아닌 것은?

① Controller　　② Heated Bed
③ Filament　　④ Stepper Drive

해설 Filament는 적층에 사용되는 재료로 기계적 부품이라고 할 수 있다.

정답　34. ②　35. ④　36. ③　37. ③　38. ③

제4과목 3D 프린터 작동 원리와 조립

39 3D 프린터의 작동에 필요한 소프트웨어로는 CAD Tools, CAM Tools, Firmware가 있다. 이중 CAM Tools에 속한 소프트웨어가 아닌 것은?

① Sprinter
② Slicer
③ G code Sender
④ G code interpreter

해설 Sprinter는 펌웨어의 한 종류이다.

40 핫엔드에 관한 설명 중 틀린 것은?

① 글루건과 같은 원리로 플라스틱 필라멘트를 녹여 노즐로 토출한다.
② 출력 품질에 큰 영향을 주므로 적절한 온도 설정이 중요하다.
③ 여러 형태의 핫엔드가 계속 개발되고 있다.
④ Direct 방식 핫엔드와 Bowden 방식 핫엔드는 그 원리가 다르다.

해설 핫엔드의 익스트루더의 두 방식 모두 동일한 원리를 가지고 작동한다.

41 핫엔드에서 온도를 제어하는 원리를 설명한 것 중 맞는 것은?

① 상온에서 200도까지 넓은 범위의 온도를 제어해야 하므로 열전달 차단이 중요하다.
② 최고로 높은 온도는 노즐 부분이 되어야 한다.
③ PEEK 재료를 이용하여 열전달을 최대한 억제한다.
④ 열을 내리는 방법으로는 공랭식, 수냉식 방법 등을 사용한다.

해설 Hotend는 노즐 부분의 온도가 가장 높아야 하며, PEEK 부분으로 올라갈수록 온도가 낮아진다. 온도를 낮추기 위해 쿨링 팬 등을 사용하며 공냉식과 수냉식을 사용한다.

42 ATmega 2560이 작동하는 데 사용되는 Voltage는?

① 5V
② 7V
③ 6V
④ 12V

해설 Arduino MEGA 2560 보드는 TTL(DC5V) 전압을 사용한다.

43 ATmega 2560의 SRAM 용량은?

① 4KB
② 8KB
③ 10KB
④ 20KB

해설 ATmega 2560의 SRAM 용량은 8KB이다.

정답 39. ① 40. ④ 41. ② 42. ① 43. ②

44 아두이노 MEGA 2560에 대한 설명 중 맞지 않는 것은?

① 오픈 소스 하드웨어이다.
② 스위치나 센서로부터 값을 받아들이고 LED나 모터를 제어한다.
③ 보드의 회로도는 특허로 보호된다.
④ 윈도, 맥 OS X, 리눅스를 지원한다.

해설 아두이노 MEGA 2560 보드는 오픈 소스 보드이며 각종 컴퓨터 OS 프로그램에서 지원해 주며 멀티 입출력이 가능한 보드이다.

45 LM이 사용된 델타 프린터를 조립할 때 M3x8 볼트를 사용한다. 조립과 관련하여 주의할 점이 아닌 것은?

① 볼트를 최대한 강하게 조립해서 LM의 이탈을 방지한다.
② 볼트 구멍에 전부 볼트를 삽입할 필요는 없다.
③ LM 하단부는 이탈 방지 블록으로 LM을 막아 준다.
④ LM을 프로파일에 수평으로 밀착해야 한다.

해설 LM 가이드는 프로파일과 밀착되도록 조립해야 하고 가이드 블록이 하부로 이탈하지 않도록 방지책을 세워야 한다. 볼트를 너무 강하게 조립하면 볼트의 헤드 부분이 파손될 수 있다.

46 엔드 스톱의 장착 방법 중 옳은 것은?

① 엔드 스톱의 위치는 변경이 필요치 않으므로 영구적으로 고정시킨다.
② 엔드 스톱은 Bed 레벨링 시 변경 가능하게 장착한다.
③ 엔드 스톱은 프로파일 윗단으로부터 위치가 0.1mm 단위로 정확해야 한다.
④ 엔드 스톱은 항상 기계식 스위치 방식만 사용한다.

해설 엔드 스톱 s/w는 레벨링 시 변경이 가능하게 장착하여 베드 교체나 조립 공차 등에 대응할 수 있도록 조립하는 것이 좋다.

47 조립 프린터의 경우 아무리 조립을 정밀하게 하더라도 이것 때문에 완벽하게 조립하는 것이 불가능하다. 이것을 무엇이라 하는가?

① 조립 힘(force)
② 조립 시 온도(temperature)
③ 공차(toleramce)
④ 기구의 변형(extortion)

해설 각각의 부품에 공차 값이 존재하기 때문에 정밀하게 조립을 해도 공차 값으로 인해 조립 공차가 생긴다.

정답 44. ③   45. ①   46. ②   47. ③

48 익스트루더에 장착하는 FAN은 고정 각도가 중요하다. FAN의 방향으로 옳은 것은?

① FAN은 토출된 재료를 속히 냉각하기 위해 베드 위를 향해야 한다.
② FAN은 노즐의 온도가 과열되는 것을 방지해야 하므로 노즐의 끝을 향해야 한다.
③ FAN은 재료 투입구와 재료가 녹는점 사이를 향하게 해서 재료가 미리 녹는 것을 방지한다.
④ FAN은 PEEK 재료 전체를 향하게 해서 온도가 위로 향하는 것을 방지한다.

해설 FAN의 설치 목적은 재료가 핫엔드에서 녹을 수 있도록 열전달을 차단하기 위해서이다. 재료의 녹는점 이전에 열전달이 되면 재료가 부풀어 올라 제대로 토출되지 않는다.

49 ROD ARM과 Effector를 조립할 때 주의할 점은?

① ROD ARM은 양 끝단이 움직임 없이 고정되어야 한다.
② ROD ARM의 길이가 꼭 같을 필요는 없다.
③ Effector는 ROD ARM의 조립과 독립되어 있다.
④ Effector의 면이 베드의 면과 수평이 되도록 ROD ARM이 조립되어야 한다.

해설 프린터 조립 시 Effector는 베드와 평행해야 하며 Effector의 움직임도 베드와 평행해야 한다.

50 구동부 타이밍 벨트의 조립 시 장력은 어느 정도여야 하는가?

① 엄지와 검지로 눌렀을 때 탄력을 가지고 있어야 한다.
② 엄지와 검지로 눌렀을 때 부드럽게 낭창낭창해야 한다.
③ 모터 풀리의 이빨에서 빠져나가지 않는 정도의 탄력을 유지한다.
④ X, Y, Z축의 장력은 정확하게 일치해야 한다.

해설 타이밍 벨트의 장력은 모터 풀리에서 모터가 이탈하지 않을 정도의 탄력을 유지해야 한다. 장력이 너무 세면 모터가 정상 가동을 하지 못하고, 너무 헐거우면 풀리에서 벨트가 이탈한다.

정답 48. ③ 49. ④ 50. ③

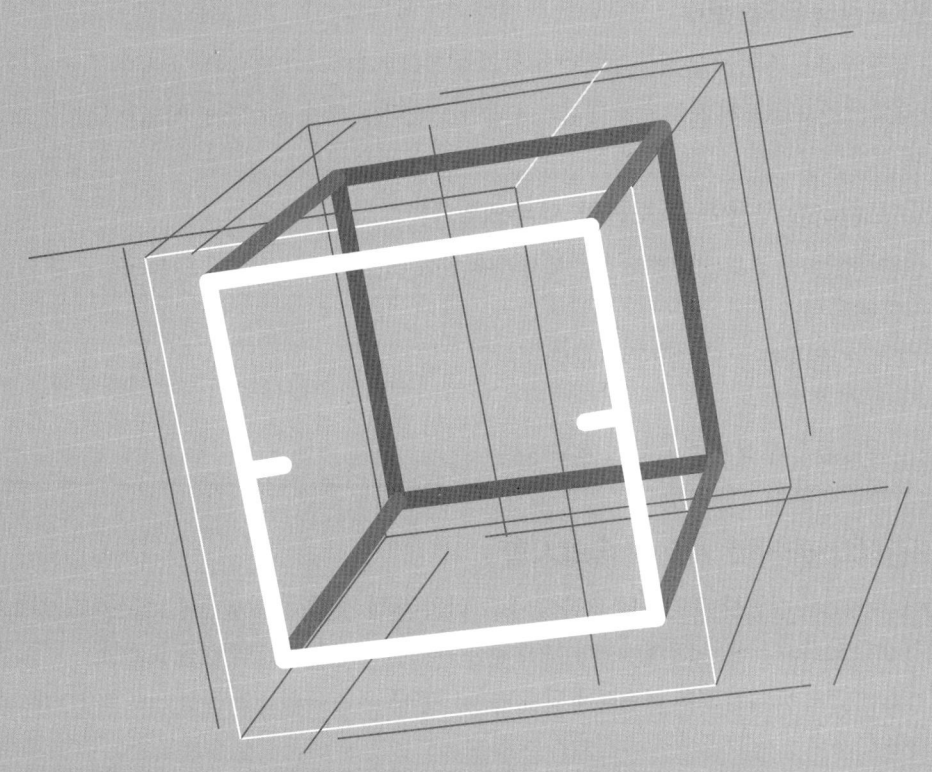

제5과목

3D 프린터 캘리브레이션과 유지·보수

3D 프린터 캘리브레이션과 유지·보수

3D 프린터 유지·보수
- 최적의 품질을 가진 출력물을 출력하기 위해 캘리브레이션이 필요함.
- 펌웨어는 G 코드의 프로그램 데이터를 받아 프린터를 제어 작동하는 프로그램

3D 프린터를 사용한 후 보관할 시 주의할 점
- 해가 있는 곳에 보관하면 태양의 복사열에 의해 변형이 생기므로 되도록 해가 들지 않는 곳에 보관
- 공기가 잘 통하는 서늘한 곳에 보관
- 습기가 적은 곳에 보관
- 금속 부분의 부식 방지 대책을 세워 보관

프린터의 필라멘트 사용 시 유의 사항
- 필라멘트의 토출량이 적거나 많을 경우 큐라의 세팅 값에서 Flow 값을 설정하고 익스트루더의 스프링 장력을 조정함. 또한 M92 step per unit의 모터 스텝 값을 조정함.
- 필라멘트를 교체할 경우 프린터를 정지시키고 핫엔드의 온도를 180도 정도로 유지한 후 교체

3D 프린팅의 현재 기술의 한계
- 출력 속도
- 복합 재료 프린팅
- 출력물의 크기

G 코드
- G0 → G1
- G1 − G1 X90.6 Y13.8 E22.4; 현재 위치에서 지정된 위치(90.6, 13.8)로 22.4mm를 압출하면서 직선으로 이동
- G2 − G2 X90.6 Y13.8 I5 J10 E22.4; 현재 위치로부터 중심이 (I, J)인 시계 방향 원호를 그리며 지정된 위치(90.6, 13.8)로 이동

- **G3** – G3 X90.6 Y13.8 I5 J10 E22.4; 현재 위치로부터 중심이 (I, J)인 반시계 방향 원호를 그리며 지정된 위치(90.6, 13.8)로 이동
- **G4** – G4 P200; 200msec 동안 동작 정지. S2는 2초 동안 정지
- **G10** – M207 설정에 따라 필라멘트 후진(Retraction)
- **G11** – M208 설정에 따라 필라멘트 전진(Unretraction)
- **G28** – X, Y, Z축을 홈 위치로 이동(Homing)
- **G29** – 3군데 지점에서 높이 탐지(Z-Probe). 홈 위치에 있어야 함.
- **G30** – 현재의 위치에서 높이 탐지
- **G90** – 절대 좌표 사용(기본 설정)
- **G91** – 이전 위치에 대한 상대 좌표 사용
- **G92** – G92 X10 E90; 현재 위치를 지정된 좌표(X 좌표 10, 압출기 좌표 90)로 설정

M 코드

- **M0** – 무조건 정지. 리셋 버튼을 누르면 다시 작동
- **M1** – 무조건 정지. G 또는 M 명령을 전송받으면 다시 작동
- **M17** – 모든 스테퍼 모터의 작동 가능
- **M18** – 모든 스테퍼 모터의 기능 정지. M84와 동일한 명령
- **M20** – SD 카드의 루트 폴더에 있는 파일 목록이 시리얼 포트로 전송됨.
- **M21** – SD 카드 초기화
- **M22** – SD 카드 해제. 제거 가능
- **M23** – M23 filename.g; 지정된 파일 선택
- **M24** – M23 명령으로 선택된 파일을 이용하여 프린팅 시작
- **M25** – M23 명령으로 선택된 파일 프린팅 일시 정지
- **M26** – M26 S12345; 바이트 단위로 SD 위치 설정
- **M27** – SD 프린트 상태 보고
- **M28** – M28 filename.g; 지정된 파일을 생성하고 이후 전송되는 모든 명령을 파일에 저장
- **M29** – M28 명령으로 오픈된 파일 닫기
- **M30** – M30 filename.g; 지정된 파일 삭제
- **M31** – M109 또는 SD 카드에서 프린팅 시작 후 경과 시간 출력
- **M32** – M32 filename.g; 파일을 선택하고 SD 프린트 시작(SD 카드에서 프린트할 때 사용)
- **M42** – M42 P7 S255; 핀 상태 변경. 핀 7을 255로 변경하며, Px가 생략되면 LEDPIN이 사용됨.

- M80 - 파워 서플라이 온
- M81 - 파워 서플라이 오프
- M82 - 압출기가 압출 값을 절댓값으로 인식(기본 설정)
- M83 - 압출기가 압출 값을 상대값으로 인식
- M85 - 비활동 시 셧다운 타이머 설정. S0으로 지정하면 셧다운되지 않음(기본 설정).
- M92 - M92 X⟨newsteps⟩; mm당 스텝 수 설정
- M104 - M104 S190; 압출기 목표 온도(190도) 설정
- M105 - 압출기의 현재 온도를 호스트 컴퓨터에 전송
- M106 - 팬 온
- M107 - 팬 오프
- M109 - M109 S185; 압출기 온도를 설정하고 가열하여 설정 온도에 도달할 때까지 대기
- M109 - P185; 압출기 온도를 설정하고 가열 또는 냉각하여 설정 온도에 도달할 때까지 대기
- M112 - 비상 정지
- M114 - 현재 X, Y, Z, E 좌표를 호스트 컴퓨터로 전송
- M115 - 펌웨어 버전과 마이크로컨트롤러의 기능 보고
- M117 - M117 Hello World; 지정된 메시지가 LCD의 상태 줄에 표시됨.
- M119 - X, Y, Z 엔드 스톱의 상태를 시리얼 포트로 전송
- M126 - M126 P500; 압출기 밸브를 열고 500msec 대기
- M127 - M127 P400; 압출기 밸브를 닫고 400msec 대기
- M128 - M128 S255; 압출기 내부 압력 설정. 255이면 최대 압력
- M129 - M129 P100; 압출기 압력 오프하고 100msec 대기
- M140 - M140 S55; 가열판 온도(55도) 설정
- M190 - M190 S60; 가열 시 가열판 온도가 설정 온도(60도)에 도달할 때까지 대기
- M190 - R60; 가열 또는 냉각 시 가열판 온도가 설정 온도(60도)에 도달할 때까지 대기
- M200 - M200 D1.128; 압출량을 부피 단위로 지정하기 위한 필라멘트 직경 설정. 필라멘트의 직경이 1.128mm이면 1mm당 부피가 1mm3이 됨. M200 S0를 실행하면 mm 단위로 복귀
- M201 - M201 X1000 Y1000; 프린팅을 위한 mm/sec2 단위의 최대 가속도 설정
- M202 - M202 X1000 Y1000; 이동을 위한 mm/sec2 단위의 최대 가속도(Marlin에서는 사용하지 않음)
- M203 - M203 X6000 Y6000 Z300 E10000; 최대 가능 공급 속도(mm/sec)
- M204 - 기본 가속도 설정(mm/sec2)

- M205 - 최소 이동 속도 설정
- M206 - M206 X10.0 Y10.0 Z-0.4; 엔드 스톱 위치(홈 위치)에 지정된 값이 더해짐.
- M218 - M218 T⟨nnn⟩ X⟨nnn⟩ Y⟨nnn⟩; 핫엔드 오프셋 설정(mm)
- M220 - M220 S⟨factor in percent⟩; 속도 인자 무효 비율
- M221 - M221 S⟨factor in percent⟩; 압출 인자 무효 비율
- M240 - 사진 촬영을 위한 카메라 작동
- M300 - M300 S⟨frequency Hz⟩ P⟨duration ms⟩; 비프음
- M301 - M301 P1 I2 D3; PID 파라미터 설정
- M302 - 압출기가 인쇄 온도에 다다르지 않아도 압출기 모터 이동 허용
- M303 - M303 S175; 압출기 목표 온도 제어를 위한 PID 값 계산
- M303 E-1 S55; 가열판 목표 온도 제어를 위한 PID 값 계산
- M304 - 가열판 PID 값 설정
- M400 - 모든 현재 동작을 마침.
- M401 - Z(노즐 높이)-탐지침 하강
- M402 - Z(노즐 높이)-탐지침 상승
- M500 - 파라미터를 EEPROM에 저장
- M501 - EEPROM에서 파라미터를 읽어 옴.
- M502 - 기본적인 "공장 설정"으로 되돌림.
- M503 - 메모리에 저장된 현재 설정 값을 보냄.
- M907 - 모터 전류 설정(축 코드 이용)
- M908 - 모터 전류 설정(트림 포트 직접 제어)
- M350 - 마이크로스테핑 모드 설정
- M351 - MS1 MS2 핀을 직접 토글
- M928 - M928 filename.g; 지정된 파일에 logging 시작. M29로 종료
- M999 - 오류로 인한 정지 후, 재시작

X, Y, Z 모터 스텝 수 보정
단위 길이 스텝 수

스텝 수/mm = (지정한 이동 거리) ÷ (실제 이동 거리) × 이전 스텝 수 ÷ mm

E 스텝 수 보정
새로운 스텝 수 = 이전 스텝 수 × (100 ÷ 실제 이동 거리) 또는
이전 스텝 수 × [100 ÷ (표시까지의 거리 + 80)]

예상문제 풀이 Chapter 01 — 3D 프린터 캘리브레이션과 유지·보수

01 펌웨어에서 Configuration.h의 특징이 아닌 것은?

① 파라미터의 지정 ② 헤더 파일
③ 프로그램의 일종 ④ 변경이 불가능한 기계어

해설 *.h는 프로그램의 헤더 파일로 프로그램의 파라미터를 변경할 수 있게 하는 고급 언어의 일종이다.

02 다음 중 파라미터의 종류가 아닌 것은?

① 온도 세팅 ② 기계 세팅
③ 전압 세팅 ④ 움직임 세팅

해설 전압 값은 기계가 작동하는 데 필요한 값으로 설정을 변경할 수 없다.

03 펌웨어에서 지정하는 온도 세팅은 어느 부분의 온도를 지정하는 것인가?

① 피더 ② 익스트루더
③ Thread Rod ④ 아두이노

해설 익스트루더의 핫엔드부에서 적층 재료를 용융하여 적층하는 방식을 채택한다. 핫엔드부에 열을 가하여 온도를 제어한다. 또는 히팅 베드 온도를 세팅한다.

04 펌웨어에서 기계 세팅 부분에서 노즐의 움직임 방향을 정할 때 방향의 기준은 무엇인가?

① 동서남북 ② 모터 방향
③ 엔드 스톱의 위치 ④ USB 커넥터 방향

해설 엔드 스톱의 위치의 MAX, MIN에 따라 모터의 움직이는 방향이 정해진다.

정답 01. ④ 02. ③ 03. ② 04. ③

05 Step per Unit에서 Unit의 기본 단위는?

① km ② meter
③ cm ④ mm

해설 Unit는 거리 값을 뜻하며 3D 프린터에서는 mm를 기본 단위로 사용한다.

06 Default Home Position은 무엇을 의미하는가?

① 엔드 스톱의 위치 ② 베드의 크기
③ 노즐의 Z축 높이 ④ 베드의 중앙점

해설 Default Home Position 값은 펌웨어 상에서 베드와 노즐의 기본 높이를 설정한다.

07 JERK가 의미하는 것은?

① 온도의 최대점 ② 속도가 0이 되는 시점
③ 재료를 거꾸로 돌리는 작용 ④ 가속도를 주지 않는 초당 속도의 한계

해설 펌웨어에서 JERK는 각 모터의 속도로 단위는 mm/SEC이다.

08 펌웨어에서 지정된 파라미터는 사용자가 바꿀 수 있다. 이때 사용하는 Electrically Erasable Programmable Read Only Memory의 이름은?

① RAM ② Cache Memory
③ Flash Memory ④ EEPROM

해설 프린터에서 파라미터가 저장되는 메모리는 EEPROM이다.

09 캘리브레이션이 필요한 이유 중 가장 옳은 것은?

① 최적의 품질을 얻기 위하여
② 고장을 미연에 방지하기 위하여
③ 어떠한 재료라도 전부 사용 가능하도록 하기 위하여
④ 하나의 버튼만을 이용하여 편리하게 프린트하기 위하여

해설 캘리브레이션을 하는 이유는 최적의 품질을 가진 출력물을 출력하기 위해서다.

정답 05. ④ 06. ③ 07. ④ 08. ④ 09. ①

10 이론값을 적용한 후 실제와 맞지 않을 경우 어떤 방법으로 이를 조정하는가?

① 시뮬레이션법 사용　　② 이론값을 재계산
③ MinMax 법 사용　　　④ 비례법 사용

해설 비례법은 실제 출력물과 모델링된 파일의 데이터가 맞지 않을 때 치수를 비례적으로 연산하여 오차를 줄이는 방법이다.

11 기계 값을 조정할 때 모터의 전압을 조정하는 것이 첫째이다. 피더의 모터는 몇 볼트로 유지되어야 하는가?

① 0.7V　　　　　　　② 0.8~0.9V
③ 0.9~1.1V　　　　　④ 1.1~1.5V

해설 피더 모터는 0.9~1.1V 내에서 세팅하여 작동하는 것이 가장 좋은 방법이다.

12 카르테시안 방식의 프린터에서 축의 비틀어짐은 출력물에 매우 중요한 영향을 미친다. 각 축이 유지해야 할 원칙은?

① 직교의 원칙　　　　② 수평의 원칙
③ 독립의 원칙　　　　④ 유연의 원칙

해설 카르테시안 방식의 프린터는 X, Y, Z의 각 축의 3차원 직교 좌표를 이용하여 상호 보강 운동을 하며 프린트한다.

13 다음 중 EEPROM에 적용하는 캘리브레이션 방법이 아닌 것은?

① Home Position 지정　　② 엔드 스톱 수정
③ 피더의 Rate 조정　　　　④ 출력물의 적층 높이

해설 엔드 스톱 하드웨어로 원점을 조정하게 되어 있다.

14 Z축의 Offset이란 무엇을 의미하는가?

① 익스트루더의 넓이　　② 익스트루더 핫엔드의 높이
③ 노즐의 높이　　　　　④ 타이밍 벨트의 길이

해설 Z축의 Offset 값은 이펙터에서 익스트루더의 높이를 의미한다.

10. ④　11. ③　12. ①　13. ④　14. ②

15 Offset과 엔드 스톱의 관계를 설명한 것 중 옳은 것은?

① 서로 무관하다.
② 엔드 스톱 위치와 실제 익스트루더 중심 위치의 차이가 Offset이다.
③ 엔드 스톱이 있는 위치 값이 Offset이다.
④ 엔드 스톱의 반대 방향의 최댓값이다.

해설 Offset은 엔드 스톱 위치와 실제 익스트루더 중심 위치의 차이를 의미한다.

16 3D 프린팅 출력물의 Scaling과 관련된 파라미터 이름은?

① Home Position
② Thermistor
③ Step per Unit
④ X Max Position

해설 Step per Unit는 모터의 스텝당 이동 거리를 뜻한다.

17 Z축의 Offset을 지정할 때 사용하는 M 코드 값은?

① M28
② M666
③ M119
④ M206

해설 M206은 각 축의 절대 위치에서 Offset 값을 지정하여 줄 때 사용하는 M 코드 명령 프로그램이다.

18 Z Offset 값이 틀렸을 때 프린터에서 나타나는 대표적인 현상은?

① 프린터가 진동한다.
② 프린팅 재료가 바닥에 붙지 않는다.
③ LCD가 작동하지 않는다.
④ FAN이 작동하지 않는다.

해설 Z축의 Offset 값은 프린터의 핫엔드의 노즐의 위치를 지정해 주는 명령어이다. 이 높이가 맞지 않으면 프린팅 재료가 바닥에 붙지 않거나 노즐이 베드를 파고들어 가는 현상을 보일 수 있다.

19 Bed Leveling이란 베드와 무엇이 수평해야 한다는 뜻인가?

① Effector
② 지표면
③ 프린터 바닥 판
④ 프린터 축

해설 프린터의 베드와 Effector는 서로 수평을 이루고 수평으로 움직여야 정상적인 프린팅이 가능하다.

정답 15. ②   16. ③   17. ④   18. ②   19. ①

20 엔드 스톱 Adjustment를 이용해 Bed를 수평으로 할 때 사용하는 코드 명령어는?

① M106　　　　　　　　　② M107
③ M666　　　　　　　　　④ M92

해설 M666은 엔드 스톱에서 offset된 값을 가지고 Effector의 위치를 지정하는 명령어로 Effector가 베드와 수평을 이루게 할 수 있다.

21 스프링을 조정하여 베드 레벨링을 할 때 주의할 점은?

① 스프링으로 조절할 수 있는 범위는 ±0.1mm 이내이다.
② 반드시 Z Offset 값을 확인한다.
③ 모터의 전압을 재확인한다.
④ 스프링 조절 시에는 네 곳을 함께 조절해야만 한다.

해설 반드시 Z Offset 값을 확인해야 한다.

22 피더는 3D 프린터에서 가장 취약한 시스템이다. 정확한 캘리브레이션이 어려운 이유는?

① 재료에는 teeth가 없다.　　　　② 모터가 불안정하다.
③ 재료마다 강도가 다르다.　　　　④ 슬라이싱 결과가 부정확하다.

해설 피더의 정확한 캘리브레이션이 어려운 이유는 재료에 teeth가 없기 때문이다.

23 Feeding Rate 조절을 위해 조치하는 방법이 아닌 것은?

① 슬라이싱 S/W에서 Rate를 조정한다.　　② EEPROM에서 E 값을 조정한다.
③ 모터의 전압을 높이거나 낮춰 준다.　　　④ 노즐의 홀 크기를 변경한다.

해설 Feeding Rate는 피더에서 재료의 토출 속도를 제어하는 것을 의미한다. 토출 속도는 모터의 속도를 제어하는 값들을 조절하여 제어할 수 있다.

24 베드를 수평으로 만들기 위하여 자동 레벨링 방식을 사용하기도 한다. 이때 사용하는 센서 중 FSR 센서는 어떤 종류의 센서인가?

① 온도 센서　　　　　　　　② 압력 센서
③ 자력 센서　　　　　　　　④ 적외선 센서

해설 FSR 센서는 압력 센서를 의미한다.

정답　20. ③　21. ②　22. ①　23. ④　24. ②

25 자동 레벨링 방식으로 사용하지 않는 것은?

① FSR 방식　　　　　　　　② 적외선 방식
③ 열 측정 방식　　　　　　　④ 기계적 접촉 방식

해설 자동 레벨링 방식으로는 FSR 방식, 적외선 방식, 기계적 접촉 방식이 있다.

26 3D 프린터의 모든 작동을 제어하는 펌웨어에 대한 설명 중 맞는 것은?

① 컴파일된 펌웨어를 아두이노 소프트웨어를 사용하여 수정할 수 있다.
② 펌웨어는 G 코드를 읽어 실행한다.
③ 아두이노 소프트웨어에서 새로운 버전의 펌웨어를 컴파일한 후 3D 프린터에 업로드하기 전에 기존의 펌웨어를 반드시 지워야 한다.
④ 펌웨어의 기본 변수들이 EEPROM에 저장되면 바꿀 수 없다.

해설 펌웨어는 G 코드의 프로그램 데이터를 받아 프린터를 제어 작동하는 프로그램이다.

27 슬라이싱 프로그램은 설계된 object file을 2차원으로 슬라이싱하는 역할을 한다. 슬라이싱을 한다는 것은 무슨 의미를 갖는가?

① 잘게 조각을 내서 펌웨어가 연산하기 쉽게 만드는 일이다.
② Tool이 움직이는 동선을 찾아내는 것이다.
③ 센서에서 받아들인 데이터를 매칭하는 작업이다.
④ Z축 방향으로 주어진 두께를 자르는 일이다.

해설 슬라이싱은 얇게 자르는 것을 이야기하며, 3D 프린터에서는 Z축 방향으로 정해진 레이어의 두께를 가지고 자르는 것을 의미한다.

28 3D 프린팅을 할 때 적층이 되기 어려운 각도는 서포트(Support)를 이용하여 프린트하고 나중에 그것을 제거하는 후가공을 한다. 서포트는 다음 중 어디서 생성이 되는가?

① 슬라이싱 소프트웨어　　　② G 코드
③ 펌웨어　　　　　　　　　　④ M 코드

해설 프린팅할 때 적용되는 프로그램은 슬라이싱 프로그램이라고 한다.

정답 25. ③　26. ②　27. ④　28. ①

29 3D 프린터를 작동시키기 위해 컴퓨터와 연결하거나 LCD에서 작동시키면 된다. obj 파일을 전달하는 다음 방법 중 틀린 방식은?

① SD 카드를 이용하여 object file을 3D 프린터에 업로드한다.
② USB 케이블을 컴퓨터와 연결하여 3D 프린터에 업로드한다.
③ USB Drive를 이용한다.
④ EEPROM Drive를 이용하여 3D 프린터에 object file을 업로드한다.

해설 obj 파일은 슬라이싱 프로그램에 업로드해서 G 코드로 변환한다.

30 프린터의 각종 센서로부터 데이터를 받아들이는 게이트웨이 역할을 하는 하드웨어는?

① Ramps
② 아두이노
③ Marlin
④ G code interpreter

해설 RAMPS 보드는 아두이노 보드에 입력 신호를 전달하거나 연산된 출력 신호를 각 장치로 보내는 역할을 한다.

31 Printer run 혹은 Pronterface 소프트웨어의 중요성을 올바르게 설명한 것은?

① Tool Path를 생성한다.
② 프린터의 현재 상태를 파악하거나 명령할 수 있다.
③ 프린터의 작업을 시뮬레이션해 본다.
④ CAD file을 프린터가 이해하게 전환시켜 준다.

해설 Printer run, Pronterface 소프트웨어는 G code interpreter 프로그램이다. 이 프로그램은 실시간으로 프린터의 상태를 파악하거나 실시간으로 명령을 내려 프린터를 작동시키는 역할을 한다.

32 아두이노 보드와 아두이노 소프트웨어의 차이점은?

① 아두이노 보드는 오픈 소스 하드웨어이고, 아두이노 소프트웨어는 개발 Tool Kit이다.
② 아두이노 보드는 3D 프린트만을 위한 하드웨어이나 아두이노 소프트웨어는 오픈 소스이다.
③ 아두이노 보드는 오픈 소스 하드웨어이고 아두이노 소프트웨어도 오픈 소스이다.
④ 아두이노 보드는 Ramps만 연결 가능하나 아두이노 소프트웨어는 어떤 하드웨어도 연결 가능하다.

해설 아두이노 보드는 하드웨어로 프린터를 작동시키는 컨트롤러 역할을 하고 아두이노 소프트웨어는 아두이노 보드에 사용 가능한 프로그램을 작성하는 프로그램이다.

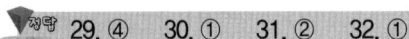
29. ④   30. ①   31. ②   32. ①

33 G 코드는 Tool의 작동을 제어하고 프린터의 각종 작동을 명령하는 핵심 코드이다. G가 뜻하는 바는?

① Geographic ② Generate
③ General ④ Gigabyte

해설 General의 약자다.

34 G 코드에는 G로 시작하지 않는 코드들도 추가되어 있는데 이 중 M 코드는 다양한 명령 코드로 이루어져 있다. M이 뜻하는 바는?

① Miscellaneous ② Master
③ Mechanical ④ Machine

해설 miscellaneous의 약자다.

35 다음 G 코드 중 SD 카드와 관련이 없는 코드는?

① M20 ② M29
③ M30 ④ M106

해설 M106은 FAN을 작동시키는 명령어이다.

36 다음 G 코드 중 FAN을 중지시키는 코드는?

① M29 ② M107
③ M200 ④ M302

해설 M106은 FAN을 작동시키는 명령어이다. M107은 Fan을 중지시키는 명령어이다.

37 큐라를 세팅할 때 Quality 란에 Shell thickness를 지정해야 한다. 이때 shell은 다음 중 무엇과 가장 관련이 있는가?

① Layer 높이 ② Layer 넓이
③ 높이와 넓이 ④ 벽의 두께

해설 Shell thickness는 벽의 두께를 설정할 수 있다. 두께를 증가시킬수록 벽면의 강도는 높아진다.

정답 33. ③ 34. ① 35. ④ 36. ② 37. ④

제5과목 3D 프린터 캘리브레이션과 유지 · 보수

38 프린팅 시 빈 공간을 넘어갈 때 재료가 계속 출력되면 공간에 String이 쌓이게 된다. 이를 방지하기 위하여 이 위를 지날 때는 재료를 투입하는 모터가 반대로 회전해서 재료의 출력을 일시 정지한다. 이러한 기능을 무엇이라 부르는가?

① Retraction ② Enabler
③ Flow ④ Fill Density

해설 Retraction은 프린터의 노즐이 빈 공간을 지나갈 때 피터의 모터를 역회전시켜 재료가 빈 공간에 토출되지 않도록 하는 기능이다.

39 큐라 세팅 시 기본 세팅에서 필라멘트의 Flow를 퍼센트로 지정하게 되는데 이 값은 어느 부품에 어떤 영향을 미치게 되는가?

① 노즐 온도 ② 베드의 움직임
③ Thermistor의 저항 ④ 모터의 속도

해설 필라멘트의 Flow는 필라멘트의 토출량을 조절하는 기능으로 피더의 모터 속도를 제어하여 조절한다.

40 큐라 세팅 시 Brim, Skirt, Raft는 프린팅할 때 어떤 기능에 관여하는 것인가?

① 프린팅 속도 ② 프린팅 모양
③ 베드 접착성 ④ 재료의 원활한 공급

해설 Brim, Skirt, Raft는 프린팅을 진행할 때 베드와 출력이 잘 붙어서 출력이 잘 이루어질 수 있게 하는 기능을 가진다.

41 다음 중 펌웨어의 종류가 아닌 것은?

① sprinter ② Marlin
③ Teacup ④ Replicator

해설 Replicator는 메이커봇의 브랜드명으로 펌웨어와 관련 없다.

42 Marlin 펌웨어에 대한 설명으로 맞지 않는 것은?

① Erik vander Zalm이 개발했다. ② 2011년 5월에 처음 발표되었다.
③ sprinter를 발전시킨 것이다. ④ SD 카드 지원이 불가하다.

해설 Marlin는 SD 카드를 지원하여 컴퓨터 없이도 프린팅이 가능하다.

정답 38. ① 39. ④ 40. ③ 41. ④ 42. ④

43 Marlin 펌웨어와 호환이 되지 않는 전자 회로 보드는?

① Ramps
② LCD
③ Sanguinololu
④ Generation 6 Electronics

해설 Marlin 펌웨어는 Generation 6 Electronics와는 호환이 안 된다.

44. Marlin 펌웨어는 다수의 프로그램이 Top Down 구조를 이루고 있다. 맨 하위에서 작동하는 File의 확장자명은?

① CPP
② H
③ PDE
④ INO

해설 CPP이다.

45 Marlin 펌웨어에서 프린터 작동과 시스템 세팅에 필요한 대부분의 파라미터 값을 포함하는 File의 이름은?

① Marlin
② Configuration
③ planner
④ Motion Control

해설 Configuration.h 파일은 헤더 파일로 시스템의 세팅 값이 파라미터 값을 저장하는 것을 포함하고 있다.

46 FDM 방식 프린터에서 처음 재료를 장착할 때의 절차 중 틀린 것은?

① 우선 재료를 삽입한 후에 온도를 올린다.
② 온도가 목표치로 올라갈 때까지 기다린다.
③ 온도가 올라가면 Pronterface를 이용하여 재료를 사출시킨다.
④ 일정하게 사출이 되면 프린트를 시작한다.

해설 핫엔드의 온도가 올라가지 않으면 재료를 삽입할 수 없다.

47 FDM 방식 프린터에서 프린트가 끝난 후 재개할 때 주의할 점으로 틀린 것은?

① 우선 온도를 올린다.
② 재료는 먼저 빼 놓는다.
③ 온도가 올라가면 Pronterface를 이용하여 재료를 사출시킨다.
④ 일정하게 사출이 되면 프린트를 시작한다.

43. ④ 44. ① 45. ② 46. ① 47. ②

해설 프린트를 마치며 핫엔드에 전기 공급이 끊겨 온도가 내려가기 때문에 재료는 제거하지 않는 것이 좋다.

48 FDM 방식 프린터에서 필라멘트는 두께가 일정하지 않다. 이때 슬라이싱 프로그램에서 지정해야 할 변수는 무엇인가?

① 노즐의 구멍 크기
② 익스트루더의 온도
③ 필라멘트의 지름
④ Retraction 속도

해설 필라멘트는 여러 종류가 있으며 필라멘트의 지름 값에 따라 토출되는 양이 달라지므로 필라멘트의 지름을 슬라이싱 프로그램에서 지정해 주어야 한다.

49 FAN은 출력에 중요한 변수이다. FAN의 방향 중 바른 것은?

① 투입되는 재료를 향하게 한다.
② 핫엔드 PEEK 재질 쪽을 향하게 한다.
③ 베드 면을 향하게 한다.
④ Effector를 향하게 한다.

해설 FAN을 사용하는 이유는 핫엔드의 열이 재료를 공급하는 PEEK로 열을 전달하지 않게 하기 위함이다.

50 익스트루더의 온도 제어를 위하여 온도 전달을 억제하는 재료를 사용한다. 가장 광범위하게 사용하는 재료의 이름은?

① PTFE
② Nylon
③ Aluminum
④ Cooper

해설 PEEK 재질은 핫엔드를 구성하는 부품으로 온도 전달을 억제하는 역할을 한다.

51 Fine Tuning이란 무엇을 뜻하는가?

① 이론적으로 값을 정확하게 찾는 것을 뜻한다.
② 도면을 근간으로 각 부품 위치 값을 정확하게 배치하는 것을 뜻한다.
③ 출력물을 가지고 이론값을 조정하는 것을 말한다.
④ 경험자의 조언을 듣는 것을 말한다.

해설 Fine Tuning은 각 부품을 조립할 때의 공차 값을 적용하여 이론적으로 정확하게 값을 적용해 최적의 출력물을 얻기 위해 실행한다.

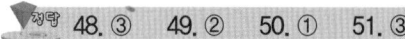
48. ③   49. ②   50. ①   51. ③

52. 3D 프린팅의 현재 기술의 한계가 아닌 것은 무엇인가?

① 빠른 출력 속도 ② 복합 재료 프린팅
③ 출력물의 크기 ④ 철 부품의 출력

해설 메탈 3D 프린터는 현재 개발되어 사용되는 장비이다.

53. FDM 방식의 프린터의 Hot plate는 재료를 베드에 붙이는 데 필수적이다. PLA 출력 시 핫 베드의 적정 온도는?

① 50도 ±10도 ② 70도 ±10도
③ 100도 ±10도 ④ 130도 ±10도

해설 베드 온도는 PLA 사용 시 80도 정도, ABS 사용 시 100도 정도로 세팅하는 것이 바람직하다.

54. 아두이노의 표준 라이브러리에 포함되지 않는 것은?

① EEPROM ② Ethernet
③ GRPS ④ WiFi

해설 아두이노의 표준 라이브러리는 EEPROM, Ethernet, Firmata, GSM, LiquidCrystal, SD, Servo, SPI, SoftwareSerial, Stepper, TFT, WiFi, Wire이다.

55. Configuration 파일에서 정의하는 Morement 세팅 항목이 아닌 것은?

① offset ② Feed rate
③ Acceleration ④ Retract

해설 offset 값은 위치 지정 세팅 항목이다.

56. Configuration 파일에서 정의하는 Mechanical 세팅 항목이 아닌 것은?

① Endstop ② Travel limits
③ Travel speed ④ Extruder type

해설 사용하는 Extruder를 세팅할 수 있다.

정답 52. ④ 53. ② 54. ③ 55. ① 56. ④

57 Marlin에서 Baudrate를 250000으로 지정하였다. 이때 Baudrate는 무엇을 뜻하는가?

① 프린터의 작동 속도
② 프린터와 컴퓨터 간의 통신 속도
③ EEPROM 저장 속도
④ USB 메모리 크기

해설 #define Baudrate 250000 항목은 컴퓨터와 프린터의 통신 속도를 세팅하는 항목이다.

58 3D 프린터를 조립한 후 PID 값을 세팅해야 한다. PID 세팅 값은 Kp, Ki, Kd 값을 지정해 주는 것을 의미한다. 이때 세팅에 관한 설명으로 틀린 설명은?

① 같은 부품을 사용하는 기계일지라도 PID 값은 다르다.
② 조립 완료 후 한 번만 세팅해 주면 되고 익스트루더가 바뀌어도 상관없다.
③ 온도 제어를 위하여 제어 한계를 확정하는 값이다.
④ 조립 프린터가 아닌 상용 프린터는 프린터별로 동일한 값으로 세팅되어 있다.

해설 PID 값은 핫엔드의 부품에 따라 다르기 때문에 핫엔드 부품이 바뀌면 다시 세팅해야 한다.

59 DEFAULT_AXIS_STEPS_PER_UNIT {80, 80, 80, 439.5}를 해석한 다음의 설명 중 틀린 것은?

① UNIT는 mm이다.
② 80은 X, Y, Z축 모터의 스텝 수이다.
③ 스텝 수는 micro 스텝 수를 뜻한다.
④ 439.5는 X, Y, Z축의 최대 스텝 수이다.

해설 439.5는 E축 즉 Extruder의 모터의 step 수이다.

60 Manual_Z_Home_POS 258이 뜻하는 것은?

① 델타 프린터에서 homing 후 노즐과 베드의 거리를 뜻한다.
② 실제 home position의 위치는 늘 258이다.
③ 258cm를 의미한다.
④ 델타 프린터의 기본 값이다.

해설 Manual_Z_Home_POS 258 홈 위치 시 노즐 끝 면과 베드의 거리가 258mm임을 뜻한다.

정답 57. ② 58. ② 59. ④ 60. ①

61 큐라의 Machine Setting 항목이 아닌 것은?

① Extruder 개수　　② Machine Center
③ Nozzle size　　④ Build Area Shape

해설 Nozzle size는 프린터의 실제 노즐 사이즈 세팅으로 Advanced 세팅 항목에 위치하고 있다.

62 큐라의 Advanced Setting 항목이 아닌 것은?

① speed　　② Distance
③ Infill speed　　④ support type

해설 support type은 Basic에서 세팅을 할 수 있다.

63 큐라에서 user 그래픽 인터페이스로 사용할 수 있는 외부 소프트웨어는?

① Pronterface　　② KISSlicer
③ Arduine　　④ Marlin

해설 Pronterface를 이용하여 프린터를 제어하고 프린트 명령을 내릴 수 있다.

64 델타 방식 프린터에서 높이가 258mm일 때 Home Position의 좌표는?

① (0, 0, 0)　　② (0, 0, 258)
③ (0, 258, 0)　　④ (258, 0, 0)

해설 (0, 0, 258)은 (X, Y, Z)의 좌표를 나타내는 것이다.

65 다음 G 코드에서 PID 오토 튜닝을 지시하는 명령어는?

① M301　　② M303
③ M304　　④ M500

해설 M303은 오토 튜닝을 하는 M 코드 명령어이다.

정답　61. ③　62. ④　63. ①　64. ②　65. ②

66 프린터를 사용한 후 보관할 시 주의할 점 중 틀린 것은?

① 해가 잘 드는 창가에 보관한다.
② 공기가 잘 통하는 서늘한 곳에 보관한다.
③ 습기가 적은 곳에 보관한다.
④ 금속 부분의 부식 방지 대책을 세워 보관한다.

해설 장비를 해가 있는 곳에 보관하면 태양의 복사열에 의해 변형이 생기므로 되도록 해가 들지 않는 곳에 보관하는 것이 좋다.

67 ABS 필라멘트의 특징으로 옳지 않은 것은?

① 일반 ABS 플라스틱과 유사한 강도를 가진다.
② ABS 필라멘트는 고온에서 변형될 수 있으므로 220~270도의 적정 온도 주의를 요구한다.
③ 일반 ABS 플라스틱 대비 80% 정도의 강도를 가진다.
④ 밀폐된 공간에서 출력할 시 플라스틱 냄새가 난다.

해설 PLA는 일반 플라스틱 대비 80% 정도의 강도를 가진다.

68 큐라의 Machine setting에서 베드의 모양을 결정짓는 세팅 항목은?

① Extruder count
② Build area shape
③ Heated bed
④ G 코드 Flavor

해설 큐라의 Machine setting에서 Build area shape 항목에 따라 카르테시안 방식의 프린터인지 델타 방식의 프린터이지 정할 수 있고 프린터의 방식에 따라 베드 모양이 달라지는 성향을 가진다.

69 FDM 방식 프린터 출력 시 화상에 주의해서 다루어야 하는 부분은?

① 타이밍 벨트 파트
② 엔드 스톱 소프트웨어
③ 모터
④ 핫엔드

해설 핫엔드는 열을 가해 재료를 용융하는 파트이다.

정답 66. ① 67. ③ 68. ② 69. ④

70 FDM 방식 프린터를 처음 가동할 때 확인하지 않아도 되는 항목은?

① 모터의 정상 가동 여부 ② 핫엔드의 온도 제어 작동 확인
③ 상판과 하판의 평행 여부 ④ 익스트루더의 정상 작동 확인

해설 상판과 하판의 평행 여부는 출력물의 결과에 영향을 주지 않는다.

71 큐라의 Machine setting에서 출력물의 높이를 정하는 세팅 항목은?

① Maximum width ② Maximum depth
③ Maximum height ④ Extruder count

해설
- Maximum width : 베드의 폭
- Maximum depth : 베드의 깊이
- Maximum height : 출력 가능 높이
- Extruder count : 익스트루더 개수

72 현재 엔드 스톱 소프트웨어의 상태를 확인하기 위해 사용하는 M 코드 명령어는?

① M114 ② M119 ③ M206 ④ M666

해설 M119는 현재 엔드 스톱이 열려 있는지 닫혀 있는지 확인하는 명령어이다.

73 FDM 방식 프린터의 조립 시 RAMPS 보드에 결선되는 부분 중 방향성을 확인하지 않아도 되는 파트는?

① 익스트루더 모터 ② FAN의 결선부
③ 전원의 결선부 ④ 핫엔드 결선부

정해설 핫엔드의 결선부는 히팅봉의 결선으로 히팅봉은 전열 코일로 방향성이 없다.

74 Marlin 펌웨어에서 온도 센서를 정의하는 메뉴는 어떠한 메뉴인가?

① #define BAUDRATE 115200 ② #define MOTHERBOARD 33
③ #define TEMP_SENSOR_0 1 ④ #define HEATER_0_MAXTEMP 275

해설 #define BAUDRATE 115200 : 통신 속도
#define MOTHERBOARD 33 : 실드 보드의 종류
#define TEMP_SENSOR_0 1 : 온도 센서의 종류
#define HEATER_0_MAXTEMP 275 : 온도의 상한 값

정답 70. ③ 71. ③ 72. ② 73. ④ 74. ③

75
Marlin 펌웨어에서 홈 방향의 설정을 정의하는 메뉴는 다음과 같다. 카르테시안 방식의 프린터를 사용할 때 괄호 안에 들어가야 할 설정치는?

```
#define X_HOME_DIR ( )
#define Y_HOME_DIR ( )
#define Z_HOME_DIR ( )
```

① −1   ② 0   ③ 1   ④ 2

해설 −1은 MIN, 1은 MAX로 세팅된다.

76
프린터의 필라멘트를 교체할 때 올바른 방법은 어느 것인가?

① 프린터를 정지시키고 핫엔드가 완전히 식은 후 교체한다.
② 프린터를 정지시키고 핫엔드의 온도를 180도 정도로 유지한 후 교체한다.
③ 프린터가 가동되고 있을 때 교체한다.
④ 필라멘트는 다 사용하기 전까지는 교환할 수 없다.

해설 핫엔드의 온도가 올라가 있지 않으면 필라멘트가 녹지 않아 제거하거나 삽입할 수 없다.

77
큐라 설정 시 하드웨어의 사양을 그대로 반영해서 세팅해야 하는 항목은?

① Nozzle size   ② Print speed
③ Print temperature   ④ fill Density

해설 Nozzle size는 실제 사용하는 사이즈를 큐라에 입력하여 세팅해야만 좋은 출력물을 얻을 수 있다.

78
큐라의 expert setting 중 리트랙션 최소 거리 값을 세팅하는 항목은?

① Minimum travel
② Enable combing
③ Minimal extrusion before retracting
④ Zhop when retracting

해설
- Minimum travel : 리트랙션 최소 거리이다.
- Enable combing : 출력 중 구멍을 피하게 한다.
- Minimal extrusion before retracting : 리트랙션 전에 압출되는 최소 압출량이다.
- Zhop when retracting : 리트랙션이 끝났을 때 이 값만큼 헤드가 올라간다. 보통 0.075 값이 적당하고,
- 이것은 델타 타워에 아주 좋은 영향을 미친다.

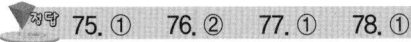
75. ①   76. ②   77. ①   78. ①

79 큐라의 expert setting 중 FAN이 켜지는 높이를 세팅하는 항목은?

① Cool head lift
② Fan speed min
③ Fan full on at height
④ Minimum speed

해설
- Fan full on at height : 팬이 켜지는 높이이다.
- Fan speed min : 팬 최소 속도. 팬 쿨링 때문에 적층 속도가 빠를 때 이 설정 값이 적용된다.
- Fan speed max : 팬 최대 속도이다. 팬 쿨링 때문에 적층 속도가 느릴 때 이 설정 값이 적용된다. 200% 이상까지도 가능하다.
- Minimum speed : 한 층을 출력하는 데 걸리는 최소 속도이다. 이것은 출력 속도를 아주 늦출 수 있으며 그로 인해 필라멘트가 흘러나올 수 있으므로 적당한 스피드를 주어야 한다.
- Cool head lift : minimal layer time보다 minimal speed가 빨라서 이미 한 바퀴를 돌았을 경우. 남은 미니멀 레이어타임 동안 헤드가 리프트된다.

80 큐라의 expert setting 중 물체의 내부 구멍을 그대로 유지하는 항목은?

① Combine everything(Type-A)
② Combine everything(Type-B)
③ Keep open faces
④ Extensive stitching

해설
- Combine everything(Type-A) : 물체의 내부 구멍을 그대로 유지한다.
- Combine everything(Type-B) : 물체의 모든 내부 구멍은 무시하고, 각 층마다 외부 모양만 유지한다.
- Keep open faces : 작은 구멍이 자동으로 막히는 것을 방지해 준다.
- 일반적으로 큐라에서는 작은 구멍을 막고 큰 구멍을 제거하지만, 이 옵션은 어떤 것이든 그대로 남겨둔다.
- Extensive stitching : 폴리곤의 구멍을 닫음으로써 모델의 열려 있는 구멍을 닫아준다.

81 다음 중 slicer 프로그램이 아닌 것은?

① KISSlicer
② Cura
③ Marlin
④ Mattercontrol

해설 Marlin은 아두이노 펌웨어이다.

82 3D 프린터의 EEPROM의 현재 값을 확인하는 M 코드 명령어는?

① M500
② M502
③ M501
④ M114

해설 M500은 설정 저장, M502는 설정 값 초기화, M114는 현재의 좌표 값을 확인하는 명령어이다.

정답 79. ③ 80. ① 81. ③ 82. ③

83 FDM 방식의 프린터에서 출력이 진행되는 도중 베드에 출력물이 붙지 않고 떨어져 나가거나 넘어지는 경우를 해결하는 방법이 아닌 것은?

① 프린터의 베드 레벨링을 통하여 노즐(핫엔드)과 베드의 간격을 조절한다.
② 큐라 세팅의 Platform adhesion에서 베이스를 설정한다.
③ 히트 베드를 사용한다.
④ 프린터의 프린팅 속도를 높여 준다.

해설 프린팅 시 첫 레이어의 프린팅 속도는 가능한 한 낮춰서 출력하며, 높은 출력물일 경우에도 속도를 낮춰서 출력하는 것이 바람직하다.

84 아두이노 Mega 2560을 이용해 3D 프린터의 캘리브레이션이 가능하다. 이때 설정된 파라미터 값이 저장되는 부분은?

① EEPROM
② SRAM
③ Flash Memory
④ Cura

해설 아두이노 Mega 2560은 파라미터 값 저장을 위해 4KB의 EEPROM을 갖는다.

85 Step per unit에서 스텝 수를 계산하는 비례 법 계산식은?

① 스텝 수(mm) = 원래 세팅 값 × 목푯값 ÷ 실제 나온 값(mm)
② 스텝 수(mm) = 실제 나온 값 × 목푯값 ÷ 원래 세팅 값(mm)
③ 스텝 수(mm) = 원래 세팅 값 × 실제 나온 값 ÷ 목푯값(mm)
④ 스텝 수(mm) = 목푯값 × 실제 나온 값 ÷ Pulley 이빨 수(mm)

해설 스텝 수(mm) = 원래 세팅 값 × 목푯값 ÷ 실제 나온 값(mm)

86 익스트루더의 방식 중 핫엔드와 피더가 분리되어 있는 방식은?

① 다이렉트 방식
② 보우덴 방식
③ 브릿지 방식
④ 로드 방식

해설 핫엔드와 피더가 일체형인 것은 다이렉트(direct) 방식, 분리형은 보우덴(Bowden) 방식이다.

정답 83. ④ 84. ① 85. ① 86. ②

87 모터의 step per unit의 값은 출력물의 정확도와 관련이 있다. 프론터페이스 등에서 정확한 출력물의 사이즈를 위해 step per unit 값을 수정할 수 있다. 이때 사용되는 M 코드 명령어는?

① M201
② M666
③ M92
④ M500

해설 M201- maximum acceleration, M666 – Endstop adjustment, M500 – EEPROM save

88 플라스틱 필라멘트를 사용하여 프린팅할 때 플라스틱의 종류에 따라 이상적인 프린팅 온도가 달라진다. 플라스틱 종류 중 ABS를 사용할 시 좋은 결과물을 얻을 수 있는 적합한 온도는?

① 210도 ±10도
② 100도 ±10도
③ 150도 ±10도
④ 100도 ±10도

해설 ABS의 적정 온도는 210도 ±10도, PLA의 적정 온도는 180 ±10도

89 3D 프린터의 오토 레벨링에 대한 설명으로 옳지 않은 것은?

① 펌웨어에서 구현할 수 있다.
② 자동 노즐 높이 조절 기능을 이르는 말이다.
③ 베드의 중앙 1개의 점을 잡아서 X, Y, Z축 위치를 조정한다.
④ 오토 레벨링에는 압력 센서 · 광센서 등이 사용된다.

해설 베드 다수의 지점을 정하여 Z축의 높이를 조절하는 기능을 이르는 말이다.

90 큐라 등 슬라이싱 프로그램을 이용하여 슬라이싱을 하여 출력하고자 한다. 이에 대한 설명으로 맞는 것은?

① 슬라이싱을 할 때 출력물의 위치를 변경할 수 없다.
② 슬라이싱 된 G 코드 파일은 수정이 가능하다.
③ 슬라이싱할 때 출력물의 사이즈는 변경이 불가능하다.
④ 출력물의 개수를 지정할 때는 반드시 모델링 프로그램에서 변경해야 한다.

해설 슬라이싱된 G 코드 파일은 메모장이나 기타 편집 프로그램으로 수정이 가능하다.

87. ③ 88. ① 89. ③ 90. ②

제5과목 3D 프린터 캘리브레이션과 유지·보수

91 큐라의 Machine setting에서 설정이 불가능한 것은?
① 익스트루더의 개수를 설정할 수 있다.   ② 출력 면적을 설정할 수 있다.
③ 히트 베드의 사용 유무를 설정할 수 있다.   ④ 필라멘트의 종류를 설정할 수 있다.

해설 Machine setting에서는 프린터의 하드웨어 스펙을 설정한다.

92 FDM 방식 3D 프린터 출력 시 출력물의 형상에 따라 슬라이싱 세팅 값이 달라진다. 이에 대한 설명으로 올바른 것은?
① 면적이 좁을수록 냉각이 쉽게 되기 때문에 베이스를 출력할 필요가 없다.
② 면적이 넓을수록 자연 냉각이 잘되어 빠른 속도로 출력이 가능하다.
③ 높이가 높아질수록 수축의 영향을 덜 받는다.
④ 작은 면적의 출력물일 경우 여러 개를 한꺼번에 출력하면 출력 속도가 늦다.

해설 면적이 넓을수록 자연 냉각이 잘되기 때문에 빠른 속도로 출력할 수 있다. 작은 면적의 출력물일 경우 한 개씩 출력하는 것보다는 여러 개를 한꺼번에 출력하면 출력 속도를 높일 수 있다.

93 FDM 방식 3D 프린터로 출력할 때 필라멘트가 공급되지 않을 경우의 조치 사항으로 적절하지 않은 것은?
① 익스트루더의 피더 부분인 스프링의 장력을 확인한다.
② 핫엔드 히터 블록의 온도가 상승했는지 확인한다.
③ 익스트루더 모터의 전압 값을 확인한다.
④ 히트 베드의 작동 유무를 확인한다.

해설 히트 베드는 출력물이 잘 붙을 수 있도록 하는 기능을 한다.

94 플라스틱 사출 방식의 3D 프린터에 사용되는 재료 중 ABS에 대한 설명으로 적절하지 않은 것은?
① 일반 ABS 플라스틱과 비교하여 강도가 50% 정도이다.
② 밀폐된 공간에서 출력 시 약간의 플라스틱 냄새가 날 수 있다.
③ 일반적으로 FDM(FFF) 방식의 3D 프린터에 사용 가능하다.
④ 비사용 시 상온에 장시간 방치하면 습도에 노출되어 사용이 불가능해진다.

해설 3D 프린팅에 사용되는 ABS 플라스틱은 일반 플라스틱과 비교하여 강도가 유사하다.

정답 91. ④   92. ②   93. ④   94. ①

95 플라스틱 사출 방식의 3D 프린터에 사용되는 재료인 PLA에 대한 설명으로 적합하지 않은 것은?

① PLA는 ABS 대비 약 80%의 강도를 가진다.
② 이산화탄소 발생량이 적어 유해한 성분이 발생하지 않는다.
③ PLA는 옥수수 등 친환경 소재를 발효시켜 제조한다.
④ PLA는 ABS 대비 수축률이 높아 히트 베드를 반드시 사용해야 한다.

해설 PLA는 일반적으로 수축률이 낮아 히트 베드를 필수적으로 사용하지 않아도 출력이 가능하다.

96 큐라의 Expert config setting 설정 값에 대한 설명으로 맞지 않는 것은?

① Minimum travel : retraction이 발생하는 노즐의 최소 이동 속도
② Infill 설정 Solid infill top : 꼭대기 부분의 내부를 채움.
③ Fan full on at height : 팬이 켜지는 높이
④ skirt 설정 Line count : 출력이 시작될 때 물체 주위에 그려지는 선의 층 수

해설 Minimum travel : retraction이 발생하는 노즐의 최소 이동 거리를 나타낸다.

97 렙랩 기반 3D 프린터에서 컴퓨터와 직접 연결하여 컴퓨터를 제어할 시 RAMPS 보드에 전원이 인가되지 않았을 때의 현상이 아닌 것은?

① Auto Home 버튼 클릭 시 원점으로 이동이 안 된다.
② 익스트루더 온도 값을 세팅했을 때 온도가 올라가지 않는다.
③ M501 명령어 입력 시 프린터의 현재 상태를 디스플레이하지 못한다.
④ 쿨링 팬 작동 시 팬이 작동하지 않는다.

해설 M501 명령으로 프린터의 현재 상태를 확인하는 것은 아두이노 보드에서 작동하는 것으로 아두이노 보드에 USB가 연결되어 있으면 가능하다.

98 큐라의 View Mode에서 확인 가능한 기능이 아닌 것은?

① X-ray   ② Layer
③ Overhang   ④ Scale

해설 Scale은 사이즈 변경 시 사용하는 모드이다.

정답 95. ④ 96. ① 97. ③ 98. ④

99 베드 레벨링을 하는 방법으로 적절하지 않은 것은?

① M666 값을 조정하여 엔드 스톱을 조정한다.
② M206 값을 조정하여 Home Offset 값을 조정한다.
③ M92 값을 조정하여 Z축 모터스텝 값을 조정한다.
④ 출력 베드의 스프링을 조정하여 Z축 높이를 조정한다.

해설 M92 값 조정은 출력물의 정확도를 위해 step per unit 값을 조정할 때 사용하는 명령어이다.

100 필라멘트의 토출량이 적거나 많을 경우에 취할 수 있는 적절한 방법이 아닌 것은?

① 큐라의 세팅 값에서 Flow 값을 설정한다.
② 익스트루더의 스프링 장력을 조정한다.
③ 큐라 세팅에서 Shell thickness 값을 조정한다.
④ M92 step per unit의 모터 스텝 값을 조정한다.

해설 Shell thickness 값은 출력물의 외벽 두께를 설정하기 위한 항목이다.

정답 99. ③ 100. ③

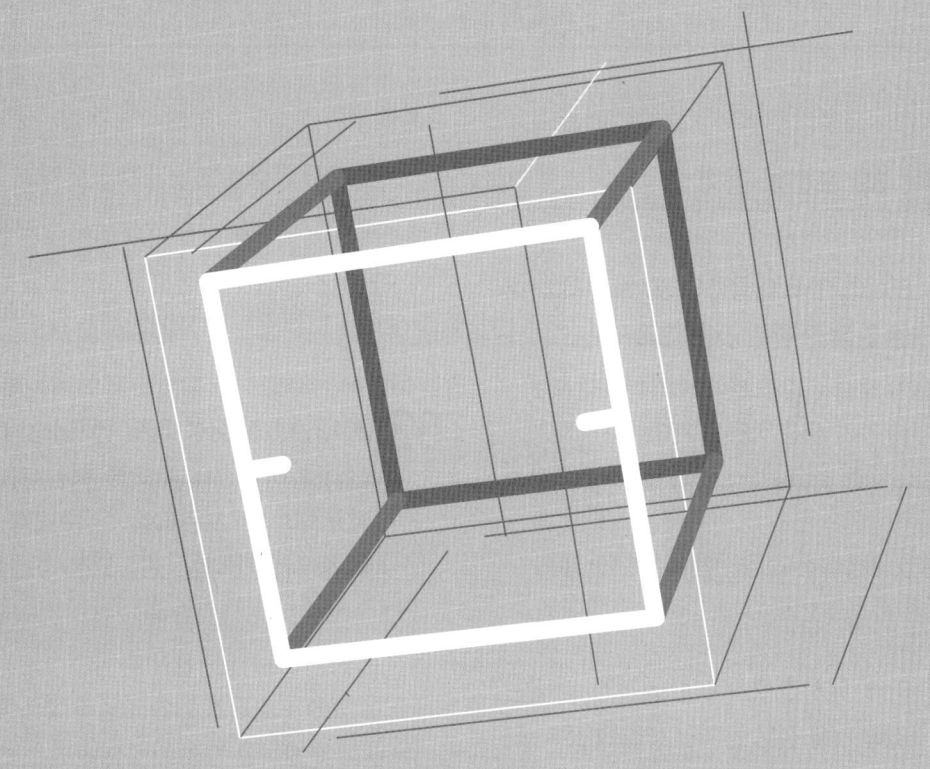

최신 기출문제

- 2016년 제7회(2016. 05. 21.)
- 2016년 제9회(2016. 08. 20.)

각 회별 3D 프린팅 마스터, 3D 프린터 조립 전문가, 3D 프린팅 전문교강사 출제 문제의 동일 영역은 문제가 서로 같습니다.

3D 프린팅 마스터 2급(A형)

제7회(2016. 05. 21.)

등록	주무부처	자격증 시험 주관
한국직업능력개발원	산업통상자원부	(사)3D프린팅산업협회

1영역 3D 프린팅 동향

01 오바마 미국 대통령의 3D 프린터에 대한 관점 중 틀린 것을 고르시오.
① 새로운 경제 활력의 기회이다.
② 차기 생산 혁명을 기대한다.
③ 청소년 일자리 창출 분야에만 집중했다.
④ 모든 제조업에 영향을 줄 것이다.

02 미국 매사추세츠공대(MIT)가 펴내는 과학 기술 전문 잡지인 〈테크놀로지 리뷰(Technology Review)〉는 3D 프린팅을 GE의 항공기 엔진 부품 생산에 이미 사용하고 있음을 들며, 2013년 혁신 기술 10선(10 Breakthrough Technologies 2013)에 손꼽았다. 이때 GE의 예를 들어 3D 프린팅의 미래를 설명한 이유를 바르게 해석한 것을 고르시오.
① 재래의 자본력을 적극 활용할 수 있다.
② 일부 산업계에서는 오래 전부터 3D 프린팅 기술을 매우 유용하게 사용하고 있다.
③ 3D 프린터는 일반인에게 매우 유용할 것이다.
④ 생산 시설이 폭발적으로 늘어나서 일자리가 늘어날 것이다.

03 2013년 5월 삼성 경제 연구소는 미래 산업을 바꿀 7대 파괴적 혁신 기술을 발표하며 3D 프린터를 주목하였다. 다음 중 사실과 다른 것을 고르시오.
① 웨어러블 컴퓨터에 이어 두 번째로 3D 프린터를 꼽았다.
② 3D 프린터가 개인 맞춤형 제조 확대에 기여할 것으로 예상하였다.
③ 3D 프린터가 나노, 생명 공학, 우주 공학 분야의 변화를 가속화할 것으로 예상하였다.
④ 3D 프린터가 공제식 제조(Subtractive Manufacturing) 방식을 한층 더 발달시켜 제조업의 혁명을 가져올 것이라 예상하였다.

04 3D 프린터 특허 최초 출원은 1984년에 있었다. 이는 3D 프린팅이 30년간 성숙된 기술이라는 뜻이다. 이러한 사실이 우리에게 시사하는 바와 거리가 먼 것은?

① 주변 환경 변화와 더불어 계속 진화하고 있다는 의미이다.
② 30년간 가치를 인정받고 시장에서 계속 주목을 받고 있다는 의미이다.
③ 30년이 지나도 사라지지 않았다는 것은 가치를 계속 평가받고 있다는 의미이다.
④ 충분히 완성된 기술이어서 더 이상의 발전 가능성이 매우 적다.

05 다음과 같은 기계적 제작 방식 중 3D 프린팅의 특성을 잘 나타내는 단어는?

① 첨가식 가공(Additive Manufacturing)
② 공제식 가공(Subtractive Manufacturing)
③ 대량 생산(Mass Manufacturing)
④ 금형 기반 생산(Mold-Based Manufacturing)

06 3D 프린팅의 3단계 공정은 모델링, 프린팅, 후처리 과정을 거친다. 이 중 CAD 설계 단계에 해당하는 공정은?

① 모델링 단계
② 프린팅 단계
③ 후처리 단계
④ 모두에 해당함.

07 인터넷 성능 향상이 3D 프린팅 발전에 기여한 바를 가장 잘 나타낸 사항은?

① 3D 프린팅 기술 보급에 결정적 역할을 했다.
② 단순한 3D 프린터를 제작할 수 있게 되었다.
③ CAD 프로그램을 쉽게 다운받을 수 있게 되었다.
④ 디자이너, CAD 파일, 3D 프린터가 "같은 공간"에 "동시" 존재할 필요가 없다는 새로운 생산 방식의 구현이 가능하게 되었다.

08 마이크로프로세서의 성능 향상과 3D 프린팅 기술 발달의 관계에 대한 설명으로 거리가 먼 것은?

① 산업용 및 개인용 3D 프린터 성능 향상과 가격 인하의 동시 구현이 가능해졌다.
② 마이크로컨트롤러보다 대용량 메모리 요구 조건이 커서 가격 인하 혜택은 제한적이었다.
③ 3D 프린터도 결국에는 마이크로프로세서 기반 자동 제어 시스템이므로 성능 향상 효과를 직접 누렸다.
④ 최근에 서사의 고성능 마이크로프로세서 제품이 다량 출시되어 직접적인 혜택을 누렸다.

09 다음 중 미국 최초의 3D 프린팅 특허 등록 기술이라는 역사적 의미를 갖고 있는 방식은?

① FDM(Fused Deposition Modeling)
② SLA(Stereo Lithography Apparatus)
③ SLS(Selective Laser Sintering)
④ DMT(Laser-aided Direct Metal Tooling)

10 다음 중 렙랩(RepRap)이 추구한 기본 방향과 거리가 먼 것은?

① 구하기 쉬운 부품을 사용했다.
② FDM 방식을 추진했다.
③ DIY(Do-It-Yourself) 방식을 추구했다.
④ 개인의 지적 재산권을 철저히 보호했다.

11 렙랩에 대한 설명으로 틀린 것을 고르시오.

① 2005년에 만들어졌다.
② 찰스 헐(Charles Hull)이 주도적으로 시작했다.
③ 오늘날 우리가 접하는 대부분의 개인용 3D 프린터에 큰 영향을 끼쳤다.
④ FDM 방식만을 시도했다.

12 최근 글로벌 대형 IT 업체들은 다음과 같은 움직임을 보이고 있다. 이들은 주로 3D 프린팅의 어느 분야에 직접적인 영향을 끼칠 것으로 예상되는가?

- 옥시피탈(Occipital) 사의 스트럭처 센서(Structure Sensor)
- 구글의 탱고 프로젝트
- 인텔의 리얼 센스(Real Sense)

① 3D 프린터 가격 인하
② 후처리 장비 개발
③ 인터넷 네트워크
④ 3D CAD 데이터 획득

13 개인용 3D 프린터로 널리 사용되는 FDM 방식 프린터는 육면체 박스 형태의 '카르테시안형'과 오면체 형태의 '델타형'이 있다. 다음 설명 중 '델타형' 프린터에 해당하는 특징은?

① 익스트루더가 기구학적으로 최소 경로로 움직일 수 있다.
② 3축이 순차적으로 작동한다.
③ 성형 속도가 비교적 느리다.
④ 일반적으로 3축의 스테퍼 모터가 하나씩 작동한다.

14 아두이노(Arduino) 프로젝트에 대한 설명으로 틀린 것은?

① 1985년에 탄생한 최초의 오픈 소스 프로젝트이다.
② 이탈리아에서 출범했다.

③ 3D 프린터 대중화에 커다란 기여를 했다.
④ 컨트롤 보드 개발에 대한 부담을 줄여 줬다.

15 다음 중 액체 광경화 수지를 사용하는 3D 프린팅 방법은?

① DLP(Digital Light Processing)
② FDM(Fused Deposition Modeling)
③ SLS(Selective Laser Sintering)
④ DMT(Laser-aided Direct Metal Tooling)

16 다음 중 금속 파우더를 사용하는 3D 프린팅 방법은?

① SLA(Stereo Lithography Apparatus)
② FDM(Fused Deposition Modeling)
③ SLS(Selective Laser Sintering)
④ DLP(Digital Light Processing)

17 현재까지 3D 프린팅의 난제 중 하나는 조형물의 다양한 색상 구현이 어렵다는 점이다. 다음 중 조형물의 다양한 색상 구현을 주요 목적으로 개발된 3D 프린팅 방법은?

① PBP(Powder Bed & inkjet head 3d Printing)
② SLA(Stereo Lithography Apparatus)
③ SLS(Selective Laser Sintering)
④ FDM(Fused Deposition Modeling)

18 다음은 어떤 3D 프린팅 재료에 대한 설명인가?

- 금형 제작으로 많이 사용
- 최종 조형물의 기하학적 구조가 복잡하여 제작 도중 구조적 형태의 유지가 어려운 경우 지지대 재료로 사용

① 분말   ② 아크릴
③ 왁스   ④ 티타늄

19 다음 프린터 중 최대로 만들 수 있는 모형의 부피가 가장 큰 프린터는?

프린터 A
· 방식 : DLP
· Build Size : 500 × 500 × 600mm
· Z resolution : 0.02mm

프린터 B
· 방식 : FDM
· Build Size : 550 × 560 × 650mm
· Z resolution : 0.05mm

프린터 C
· 방식 : SLA
· Build Size : 200 × 200 × 500mm
· Z resolution : 0.1mm

프린터 D
· 방식 : SLA
· Build Size : 200 × 200 × 500mm
· Z resolution : 0.1mm

① 프린터 A   ② 프린터 B
③ 프린터 C   ④ 프린터 D

20 현재의 3D 프린팅 소재 개발 상황에 대한 설명으로 틀린 것은?

① 아직은 다중 소재 프린팅이 어렵다.
② 다양한 색깔의 구현이 여러 방법으로 시도되고 있다.
③ 플라스틱 계열 소재만이 실용화된 상태이다.
④ 향후 새로운 소재와 그 소재에 맞는 새로운 가공 방식의 동시 개발이 예상된다.

2영역 3D 모델링과 3D 스캐닝

21 123D Design에서 선택한 오브젝트가 어느 위치에 있든 작업 Grid 위로 위치시키는 단축키는?

① Shift + X ② Space Bar
③ D ④ Tab

22 123D Design의 combine 명령에 대한 설명 중 옳지 않은 것은?

① 하나의 입체 도형(Target Solid)에 다른 입체 도형(Source Solid)을 결합한다.
② 2D 도형에 대해서도 동일하게 실행할 수 있는 결합 명령이다.
③ 하나의 입체 도형(Target Solid)에서 다른 입체 도형(Source Solid)을 제거한다.
④ 하나의 입체 도형(Target Solid)에서 다른 입체 도형(Source Solid)에서 겹치는 부분으로 새로운 입체 도형을 구한다.

23 다음과 같은 모델링 과정에서 사용되는 123D 명령 중 불필요한 것을 고르시오.

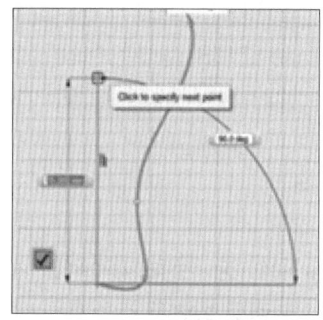
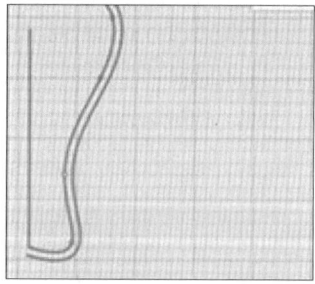
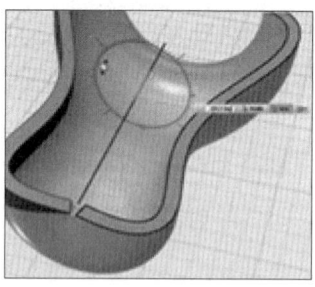

① Spline ② Offset
③ Sweep ④ Polyline

24 123D Design의 Path Pattern에 대한 세부 설명 중 잘못된 것은?

① 경로(Path)와 개수를 정해야 한다.
② 입체 도형의 원래 방향(Identical)대로 패턴을 생성시킬 수 있다.
③ 경로의 방향(Path Direction)을 따라 패턴을 만들 수 있다.
④ 2D 도형을 선택하여 경로를 따라 흐르는 패턴을 만들 수 있다.

25 123D Design에서 모서리를 선택하여 깎아 낼 거리(Distance)를 지정하여 모서리를 각이 지게 따 내게 하는 명령은?

① Chamfer   ② Shell
③ Fillet   ④ Tweak

26 123D Design Construct 메뉴 중 익스트루드 명령에 대한 설명으로 잘못된 것을 고르시오.

① 한 면을 돌출시키고 기울일 수 있다.
② 마우스로 돌출시킬 거리를 움직일 수 있다.
③ 속성 매니저에서는 돌출 거리 지정이나 회전 각도를 입력하는 창으로 구성된다.
④ 새로 돌출되어 만들어진 도형은 새로운 오브젝트로 지정할 수 없고 한 그룹으로만 묶인다.

27 123D Design에서 그림과 같은 실행화면을 도출해 내는 2D 편집 명령을 고르시오.

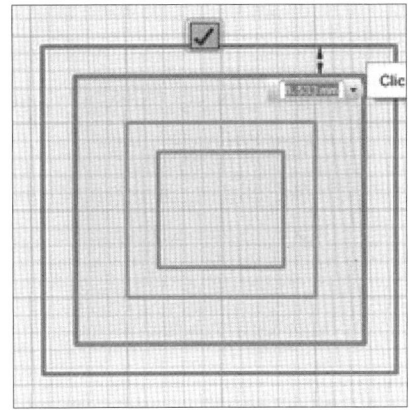

① Extend   ② Offset
③ Rectangle   ④ Project

28 123D Design에서 2D 도형을 가지고 실행할 수 있는 편집 명령이 아닌 것은?

① Offset   ② Fillet
③ Chamfer   ④ Extend

29 123D Design에서 각 제어점을 지나는 자유 곡선을 그리며 이를 조절하여 곡선도 수정 가능하게 하는 2D 도형 생성 명령은?

① Three Point Arc
② Spline
③ Two Point Arc
④ Polyline

30 123D Design의 Scale 메뉴에 대한 아래 설명 중 바르지 않은 것은?

① 선택한 오브젝트의 화살표를 이용하여 확대·축소할 수 있다.
② X, Y, Z축 각각의 방향으로는 따로 확대·축소할 수 있는 기능이 지원되지 않는다.
③ 옵션을 Uniform으로 설정하면 X, Y, Z축으로 동시에 확대·축소된다.
④ Factor 값을 직접 입력하는 방법으로 확대·축소할 수 있다.

31 123D Design에서 2D 도형을 생성하는 명령이 아닌 것을 고르시오.

① Circle   ② Ellipse
③ Box   ④ Polyline

32 3D 모델링 단계에서 이루어지는 세부 프로세스와 가장 관계가 없는 것을 고르시오.

① 3D CAD 모델링
② 3D 슬라이싱
③ 3D 스캐너
④ STL 파일 변환

33 3D 스캐닝 활용에 대한 설명 중 가장 바르지 못한 것은?

① 볼트와 너트를 비롯한 초소형 대상물의 형상 정보를 손쉽게 취득하는 데 활용된다.
② 다양한 산업군에 필요한 역설계(Reverse Engineering)나 품질 관리(Quality inspection) 분야에 적극적으로 활용된다.
③ 항공기, 선박 등의 초대형 대상물의 형상 정보를 손쉽게 취득하는 데 활용된다.
④ 대상물의 전체 형상을 모델링 프로그램으로 직접 모델링하는 데 활용된다.

34 Sense 3D 스캐너 프로그램에서 스캔된 결과물을 파일로 저장할 경우 지원되지 않는 파일 확장자는?

① ply   ② stl
③ obj   ④ jpg

35 Sense 3D 스캐너 프로그램에서 스캐닝하는 도중 스캔 시작 대상이 초점을 벗어나면 스캔이 자동으로 멈추고 Home 버튼을 누르고 재스캔하게 될 경우 제공되는 프로그램 메시지는?

① Lost Tracking   ② Pause Scan
③ Next   ④ Start Scan

36 핸드헬드(Handheld) 스캐너를 가장 잘 설명하고 있는 것은?

① 물체 표면에 지속적으로 주파수가 다른 빛을 쏘고 수광부에서 이 빛을 받을 때, 주파수의 차이를 검출해 거리 값을 구하는 방식으로 작동한다.

② 탐촉자로 불리는 프루브(Probe)를 측정하는 물체에 직접 닿게 해서 측정하는 방식이다.
③ 피사체에 투사하는 레이저 발송자와 반사된 빛을 받는 수신 장치(주로 CCD)와 함께, 내부 좌표계를 기준 좌표계와 연결하기 위한 시스템을 이용하여 스캐닝한다.
④ 레인지 파인더(Range Finder or Laser Range Finder)라고 불리는 빛을 물체 표면에 투사한다.

37 3D 스캐너를 활용하여 3D 데이터를 얻어 내는 형식과 가장 거리가 먼 것은?
① 넙스(Non-uniformrational B-spline)
② 덩어리 형식(Solid)
③ 폴리곤(polygon : 입체의 표면을 만드는 다면체의 입체 형태)
④ 패치 형식

38 Sculptris의 Utility control 메뉴인 REDUCE BRUSH의 INVERT 모드에 대한 설명으로 옳은 것은?
① 모양을 바꾸면서, 삼각형의 개수를 많게 한다.
② 모양은 바꾸지 않고 삼각형의 개수를 많게 한다.
③ 모양을 바꾸면서, 삼각형의 개수를 적게 한다.
④ 모양은 바꾸지 않고, 삼각형의 개수를 적게 한다.

39 Sculptris에서 표면을 평평하게 만드는 메뉴는?
① CREASE ② DRAW
③ GRAB   ④ FLATTERN

40 Sculptris의 Brush controls 메뉴에 대한 세부 설명으로 옳지 않은 것은?

① Detail slider는 큰 값이 세팅될수록 더 적은 triangle이 만들어진다.
② Size slider는 브러시의 크기를 조절한다.
③ Strength slider는 브러시의 강도를 조절한다.
④ Size checkbox가 활성화되면, 펜의 압력은 0%에서 최대 Size Slider에 명시된 값까지 조절된다.

3영역 3D 출력 관리와 후가공

41 붓 도색 방법에 대한 설명으로 옳지 않은 것은?

① 붓 칠의 기본은 일정한 방향으로 여러 개의 줄을 긋듯이 다 칠한 뒤 그 위에 다 90도 방향으로 똑같이 긋는다.
② 붓 칠을 할 때는 도료를 약간 희석하여 붓 자국이 살짝 남도록 한다.
③ 세밀한 도색이 필요할 때는 둥근 붓 중 가장 작은 사이즈를 사용한다.
④ 넓은 부분을 칠할 때는 평붓이 좋다.

42 에나멜 도료의 특징으로 옳지 않은 것은?

① 완전 건조 후에 피막은 튼튼하지 않은 편이다.
② 유성이며 건조가 느리다.
③ 에어브러시 사용도 가능하다.
④ 피막과 점착성이 조금 떨어지나 붓질이 잘되고 색감이 우수하다.

43 캔 스프레이 작업에 적합한 조건이 아닌 것은?

① 바람이 살살 부는 야외도 좋다.
② 칠하기 적합한 가장 좋은 때는 습기가 없는 맑은 날이다.
③ 골판지 상자 등으로 도료가 날리는 것을 방지한다.
④ 최대한 먼지가 올라 앉지 않는 조건인 실내가 가장 좋다.

44 캔 스프레이의 사용 방법에 대한 설명으로 옳지 않은 것은?

① 30cm 거리에서 캔 스프레이로 칠해지는 면적은 약 12cm이다.
② 일반적인 캔 스프레이의 유효 사거리는 30~40cm이다.
③ 현실적으로 사용하기 쉬운 거리는 약 15cm의 거리로 이때는 도료의 분출을 제어하기가 좀 더 쉽다.
④ 유광 색의 경우, 일반적인 유효 사거리보다 멀리 도료를 뿌려야 광택이 난다.

45 중력식 스프레이건에 대한 다음 설명 중 옳지 않은 것은?

① 중력식 스프레이건은 도료 컵이 노즐 위쪽에 장치되어 있다.
② 중력식 스프레이건은 흡상식 스프레이건에 비해 사용 후 세척이 번거롭다.
③ 중력식 스프레이건은 컵 용량이 적어 넓은 면적 도장에는 부적합하다.
④ 중력식 스프레이건은 적은 양의 도료 사용 후 처리가 용이하고 가볍다.

46 서페이서의 사전 작업으로 옳지 않은 것은?

① 물기가 조금 남아 있는 상태에서 작업해야 한다.
② 못 쓰게 된 칫솔로 줄밥을 털어 낸다. 세밀한 라인들이 있으면 사이사이 꼼꼼하게 털어 낸다.
③ 세제 성분이 완전히 씻겨나갈 때까지 맑은 물로 충분히 헹구어야 한다.
④ 출력물 표면에 붙은 먼지 혹은 기름기, 작업 중에 손에서 옮겨 묻은 땀 등을 제거하기 위해 식기 세척용 중성 세제를 칫솔에 묻혀서 미지근한 물로 문질러 준다.

47 도색 작업 단계와 가장 관련이 없는 기본 도구는?

① 퍼티　　② 서페이서
③ 에어브러시　④ 캔 스프레이

48 다음이 설명하고 있는 표면 정리 재료는 무엇인가?

> • 찰흙 같은 형태이다.
> • 주제와 경화제가 나뉘어 있으며 1:1로 반죽하듯이 섞어 준다.
> • 강도가 강하고 밀도가 높아 중량감이 있다.
> • 메움 작업과 조형 작업에 적합하다.

① 1액형 퍼티
② 시바툴(우레탄 퍼티)
③ 에폭시 퍼티
④ 폴리에스터 퍼티

49 퍼티를 사용할 경우 퍼티가 굳은 후 바로 해야 하는 작업으로 가장 옳은 것은?

① 도색 작업
② 서포터 제거 작업
③ 샌딩 작업
④ 마감 작업

50 캘리브레이션과 관련지어 볼 때 필라멘트 구입 시 확인 사항으로 가장 거리가 먼 것은?

① 탄성도 확인 – 뚝뚝 끊어지는지 확인
② Diameter 확인
③ Color
④ Flow rate 반영

51 다음에서 설명하는 3D 프린터 용어는 무엇인가?

> • 하드웨어에 대한 기술로 출력 품질에 많은 영향을 준다.
> • 출력을 위해 노즐의 온도를 정하는 일, 사용하는 재료의 특성을 반영하는 일, 출력하려는 Object에 따른 파라미터 값을 조정하는 일 등 사전 조정 단계가 반드시 필요하다.
> • 일부는 슬라이싱 프로그램에서 값을 세팅하고, 일부는 펌웨어에서 파라미터 값을 설정한다.

① Home Position　② 3D 프린팅
③ 브리지　　　　　④ 캘리브레이션

52 출력물의 형상과 품질 FACTOR에 대한 설명 중 바르지 않은 것은?

① 작은 면적의 출력물일 경우 여러 개를 한 번에 만들어 빠른 출력을 할 수 있다.
② 출력 면적이 좁아질수록 강한 냉각팬과 냉각 시간이 필요하다.
③ 출력물의 높이가 높아질수록 수축의 영향으로부터 자유로워 출력물이 갈라지지 않는다.
④ 출력 면적이 넓을수록 자연 냉각이 잘된다.

53 큐라(Cura) 편집 명령인 Rotate에 대한 설명 중 바르지 않은 것은?

① 선택된 모델 주위에 생기는 원을 이용한 Z축 중심의 회전은 지원이 안 된다.
② Rotate 아이콘을 클릭하면 모델 주위에 원이 표시된다.
③ 마우스 왼쪽 버튼을 누른 상태로 노란색 원을 회전하면 Y축 중심의 회전이 일어난다.
④ 마우스 왼쪽 버튼을 누른 상태로 초록색 원을 회전하면 X축 중심의 회전이 일어난다.

[54-56]
다음 Open expert settings 실행 화면에 대한 물음에 답하시오.

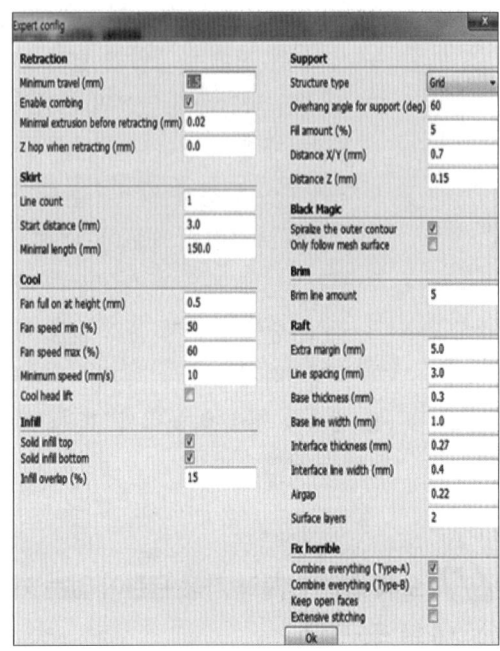

54 3D 출력 시 점프 상태에서 원료 배출을 후퇴시키는 기능과 가장 관련이 깊은 메뉴는?

① Skirt ② Cool
③ Raft   ④ Retraction

55 Brim 메뉴의 서브 항목에 대한 설명 중 바르지 않은 것은?

① 출력되는 첫 레이어와 같은 선상에 그려진다.
② Brim line amount는 브림에 사용되는 선의 두께이다.
③ Brim line amount의 값이 늘어날수록 물체가 바닥에 더 잘 붙게 된다.

④ Brim line amount의 값이 늘어날수록 출력 영역을 더 좁게 만들 수 있다.

③ Shell thickness
④ Bottom/Top thickness

56 Raft 메뉴의 서브 항목에 대한 설명 중 바르지 않은 것은?

① Extra margin은 물체 가장자리의 추가 레프트 길이를 입력한다.
② Raft는 출력되는 첫 레이어 아래에 위치한다.
③ Support 를 사용할 경우 Raft는 Support 위에 위치한다.
④ Extra margin 값을 증가시키면 더 강한 레프트를 만들 수 있다.

57 큐라의 BASIC 탭의 필라멘트 메뉴에 대한 설명으로 바르지 않은 것은?

① Flow는 필라멘트가 잘 토출되게 하기 위해 작은 값으로 조절해 주어야 한다.
② Diameter는 사용하고 있는 필라멘트의 직경(두께)을 입력한다.
③ Flow는 필라멘트의 흐름의 압출을 보정해 주는 보정 계수를 입력한다.
④ Diameter는 일반적인 필라멘트인 경우 1.75mm 두께를 사용한다.

58 큐라에서 헤드가 이동할 때 필라멘트 배출을 후퇴시켜 거미줄 같은 찌꺼기가 발생하는 것을 줄이기 위해 사용해야 할 메뉴 항목은?

① Density
② Enable retraction

59 큐라에서 다음 수치는 레이어의 높이다. 출력 품질이 가장 좋은 것은?

① 0.2mm   ② 0.02mm
③ 0.1mm   ④ 0.06mm

60 큐라에 대한 설명으로 잘못된 것은?

① 유료 소프트웨어로 소액 지불 프로그램이다.
② G 코드를 생성하는 슬라이싱 프로그램이다.
③ 설치가 완료되면 바탕화면에 큐라 프로그램 실행 파일이 생긴다.
④ http://software.ultimaker.com/ 에서 다운로드 가능하다.

3D 프린팅 마스터 2급(A형) – 제7회 정답

01	02	03	04	05	06	07	08	09	10
③	②	④	④	①	①	④	②	②	④
11	12	13	14	15	16	17	18	19	20
②	④	①	④	③	③	①	②	②	③
21	22	23	24	25	26	27	28	29	30
③	②	③	④	①	④	②	③	②	②
31	32	33	34	35	36	37	38	39	40
③	②	④	④	①	③	②	②	④	①
41	42	43	44	45	46	47	48	49	50
②	①	④	②	①	④	①	③	③	③
51	52	53	54	55	56	57	58	59	60
④	③	①	④	②	③	①	②	②	①

3D 프린터 조립 전문가 2급(A형)

제7회(2016. 05. 21.)

등록	주무부처	자격증 시험 주관
한국직업능력개발원	산업통상자원부	(사)3D프린팅산업협회

1영역 | 3D 프린팅 동향

01 오바마 미국 대통령의 3D 프린터에 대한 관점 중 틀린 것을 고르시오.

① 새로운 경제 활력의 기회이다.
② 차기 생산 혁명을 기대한다.
③ 청소년 일자리 창출 분야에만 집중했다.
④ 모든 제조업에 영향을 줄 것이다.

02 미국 매사추세츠공대(MIT)가 펴내는 과학기술 전문 잡지인 〈테크놀로지 리뷰(Technology Review)〉는 3D 프린팅을 GE의 항공기 엔진 부품 생산에 이미 사용하고 있음을 들며, 2013년 혁신 기술 10선(10 Breakthrough Technologies 2013)에 손꼽았다. 이때 GE의 예를 들어 3D 프린팅의 미래를 설명한 이유를 바르게 해석한 것을 고르시오.

① 재래의 자본력을 적극 활용할 수 있다.
② 일부 산업계에서는 오래 전부터 3D 프린팅 기술을 매우 유용하게 사용하고 있다.
③ 3D 프린터는 일반인에게 매우 유용할 것이다.
④ 생산 시설이 폭발적으로 늘어나서 일자리가 늘어날 것이다.

03 2013년 5월 삼성 경제 연구소는 미래 산업을 바꿀 7대 파괴적 혁신 기술을 발표하며 3D 프린터를 주목하였다. 다음 중 사실과 다른 것을 고르시오.

① 웨어러블 컴퓨터에 이어 두 번째로 3D 프린터를 꼽았다.
② 3D 프린터가 개인 맞춤형 제조 확대에 기여할 것으로 예상하였다.
③ 3D 프린터가 나노, 생명 공학, 우주 공학 분야의 변화를 가속화할 것으로 예상하였다.
④ 3D 프린터가 공제식 제조(Subtractive Manufacturing) 방식을 한층 더 발달시켜 제조업의 혁명을 가져올 것이라 예상하였다.

04 3D 프린터 특허 최초 출원은 1984년에 있었다. 이는 3D 프린팅이 30년간 성숙된 기술이라는 뜻이다. 이러한 사실이 우리에게 시사하는 바와 거리가 먼 것은?

① 주변 환경 변화와 더불어 계속 진화하고 있다는 의미이다.
② 30년간 가치를 인정받고 시장에서 계속 주목을 받고 있다는 의미이다.
③ 30년이 지나도 사라지지 않았다는 것은 가치를 계속 평가받고 있다는 의미이다.
④ 충분히 완성된 기술이어서 더 이상의 발전 가능성이 매우 적다.

05 다음과 같은 기계적 제작 방식 중 3D 프린팅의 특성을 잘 나타내는 단어는?

① 첨가식 가공(Additive Manufacturing)
② 공제식 가공(Subtractive Manufacturing)
③ 대량 생산(Mass Manufacturing)
④ 금형 기반 생산(Mold-Based Manufacturing)

06 3D 프린팅의 3단계 공정은 모델링, 프린팅, 후처리 과정을 거친다. 이 중 CAD 설계 단계에 해당하는 공정은?

① 모델링 단계 ② 프린팅 단계
③ 후처리 단계 ④ 모두에 해당함.

07 인터넷 성능 향상이 3D 프린팅 발전에 기여한 바를 가장 잘 나타낸 사항은?

① 3D 프린팅 기술 보급에 결정적 역할을 했다.
② 단순한 3D 프린터를 제작할 수 있게 되었다.
③ CAD 프로그램을 쉽게 다운받을 수 있게 되었다.
④ 디자이너, CAD 파일, 3D 프린터가 "같은 공간"에 "동시" 존재할 필요가 없다는 새로운 생산 방식의 구현이 가능하게 되었다.

08 마이크로프로세서의 성능 향상과 3D 프린팅 기술 발달의 관계에 대한 설명으로 거리가 먼 것은?

① 산업용 및 개인용 3D 프린터 성능 향상과 가격 인하의 동시 구현이 가능해졌다.
② 마이크로컨트롤러보다 대용량 메모리 요구 조건이 커서 가격 인하 혜택은 제한적이었다.
③ 3D 프린터도 결국에는 마이크로프로세서 기반 자동 제어 시스템이므로 성능 향상 효과를 직접 누렸다.
④ 최근에 저가의 고성능 마이크로프로세서 제품이 다량 출시되어 직접적인 혜택을 누렸다.

09 다음 중 미국 최초의 3D 프린팅 특허 등록 기술이라는 역사적 의미를 갖고 있는 방식은?

① FDM(Fused Deposition Modeling)
② SLA(Stereo Lithography Apparatus)
③ SLS(Selective Laser Sintering)
④ DMT(Laser-aided Direct Metal Tooling)

10 다음 중 렙랩(RepRap)이 추구한 기본 방향과 거리가 먼 것은?

① 구하기 쉬운 부품을 사용했다.
② FDM 방식을 추진했다.
③ DIY(Do-It-Yourself) 방식을 추구했다.
④ 개인의 지적 재산권을 철저히 보호했다.

11 렙랩에 대한 설명으로 틀린 것을 고르시오.

① 2005년에 만들어졌다.
② 찰스 헐(Charles Hull)이 주도적으로 시작했다.
③ 오늘날 우리가 접하는 대부분의 개인용 3D 프린터에 큰 영향을 끼쳤다.
④ FDM 방식만을 시도했다.

12 최근 글로벌 대형 IT 업체들은 다음과 같은 움직임을 보이고 있다. 이들은 주로 3D 프린팅의 어느 분야에 직접적인 영향을 끼칠 것으로 예상되는가?

- 옥시피탈(Occipital) 사의 스트럭처 센서(Structure Sensor)
- 구글의 탱고 프로젝트
- 인텔의 리얼 센스(Real Sense)

① 3D 프린터 가격 인하
② 후처리 장비 개발
③ 인터넷 네트워크
④ 3D CAD 데이터 획득

13 개인용 3D 프린터로 널리 사용되는 FDM 방식 프린터는 육면체 박스 형태의 '카르테시안형'과 오면체 형태의 '델타형'이 있다. 다음 설명 중 '델타형' 프린터에 해당하는 특징은?

① 익스트루더가 기구학적으로 최소 경로로 움직일 수 있다.
② 3축이 순차적으로 작동한다.
③ 성형 속도가 비교적 느리다.
④ 일반적으로 3축의 스테퍼 모터가 하나씩 작동한다.

14 아두이노 프로젝트에 대한 설명으로 틀린 것은?

① 1985년에 탄생한 최초의 오픈 소스 프로젝트이다.
② 이탈리아에서 출범했다.

③ 3D 프린터 대중화에 커다란 기여를 했다.
④ 컨트롤 보드 개발에 대한 부담을 줄여 줬다.

15 다음 중 액체 광경화 수지를 사용하는 3D 프린팅 방법은?

① DLP(Digital Light Processing)
② FDM(Fused Deposition Modeling)
③ SLS(Selective Laser Sintering)
④ DMT(Laser-aided Direct Metal Tooling)

16 다음 중 금속 파우더를 사용하는 3D 프린팅 방법은?

① SLA(Stereo Lithography Apparatus)
② FDM(Fused Deposition Modeling)
③ SLS(Selective Laser Sintering)
④ DLP(Digital Light Processing)

17 현재까지 3D 프린팅의 난제 중 하나는 조형물의 다양한 색상 구현이 어렵다는 점이다. 다음 중 조형물의 다양한 색상 구현을 주요 목적으로 개발 된 3D 프린팅 방법은?

① PBP(Powder Bed & inkjet head 3d Printing)
② SLA(Stereo Lithography Apparatus)
③ SLS(Selective Laser Sintering)
④ FDM(Fused Deposition Modeling)

18 다음은 어떤 3D 프린팅 재료에 대한 설명인가?

- 금형 제작으로 많이 사용
- 최종 조형물의 기하학적 구조가 복잡하여 제작 도중 구조적 형태의 유지가 어려운 경우 지지대 재료로 사용

① 분말   ② 아크릴
③ 왁스   ④ 티타늄

19 다음 프린터 중 최대로 만들 수 있는 모형의 부피가 가장 큰 프린터는?

프린터 A
- 방식 : DLP
- Build Size : 500 × 500 × 600mm
- Z resolution : 0.02mm

프린터 B
- 방식 : FDM
- Build Size : 550 × 560 × 650mm
- Z resolution : 0.05mm

프린터 C
- 방식 : SLA
- Build Size : 200 × 200 × 500mm
- Z resolution : 0.1mm

프린터 D
- 방식 : SLS
- Build Size : 300 × 300 × 500mm
- Z resolution : 0.01mm

① 프린터 A   ② 프린터 B
③ 프린터 C   ④ 프린터 D

20 현재의 3D 프린팅 소재 개발 상황에 대한 설명으로 틀린 것은?

① 아직은 다중 소재 프린팅이 어렵다.
② 다양한 색깔의 구현이 여러 방법으로 시도되고 있다.
③ 플라스틱 계열 소재만이 실용화된 상태이다.
④ 향후 새로운 소재와 그 소재에 맞는 새로운 가공 방식의 동시 개발이 예상된다.

2영역 3D 프린터 작동 원리 및 조립

21 3D 프린팅 시 사용되는 STL은 어느 형식의 파일인가?

① 솔리드 모델링 형식
② 서피스 모델링 형식
③ 와이어 프레임 모델링 형식
④ NURBS 형식

22 빛을 이용한 프린팅 방식이 아닌 것은?

① SLM   ② DLP
③ MJM   ④ SLS

23 델타 방식은 세 축이 몇 도를 유지하고 있어야 하는가?

① 45도   ② 90도
③ 180도   ④ 270도

24 Offset의 의미는 무엇인가?

① 보정 값을 뜻한다.
② 파워를 조정한다.
③ 작동을 제어하라는 의미를 가진다.
④ 온도를 올리라는 의미를 가진다.

25 오픈 소스가 지향하는 저작권의 특징이 아닌 것은?

① 누구나 사용할 수 있다.
② 상업용 목적으로 사용할 수 있다.
③ 누구나 자신에게 맞게 업그레이드 할 수 있다.
④ 사용자는 반드시 오픈 소스에 기여해야 한다.

26 3D 프린터와 대화하는 데 사용하는 프로그램을 무엇이라고 하는가?

① CAD
② Slicer
③ G code sender
④ G code interpreter

27 익스트루더의 부품 중 서미스터의 역할은?

① 열을 올리는 역할을 한다.
② 열을 측정하는 역할을 한다.
③ 열을 제어하는 역할을 한다.
④ 열을 식히는 역할을 한다.

28 G code interpreter에서 제어할 수 없는 것은?
① 온도 제어
② 익스트루더 좌표 이동
③ 재료 투입 양
④ 재료의 종류 설정

29 컴퓨터의 엔터 키에 해당하는 G 코드는?
① G0 ② G1
③ G28 ④ G92

30 FDM 3D 프린터에서 PID 제어로 제어하는 곳은 어느 곳인가?
① Feeder ② 온도 제어
③ 모터 제어 ④ 필라멘트 제어

31 슬라이싱 후 3D 프린터에 제공되는 Tool Path는 어떤 형식인가?
① 2진수 ② 헥사코드
③ 좌표 수치 ④ G 코드

32 3D 프린터에서 많이 사용하는 스테핑 모터에서 모터의 속도를 조절하는 것은?
① 전압 ② 전류
③ 전압·전류 ④ 펄스

33 3D 프린터에서 많이 사용하는 스테핑 모터에서 모터의 힘을 조절하는 것은?
① 전압 ② 전류
③ 전압·전류 ④ 펄스

34 PID 제어 중 PID가 의미하지 않는 것은?
① 비례 ② 미분
③ 적분 ④ 평균

35 Step per unit 설정 시 고려해야 할 항목이 아닌 것은?
① 스테퍼 모터의 기본 스텝 수
② 벨트의 피치 값
③ Threaded rod의 피치 값
④ 모터 드라이브의 전압

36 아두이노 MEGA 2560에서 SRAM의 용량은?
① 4KB ② 8KB
③ 16KB ④ 256KB

37 3D 프린터를 작동시키는 CAM Tool에 속하는 프로그램이 아닌 것은?
① Sprinter
② Slicer
③ G code sender
④ G code interpreter

38 엔드 스톱이 3D 프린터에서 하는 역할은 무엇인가?
① 전원 스위치　② 토출 압력 센싱
③ 온도 센싱　　④ 원점 센싱

39 3D 프린터에서 모터의 원주 운동을 직선 운동으로 변환해 주는 부품은?
① 벨트
② 베어링
③ 풀리
④ 리니어 모션 가이드

40 RAMPS의 주요 기능이 아닌 것은?
① 익스트루더의 온도 신호 입력
② 엔드 스톱의 신호 입력
③ 익스트루더의 온도 신호 출력
④ LCD 정보 신호 처리

3영역 캘리브레이션 및 유지·보수

41 필라멘트의 토출량이 적절하게 맞지 않을 때 취할 수 있는 적합한 방법이 아닌 것은?
① Slicer 프로그램의 Flow 값을 조정한다.
② Firmware의 step per unit 값을 조정한다.
③ Slicer 프로그램의 Shell thickness 값을 조정한다.
④ G 코드의 M92 값을 조정한다.

42 베드 레벨링을 하는 방법으로 적절하지 않은 것은?
① 엔드 스톱의 위치를 조정한다.
② 베드의 위치를 조정한다.
③ G 코드의 M206의 Z 값을 조정한다.
④ G 코드의 M92의 Z 값을 조정한다.

43 FDM 방식의 3D 프린터에 사용되는 재료 중 PLA에 대한 설명으로 적절하지 않은 것은?
① PLA는 옥수수 등 친환경 소재를 발효시켜 제조한다.
② PLA는 ABS 대비 수축률이 높다.
③ ABS 보다 보통 출력 온도가 낮다.
④ 출력 시 히팅 베드가 꼭 필요하지 않다.

44 펌웨어에서 Configuration.h의 특징은 무엇인가?
① 파라미터를 저장한다.
② 헥사 파일로 이루어져 있다.
③ 변경이 불가능한 기계어이다.
④ 항상 용량이 일정하다.

45 노즐의 움직임 방향을 정하게 되는 기준은 어느 것인가?
① 모터의 설치 방향
② 엔드 스톱의 위치
③ 축의 설치 방향
④ 익스트루더의 현재 위치

46 캘리브레이션이 필요한 이유는 무엇인가?
① 프린터의 고장을 미연에 방지하기 위해
② 최적의 출력 품질을 얻기 위해
③ 프린터의 어떠한 재료라도 사용할 수 있게 하기 위해
④ 프린터의 사용자가 파라미터를 설정하기 위해

47 Marlin 펌웨어에서 Baudrate는 무엇을 세팅하는 것인가?
① 프린터와 컴퓨터 간의 통신 속도
② 프린터의 작동 속도
③ SD 메모리의 데이터 읽기 속도
④ EEPROM의 저장 속도

48 FDM 방식 프린터를 처음 가동할 시 확인하지 않아도 되는 항목은?
① 모터의 정상 가동 여부
② 핫엔드의 온도 제어 작동 확인
③ 엔드 스톱 소프트웨어의 작동 여부
④ 지상과 베드의 수평 여부

49 엔드 스톱 소프트웨어의 현재 상태를 확인하는 G 코드의 명령어는?
① M114 ② G28
③ M119 ④ G0

50 이론값을 적용한 후 실제와 맞지 않을 경우 어떤 방법으로 이를 조정하는가?
① 이론값을 재계산
② MIN법 사용
③ MAX법 사용
④ 비례법 사용

51 기계 값을 조정하는 것 중에서 모터 드라이버의 전압을 조정하는 것이 첫째이다. 모터 드라이버의 전압을 조정하는 이유는?
① 모터의 입력 전압을 조정하기 위해
② 모터의 입력 전류를 조정하기 위해
③ 모터의 최대 전압을 조정하기 위해
④ 모터의 펄스량을 조절하기 위해

52 3D 프린터의 펌웨어에 대한 설명으로 옳은 것은?
① 컴파일된 펌웨어를 아두이노 소프트웨어를 사용하여 수정할 수 있다.
② 펌웨어의 기본 변수들이 EEPROM에 저장되면 바꿀 수 없다.
③ 펌웨어는 G 코드를 읽어 센서의 신호와 비교하여 프린터를 가동시킨다.
④ 컨트롤러에 기존의 펌웨어를 반드시 지워야만 새로운 펌웨어를 업로드할 수 있다.

53 G 코드에는 G로 시작하는 코드와 M으로 시작하는 코드가 있다. 여기서 M이 뜻하는 바는 무엇인가?
① Miscellaneous ② Master
③ Marlin ④ Machine

54 Marlin 펌웨어를 이루고 있는 프로그램 중 맨 하위에서 작동하는 File의 확장자명은?
① H ② INO
③ EXE ④ CPP

55 아두이노의 Marlin 펌웨어에서 표준 라이브러리에 포함되지 않은 것은?
① EEPROM ② Wifi
③ Ethernet ④ USB

56 Marlin 펌웨어에서 프린터 작동과 시스템 세팅에 필요한 파라미터 값을 포함하는 File은?
① Configuration ② cpp
③ Marlin ④ Ramps

57 Marlin 펌웨어에 대한 설명 중 틀린 것은?
① Erik vander Zalm이 개발했다.
② 2011년 5월에 처음 발표되었다.
③ sprinter를 발전시킨 것이다.
④ 메모리 카드로 출력이 불가능하다.

58 슬라이싱 프로그램에서 오브젝트를 출력할 시 출력물의 적층 높이를 결정하는 항목은?
① Bottom/Top Thickness
② Layer height
③ Shell Thickness
④ Nozzle size

59 FDM 프린터의 익스트루더 방식 중 핫엔드와 피더가 분리되어 있는 방식은?
① 델타 방식 ② 카르테시안 방식
③ 다이렉트 방식 ④ 보우덴 방식

60 3D 프린터에서 사용되는 스테퍼 모터의 특징은 무엇인가?
① 전류가 1.7A에서만 작동한다.
② 전력 소모가 가장 적다.
③ 스텝 단위로 모터를 제어한다.
④ 아두이노에서 유일하게 제어되는 모터이다.

3D 프린터 조립 전문가 2급(A형) – 제7회 정답

01	02	03	04	05	06	07	08	09	10
③	②	④	④	①	①	④	②	②	④
11	12	13	14	15	16	17	18	19	20
②	④	①	①	①	③	①	③	②	③
21	22	23	24	25	26	27	28	29	30
②	③	③	①	④	④	②	①	③	②
31	32	33	34	35	36	37	38	39	40
④	④	②	④	②	①	④	②	③	④
41	42	43	44	45	46	47	48	49	50
③	④	①	②	②	①	④	②	③	④
51	52	53	54	55	56	57	58	59	60
②	③	①	④	④	①	④	②	④	③

3D 프린팅 전문교강사 2급(A형)

제7회(2016. 05. 21.)

등록	주무부처	자격증 시험 주관
한국직업능력개발원	산업통상자원부	(사)3D프린팅산업협회

1영역 3D 프린팅 동향

01 오바마 미국 대통령의 3D 프린터에 대한 관점 중 틀린 것을 고르시오.
① 새로운 경제 활력의 기회이다.
② 차기 생산 혁명을 기대한다.
③ 청소년 일자리 창출 분야에만 집중했다.
④ 모든 제조업에 영향을 줄 것이다.

02 미국 매사추세츠공대(MIT)가 펴내는 과학기술 전문 잡지인 〈테크놀로지 리뷰(Technology Review)〉는 3D 프린팅을 GE의 항공기 엔진 부품 생산에 이미 사용하고 있음을 들며, 2013년 혁신 기술 10선(10 Breakthrough Technologies 2013)에 손꼽았다. 이때 GE의 예를 들어 3D 프린팅이 미래를 설명한 이유를 바르게 해석한 것을 고르시오.
① 재래의 자본력을 적극 활용할 수 있다.
② 일부 산업계에서는 오래 전부터 3D 프린팅 기술을 매우 유용하게 사용하고 있다.
③ 3D 프린터는 일반인에게 매우 유용할 것이다.
④ 생산 시설이 폭발적으로 늘어나서 일자리가 늘어날 것이다.

03 2013년 5월 삼성 경제 연구소는 미래 산업을 바꿀 7대 파괴적 혁신 기술을 발표하며 3D 프린터를 주목하였다. 다음 중 사실과 다른 것을 고르시오.
① 웨어러블 컴퓨터에 이어 두 번째로 3D 프린터를 꼽았다.
② 3D 프린터가 개인 맞춤형 제조 확대에 기여할 것으로 예상하였다.
③ 3D 프린터가 나노, 생명 공학, 우주 공학 분야의 변화를 가속화할 것으로 예상하였다.
④ 3D 프린터가 공제식 제조(Subtractive Manufacturing) 방식을 한층 더 발달시켜 제조업의 혁신을 가져올 것이라 예상하였다.

04 3D 프린터 특허 최초 출원은 1984년에 있었다. 이는 3D 프린팅이 30년간 성숙된 기술이라는 뜻이다. 이러한 사실이 우리에게 시사하는 바와 거리가 먼 것은?

① 주변 환경 변화와 더불어 계속 진화하고 있다는 의미이다.
② 30년간 가치를 인정받고 시장에서 계속 주목을 받고 있다는 의미이다.
③ 30년이 지나도 사라지지 않았다는 것은 가치를 계속 평가받고 있다는 의미이다.
④ 충분히 완성된 기술이어서 더 이상의 발전 가능성이 매우 적다.

05 다음과 같은 기계적 제작 방식 중 3D 프린팅의 특성을 잘 나타내는 단어는?

① 첨가식 가공(Additive Manufacturing)
② 공제식 가공(Subtractive Manufacturing)
③ 대량 생산(Mass Manufacturing)
④ 금형 기반 생산(Mold-Based Manufacturing)

06 3D 프린팅의 3단계 공정은 모델링, 프린팅, 후처리 과정을 거친다. 이 중 CAD 설계 단계에 해당하는 공정은?

① 모델링 단계 ② 프린팅 단계
③ 후처리 단계 ④ 모두에 해당함.

07 인터넷 성능 향상이 3D 프린팅 발전에 기여한 바를 가장 잘 나타낸 사항은?

① 3D 프린팅 기술 보급에 결정적 역할을 했다.
② 단순한 3D 프린터를 제작할 수 있게 되었다.
③ CAD 프로그램을 쉽게 다운받을 수 있게 되었다.
④ 디자이너, CAD 파일, 3D 프린터가 "같은 공간"에 "동시" 존재할 필요가 없다는 새로운 생산 방식의 구현이 가능하게 되었다.

08 마이크로프로세서의 성능 향상과 3D 프린팅 기술 발달의 관계에 대한 설명으로 거리가 먼 것은?

① 산업용 및 개인용 3D 프린터 성능 향상과 가격 인하의 동시 구현이 가능해졌다.
② 마이크로컨트롤러보다 대용량 메모리 요구 조건이 커서 가격 인하 혜택은 제한적이었다.
③ 3D 프린터도 결국에는 마이크로프로세서 기반 자동 제어 시스템이므로 성능 향상 효과를 직접 누렸다.
④ 최근에 저가의 고성능 마이크로프로세서 제품이 다량 출시되어 직접적인 혜택을 누렸다.

09 다음 중 미국 최초의 3D 프린팅 특허 등록 기술이라는 역사적 의미를 갖고 있는 방식은?

① FDM(Fused Deposition Modeling)
② SLA(Stereo Lithography Apparatus)
③ SLS(Selective Laser Sintering)
④ DMT(Laser-aided Direct Metal Tooling)

10 다음 중 렙랩(RepRap)이 추구한 기본 방향과 거리가 먼 것은?

① 구하기 쉬운 부품을 사용했다.
② FDM 방식을 추진했다.
③ DIY(Do-It-Yourself) 방식을 추구했다.
④ 개인의 지적 재산권을 철저히 보호했다.

11 렙랩에 대한 설명으로 틀린 것을 고르시오.

① 2005년에 만들어졌다.
② 찰스 헐(Charles Hull)이 주도적으로 시작했다.
③ 오늘날 우리가 접하는 대부분의 개인용 3D 프린터에 큰 영향을 끼쳤다.
④ FDM 방식만을 시도했다.

12 최근 글로벌 대형 IT 업체들은 다음과 같은 움직임을 보이고 있다. 이들은 주로 3D 프린팅의 어느 분야에 직접적인 영향을 끼칠 것으로 예상되는가?

- 옥시피탈(Occipital) 사의 스트럭처 센서(Structure Sensor)
- 구글의 탱고 프로젝트
- 인텔의 리얼 센스(Real Sense)

① 3D 프린터 가격 인하
② 후처리 장비 개발
③ 인터넷 네트워크
④ 3D CAD 데이터 획득

13 개인용 3D 프린터로 널리 사용되는 FDM 방식 프린터는 육면체 박스 형태의 '카르테시안형'과 오면체 형태의 '델타형'이 있다. 다음 설명 중 '델타형' 프린터에 해당하는 특징은?

① 익스트루더가 기구학적으로 최소 경로로 움직일 수 있다.
② 3축이 순차적으로 작동한다.
③ 성형 속도가 비교적 느리다.
④ 일반적으로 3축의 스테퍼 모터가 하나씩 작동한다.

14 아두이노 프로젝트에 대한 설명으로 틀린 것은?

① 1985년에 탄생한 최초의 오픈 소스 프로젝트이다.
② 이탈리아에서 출범했다.

③ 3D 프린터 대중화에 커다란 기여를 했다.
④ 컨트롤 보드 개발에 대한 부담을 줄여 줬다.

15 다음 중 액체 광경화 수지를 사용하는 3D 프린팅 방법은?

① DLP(Digital Light Processing)
② FDM(Fused Deposition Modeling)
③ SLS(Selective Laser Sintering)
④ DMT(Laser-aided Direct Metal Tooling)

16 다음 중 금속 파우더를 사용하는 3D 프린팅 방법은?

① SLA(Stereo Lithography Apparatus)
② FDM(Fused Deposition Modeling)
③ SLS(Selective Laser Sintering)
④ DLP(Digital Light Processing)

17 현재까지 3D 프린팅의 난제 중 하나는 조형물의 다양한 색상 구현이 어렵다는 점이다. 다음 중 조형물의 다양한 색상 구현을 주요 목적으로 개발 된 3D 프린팅 방법은?

① PBP(Powder Bed & inkjet head 3d Printing)
② SLA(Stereo Lithography Apparatus)
③ SLS(Selective Laser Sintering)
④ FDM(Fused Deposition Modeling)

18 다음은 어떤 3D 프린팅 재료에 대한 설명인가?

- 금형 제작으로 많이 사용
- 최종 조형물의 기하학적 구조가 복잡하여 제작 도중 구조적 형태의 유지가 어려운 경우 지지대 재료로 사용

① 분말   ② 아크릴
③ 왁스   ④ 티타늄

19 다음 프린터 중 최대로 만들 수 있는 모형의 부피가 가장 큰 프린터는?

프린터 A
· 방식 : DLP
· Build Size : 500 × 500 × 600mm
· Z resolution : 0.02mm

프린터 B
· 방식 : FDM
· Build Size : 550 × 560 × 650mm
· Z resolution : 0.05mm

프린터 C
· 방식 : SLA
· Build Size : 200 × 200 × 500mm
· Z resolution : 0.1mm

프린터 D
· 방식 : SLS
· Build Size : 300 × 300 × 500mm
· Z resolution : 0.01mm

① 프린터 A   ② 프린터 B
③ 프린터 C   ④ 프린터 D

20 현재의 3D 프린팅 소재 개발 상황에 대한 설명으로 틀린 것은?

① 아직은 다중 소재 프린팅이 어렵다.
② 다양한 색깔의 구현이 여러 방법으로 시도되고 있다.
③ 플라스틱 계열 소재만이 실용화된 상태이다.
④ 향후 새로운 소재와 그 소재에 맞는 새로운 가공 방식의 동시 개발이 예상된다.

2영역 | 3D 모델링과 3D 스캐닝

21 123D Design에서 선택한 오브젝트가 어느 위치에 있든 작업 Grid 위로 위치시키는 단축키는?

① Shift + X   ② Space Bar
③ D   ④ Tab

22 123D Design의 combine 명령에 대한 설명 중 옳지 않은 것은?

① 하나의 입체 도형(Target Solid)에 다른 입체 도형(Source Solid)을 결합한다.
② 2D 도형에 대해서도 동일하게 실행할 수 있는 결합 명령이다.
③ 하나의 입체 도형(Target Solid)에서 다른 입체 도형(Source Solid)을 제거한다.
④ 하나의 입체 도형(Target Solid)에서 다른 입체 도형(Source Solid)에서 겹치는 부분으로 새로운 입체 도형을 구한다.

23 다음과 같은 모델링 과정에서 사용되는 123D 명령 중 불필요한 것을 고르시오.

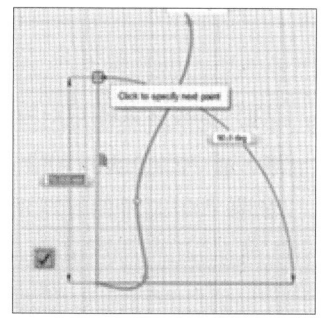

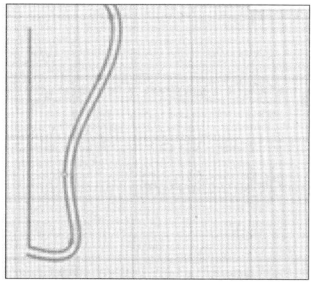

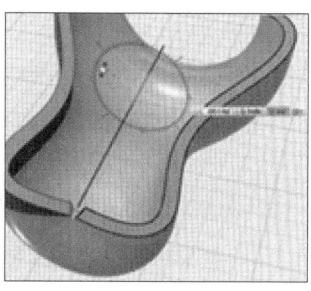

① Spline   ② Offset
③ Sweep   ④ Polyline

24 123D Design의 Path Pattern에 대한 세부 설명 중 잘못된 것은?

① 경로(Path)와 개수를 정해야 한다.
② 입체 도형의 원래 방향(Identical)대로 패턴을 생성시킬 수 있다.
③ 경로의 방향(Path Direction)을 따라 패턴을 만들 수 있다.
④ 2D 도형을 선택하여 경로를 따라 흐르는 패턴을 만들 수 있다.

25 123D Design에서 모서리를 선택하여 깎아 낼 거리(Distance)를 지정하여 모서리를 각이 지게 따 내게 하는 명령은?

① Chamfer   ② Shell
③ Fillet   ④ Tweak

26 123D Design Construct 메뉴 중 익스트루드 명령에 대한 설명으로 잘못된 것을 고르시오.

① 한 면을 돌출시키고 기울일 수 있다.
② 마우스로 돌출시킬 거리를 움직일 수 있다.
③ 속성 매니저에서는 돌출 거리 지정이나 회전 각도를 입력하는 창으로 구성된다.
④ 새로 돌출되어 만들어진 도형은 새로운 오브젝트로 지정할 수 없고 한 그룹으로만 묶인다.

27 123D Design에서 그림과 같은 실행화면을 도출해 내는 2D 편집 명령을 고르시오.

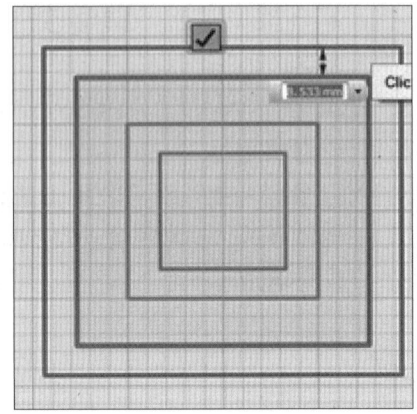

① Extend   ② Offset
③ Rectangle ④ Project

28 123D Design에서 2D 도형을 가지고 실행할 수 있는 편집 명령이 아닌 것은?

① Offset   ② Fillet
③ Chamfer ④ Extend

29 123D Design에서 각 제어점을 지나는 자유 곡선을 그리며 이를 조절하여 곡선도 수정 가능하게 하는 2D 도형 생성 명령은?

① Three Point Arc
② Spline
③ Two Point Arc
④ Polyline

30 123D Design의 Scale 메뉴에 대한 아래 설명 중 바르지 않은 것은?

① 선택한 오브젝트의 화살표를 이용하여 확대·축소할 수 있다.
② X, Y, Z축 각각의 방향으로는 따로 확대·축소할 수 있는 기능이 지원되지 않는다.
③ 옵션을 Uniform으로 설정하면 X, Y, Z축으로 동시에 확대·축소된다.
④ Factor 값을 직접 입력하는 방법으로 확대·축소할 수 있다.

31 123D Design에서 2D 도형을 생성하는 명령이 아닌 것을 고르시오.

① Circle ② Ellipse
③ Box   ④ Polyline

32 3D 모델링 단계에서 이루어지는 세부 프로세스와 가장 관계가 없는 것을 고르시오.

① 3D CAD 모델링
② 3D 슬라이싱
③ 3D 스캐너
④ STL 파일 변환

33 3D 스캐닝 활용에 대한 설명 중 가장 바르지 못한 것은?

① 볼트와 너트를 비롯한 초소형 대상물의 형상 정보를 손쉽게 취득하는 데 활용된다.
② 다양한 산업군에 필요한 역설계(Reverse Engineering)나 품질 관리(Quality inspection) 분야에 적극적으로 활용된다.
③ 항공기, 선박 등의 초대형 대상물의 형상 정보를 손쉽게 취득하는 데 활용된다.
④ 대상물의 전체 형상을 모델링 프로그램으로 직접 모델링하는 데 활용된다.

34 Sense 3D 스캐너 프로그램에서 스캔된 결과물을 파일로 저장할 경우 지원되지 않는 파일 확장자는?

① ply
② stl
③ obj
④ jpg

35 Sense 3D 스캐너 프로그램에서 스캐닝하는 도중 스캔 시작 대상이 초점을 벗어나면 스캔이 자동으로 멈추고 Home 버튼을 누르고 재스캔하게 될 경우 제공되는 프로그램 메시지는?

① Lost Tracking
② Pause Scan
③ Next
④ Start Scan

36 핸드헬드(Handheld) 스캐너를 가장 잘 설명하고 있는 것은?

① 물체 표면에 지속적으로 주파수가 다른 빛을 쏘고 수광부에서 이 빛을 받을 때, 주파수의 차이를 검출해 거리 값을 구하는 방식으로 작동한다.
② 탐촉자로 불리는 프루브(Probe)를 측정하는 물체에 직접 닿게 해서 측정하는 방식이다.
③ 피사체에 투사하는 레이저 발송자와 반사된 빛을 받는 수신 장치(주로 CCD)와 함께, 내부 좌표계를 기준 좌표계와 연결하기 위한 시스템을 이용하여 스캐닝한다.
④ 레인지 파인더(Range Finder or Laser Range Finder)라고 불리는 빛을 물체 표면에 투사한다.

37 3D 스캐너를 활용하여 3D 데이터를 얻어 내는 형식과 가장 거리가 먼 것은?

① 넙스(Non-uniformrational B-spline)
② 덩어리 형식(Solid)
③ 폴리곤(polygon : 입체의 표면을 만드는 다면체의 입체 형태)
④ 패치 형식

38 Sculptris의 Utility control 메뉴인 RE-DUCE BRUSH의 INVERT 모드에 대한 설명으로 옳은 것은?

① 모양을 바꾸면서, 삼각형의 개수를 많게 한다.
② 모양은 바꾸지 않고 삼각형의 개수를 많게 한다.
③ 모양을 바꾸면서, 삼각형의 개수를 적게 한다.
④ 모양은 바꾸지 않고, 삼각형의 개수를 적게 한다.

39 Sculptris에서 표면을 평평하게 만드는 메뉴는?

① CREASE
② DRAW
③ GRAB
④ FLATTERN

40 Sculptris의 Brush controls 메뉴에 대한 세부 설명으로 옳지 않은 것은?

① Detail slider는 큰 값이 세팅될수록 더 적은 triangle이 만들어진다.
② Size slider는 브러시의 크기를 조절한다.
③ Strength slider는 브러시의 강도를 조절한다.
④ Size checkbox가 활성화되면, 펜의 압력은 0%에서 최대 Size Slider에 명시된 값까지 조절된다.

3영역 | 3D 출력 관리와 후가공

41 붓 도색 방법에 대한 설명으로 옳지 않은 것은?

① 붓 칠의 기본은 일정한 방향으로 여러 개의 줄을 긋듯이 다 칠한 뒤 그 위에 다 90도 방향으로 똑같이 긋는다.
② 붓 칠을 할 때는 도료를 약간 희석하여 붓 자국이 살짝 남도록 한다.
③ 세밀한 도색이 필요할 때는 둥근 붓 중 가장 작은 사이즈를 사용한다.
④ 넓은 부분을 칠할 때는 평붓이 좋다.

42 에나멜 도료의 특징으로 옳지 않은 것은?

① 완전 건조 후에 피막은 튼튼하지 않은 편이다'
② 유성이며 건조가 느리다.
③ 에어브러시 사용도 가능하다.
④ 피막과 점착성이 조금 떨어지나 붓질이 잘되고 색감이 우수하다.

43 캔 스프레이 작업에 적합한 조건이 아닌 것은?

① 바람이 살살 부는 야외도 좋다.
② 칠하기 적합한 가장 좋은 때는 습기가 없는 맑은 날이다.
③ 골판지 상자 등으로 도료가 날리는 것을 방지한다.
④ 최대한 먼지가 올라 앉지 않는 조건인 실내가 가장 좋다.

44 캔 스프레이의 사용 방법에 대한 설명으로 옳지 않은 것은?

① 30cm 거리에서 캔 스프레이로 칠해지는 면적은 약 12cm이다.
② 일반적인 캔 스프레이의 유효 사거리는 30~40cm이다.
③ 현실적으로 사용하기 쉬운 거리는 약 15cm의 거리로 이때는 도료의 분출을 제어하기가 좀 더 쉽다.
④ 유광 색의 경우, 일반적인 유효 사거리보다 멀리 도료를 뿌려야 광택이 난다.

45 중력식 스프레이건에 대한 다음 설명 중 옳지 않은 것은?

① 중력식 스프레이건은 도료 컵이 노즐 위쪽에 장치되어 있다.
② 중력식 스프레이건은 흡상식 스프레이건에 비해 사용 후 세척이 번거롭다.
③ 중력식 스프레이건은 컵 용량이 적어 넓은 면적 도장에는 부적합하다.
④ 중력식 스프레이건은 적은 양의 도료도 사용 후 처리가 용이하고 가볍다.

46 서페이서의 사전 작업으로 옳지 않은 것은?

① 물기가 조금 남아 있는 상태에서 작업해야 한다.
② 못 쓰게 된 칫솔로 줄밥을 털어 낸다. 세밀한 라인들이 있으면 사이사이 꼼꼼하게 털어 낸다.
③ 세제 성분이 완전히 씻겨나갈 때까지 맑은 물로 충분히 헹구어 내야 한다.
④ 출력물 표면에 붙은 먼지 혹은 기름기, 작업 중에 손에서 옮겨 묻은 땀 등을 제거하기 위해 식기 세척용 중성 세제를 칫솔에 묻혀서 미지근한 물로 문질러 준다.

47 도색 작업 단계와 가장 관련이 없는 기본 도구는?

① 퍼티　　② 서페이서
③ 에어브러시　　④ 캔 스프레이

48 다음이 설명하고 있는 표면 정리 재료는 무엇인가?

> • 찰흙 같은 형태이다.
> • 주제와 경화제가 나뉘어 있으며 1:1로 반죽하듯이 섞어 준다.
> • 강도가 강하고 밀도가 높아 중량감이 있다.
> • 메움 작업과 조형 작업에 적합하다.

① 1액형 퍼티
② 시바툴(우레탄 퍼티)
③ 에폭시 퍼티
④ 폴리에스터 퍼티

49 퍼티를 사용할 경우 퍼티가 굳은 후 바로 해야 하는 작업으로 가장 옳은 것은?

① 도색 작업
② 서포터 제거 작업
③ 샌딩 작업
④ 마감 작업

50 캘리브레이션과 관련지어 볼 때 필라멘트 구입 시 확인 사항으로 가장 거리가 먼 것은?

① 탄성도 확인 – 뚝뚝 끊어지는지 확인
② Diameter 확인
③ Color
④ Flow rate 반영

51 다음에서 설명하는 3D 프린터 용어는 무엇인가?

> • 하드웨어에 대한 기술로 출력 품질에 많은 영향을 준다.
> • 출력을 위해 노즐의 온도를 정하는 일, 사용하는 재료의 특성을 반영하는 일, 출력하려는 Object에 따른 파라미터 값을 조정하는 일 등 사전 조정 단계가 반드시 필요하다.
> • 일부는 슬라이싱 프로그램에서 값을 세팅하고, 일부는 펌웨어에서 파라미터 값을 설정한다.

① Home Position
② 3D 프린팅
③ 브리지
④ 캘리브레이션

52 출력물의 형상과 품질 FACTOR에 대한 설명 중 바르지 않은 것은?

① 작은 면적의 출력물일 경우 여러 개를 한 번에 만들어 빠른 출력을 할 수 있다.
② 출력 면적이 좁아질수록 강한 냉각 팬과 냉각 시간이 필요하다.
③ 출력물의 높이가 높아질수록 수축의 영향으로부터 자유로워 출력물이 갈라지지 않는다.
④ 출력 면적이 넓을수록 자연 냉각이 잘된다.

53 큐라(Cura) 편집 명령인 Rotate에 대한 설명 중 바르지 않은 것은?

① 선택된 모델 주위에 생기는 원을 이용한 Z축 중심의 회전은 지원이 안 된다.
② Rotate 아이콘을 클릭하면 모델 주위에 원이 표시된다.
③ 마우스 왼쪽 버튼을 누른 상태로 노란색 원을 회전하면 Y축 중심의 회전이 일어난다.
④ 마우스 왼쪽 버튼을 누른 상태로 초록색 원을 회전하면 X축 중심의 회전이 일어난다.

[54-56]

다음 Open expert settings 실행 화면에 대한 물음에 답하시오.

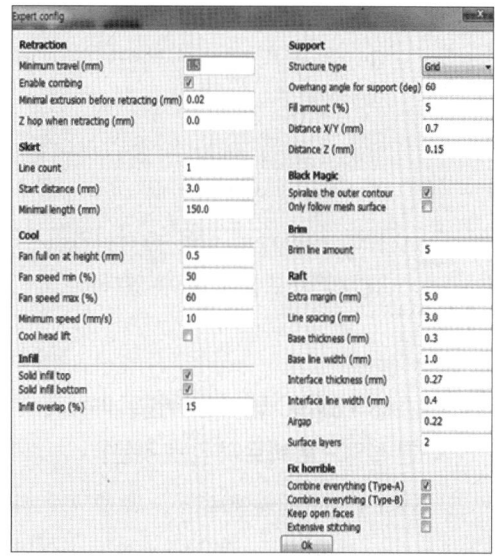

54 3D 출력 시 점프 상태에서 원료 배출을 후퇴시키는 기능과 가장 관련이 깊은 메뉴는?

① Skirt   ② Cool
③ Raft   ④ Retraction

55 Brim 메뉴의 서브 항목에 대한 설명 중 바르지 않은 것은?

① 출력되는 첫 레이어와 같은 선상에 그려진다.
② Brim line amount는 브림에 사용되는 선의 두께이다.
③ Brim line amount의 값이 늘어날수록 물체가 바닥에 더 잘 붙게 된다.
④ Brim line amount의 값이 늘어날수록 출력 영역을 더 좁게 만들 수 있다.

56 Raft 메뉴의 서브 항목에 대한 설명 중 바르지 않은 것은?

① Extra margin은 물체 가장자리의 추가 레프트 길이를 입력한다.
② Raft는 출력되는 첫 레이어 아래에 위치한다.
③ Support를 사용할 경우 Raft는 Support 위에 위치한다.
④ Extra margin 값을 증가시키면 더 강한 레프트를 만들 수 있다.

57 큐라의 BASIC 탭의 필라멘트 메뉴에 대한 설명으로 바르지 않은 것은?

① Flow는 필라멘트가 잘 토출되게 하기 위해 작은 값으로 조절해 주어야 한다.
② Diameter는 사용하고 있는 필라멘트의 직경(두께)을 입력한다.
③ Flow는 필라멘트의 흐름의 압출을 보정해 주는 보정 계수를 입력한다.
④ Diameter는 일반적인 필라멘트인 경우 1.75mm 두께를 사용한다.

58 큐라에서 헤드가 이동할 때 필라멘트 배출을 후퇴시켜 거미줄 같은 찌꺼기가 발생하는 것을 줄이기 위해 사용해야 할 메뉴 항목은?

① Density
② Enable retraction
③ Shell thickness
④ Bottom/Top thickness

59 큐라에서 다음 수치는 레이어의 높이다. 출력 품질이 가장 좋은 것은?

① 0.2mm   ② 0.02mm
③ 0.1mm   ④ 0.06mm

60 큐라에 대한 설명으로 잘못된 것은?

① 유료 소프트웨어로 소액 지불 프로그램이다.
② G 코드를 생성하는 슬라이싱 프로그램이다.
③ 설치가 완료되면 바탕화면에 큐라 프로그램 실행 파일이 생긴다.
④ http://software.ultimaker.com/에서 다운로드 가능하다.

4영역 3D 프린터 작동 원리 및 조립

61 3D 프린팅 시 사용되는 STL은 어느 형식의 파일인가?

① 솔리드 모델링 형식
② 서피스 모델링 형식
③ 와이어 프레임 모델링 형식
④ NURBS 형식

62 빛을 이용한 프린팅 방식이 아닌 것은?

① SLM   ② DLP
③ MJM   ④ SLS

63 델타 방식은 세 축이 몇 도를 유지하고 있어야 하는가?
① 45도　② 90도
③ 180도　④ 270도

64 Offset의 의미는 무엇인가?
① 보정 값을 뜻한다.
② 파워를 조정한다.
③ 작동을 제어하라는 의미를 가진다.
④ 온도를 올리라는 의미를 가진다.

65 오픈 소스가 지향하는 저작권의 특징이 아닌 것은?
① 누구나 사용할 수 있다.
② 상업용 목적으로 사용할 수 있다.
③ 누구나 자신에게 맞게 업그레이드 할 수 있다.
④ 사용자는 반드시 오픈 소스에 기여해야 한다.

66 3D 프린터와 대화하는 데 사용하는 프로그램을 무엇이라고 하는가?
① CAD
② Slicer
③ G code sender
④ G code interpreter

67 익스트루더의 부품 중 서미스터의 역할은?
① 열을 올리는 역할을 한다.
② 열을 측정하는 역할을 한다.
③ 열을 제어하는 역할을 한다.
④ 열을 식히는 역할을 한다.

68 G code interpreter에서 제어할 수 없는 것은?
① 온도 제어
② 익스트루더 좌표 이동
③ 재료 투입 양
④ 재료의 종류 설정

69 컴퓨터의 엔터 키에 해당하는 G 코드는?
① G0　② G1
③ G28　④ G92

70 FDM 3D 프린터에서 PID 제어로 제어하는 곳은 어느 곳인가?
① Feeder　② 온도 제어
③ 모터 제어　④ 필라멘트 제어

71 슬라이싱 후 3D 프린터에 제공되는 Tool Path는 어떤 형식인가?
① 2진수　② 헥사코드
③ 좌표 수치　④ G 코드

72 3D 프린터에서 많이 사용하는 스테핑 모터에서 모터의 속도를 조절하는 것은?
① 전압 ② 전류
③ 전압·전류 ④ 펄스

73 3D 프린터에서 많이 사용하는 스테핑 모터에서 모터의 힘을 조절하는 것은?
① 전압 ② 전류
③ 전압·전류 ④ 펄스

74 PID 제어 중 PID가 의미하지 않는 것은?
① 비례 ② 미분
③ 적분 ④ 평균

75 Step per unit 설정 시 고려해야 할 항목이 아닌 것은?
① 스테퍼 모터의 기본 스텝수
② 벨트의 피치값
③ Threaded rod의 피치값
④ 모터 드라이브의 전압

76 아두이노 MEGA 2560에서 SRAM의 용량은?
① 4KB
② 8KB
③ 16KB
④ 256KB

77 3D 프린터를 작동시키는 CAM Tool에 속하는 프로그램이 아닌 것은?
① Sprinter
② Slicer
③ G code sender
④ G code interpreter

78 엔드 스톱이 3D 프린터에서 하는 역할은 무엇인가?
① 전원 스위치
② 토출 압력 센싱
③ 온도 센싱
④ 원점 센싱

79 3D 프린터에서 모터의 원주 운동을 직선 운동으로 변환해 주는 부품은?
① 벨트
② 베어링
③ 풀리
④ 리니어 모션 가이드

80 RAMPS의 주요 기능이 아닌 것은?
① 익스트루더의 온도 신호 입력
② 엔드 스톱의 신호 입력
③ 익스트루더의 온도 신호 출력
④ LCD 정보 신호 처리

5영역 캘리브레이션 및 유지·보수

81 필라멘트의 토출량이 적절하게 맞지 않을 때 취할 수 있는 적절한 방법이 아닌 것은?

① Slicer 프로그램의 Flow 값을 조정한다.
② Firmware의 step per unit 값을 조정한다.
③ Slicer 프로그램의 Shell thickness 값을 조정한다.
④ G 코드의 M92 값을 조정한다.

82 베드 레벨링을 하는 방법으로 적절하지 않은 것은?

① 엔드 스톱의 위치를 조정한다.
② 베드의 위치를 조정한다.
③ G 코드의 M206의 Z 값을 조정한다.
④ G 코드의 M92의 Z 값을 조정한다.

83 FDM 방식의 3D 프린터에 사용되는 재료 중 PLA에 대한 설명으로 적절하지 않은 것은?

① PLA는 옥수수 등 친환경 소재를 발효시켜 제조한다.
② PLA는 ABS 대비 수축률이 높다.
③ ABS 보다 보통 출력 온도가 낮다.
④ 출력 시 히팅 베드가 꼭 필요하지 않다.

84 펌웨어에서 Configuration.h의 특징은 무엇인가?

① 파라미터를 저장한다.
② 헥사 파일로 이루어져 있다.
③ 변경이 불가능한 기계어이다.
④ 항상 용량이 일정하다.

85 노즐의 움직임 방향을 정하게 되는 기준은 어느 것인가?

① 모터의 설치 방향
② 엔드 스톱의 위치
③ 축의 설치 방향
④ 익스트루더의 현재 위치

86 캘리브레션이 필요한 이유는 무엇인가?

① 프린터의 고장을 미연에 방지하기 위해
② 최적의 출력 품질을 얻기 위해
③ 프린터의 어떠한 재료라도 사용할 수 있게 하기 위해
④ 프린터의 사용자가 파라미터를 설정하기 위해

87 Marlin 펌웨어에서 Baudrate는 무엇을 세팅하는 것인가?

① 프린터와 컴퓨터 간의 통신 속도
② 프린터의 작동 속도
③ SD 메모리의 데이터 읽기 속도
④ EEPROM의 저장 속도

88 FDM 방식 프린터를 처음 가동할 시 확인하지 않아도 되는 항목은?
① 모터의 정상 가동 여부
② 핫엔드의 온도 제어 작동 확인
③ 엔드 스톱 소프트웨어의 작동 여부
④ 지상과 베드의 수평 여부

89 엔드 스톱 소프트웨어의 현재 상태를 확인하는 G 코드의 명령어는?
① M114   ② G28
③ M119   ④ G0

90 이론값을 전용한 후 실제와 맞지 않을 경우 어떤 방법으로 이를 조정하는가?
① 이론값을 재계산
② MIN법 사용
③ MAX법 사용
④ 비례법 사용

91 기계 값을 조정하는 것 중에서 모터 드라이버의 전압을 조정하는 것이 첫째이다. 모터 드라이버의 전압을 조정하는 이유는?
① 모터의 입력 전압을 조정하기 위해
② 모터의 입력 전류를 조정하기 위해
③ 모터의 최대 전압을 조정하기 위해
④ 모터의 펄스량을 조절하기 위해

92 3D 프린터의 펌웨어에 대한 설명으로 옳은 것은?
① 컴파일된 펌웨어를 아두이노 소프트웨어를 사용하여 수정할 수 있다.
② 펌웨어의 기본 변수들이 EEPROM에 저장되면 바꿀 수 없다.
③ 펌웨어는 G 코드를 읽어 센서의 신호와 비교하여 프린터를 가동시킨다.
④ 컨트롤러에 기존의 펌웨어를 반드시 지워야만 새로운 펌웨어를 업로드 할 수 있다.

93 G 코드에는 G로 시작하는 코트와 M으로 시작하는 코드가 있다. 여기서 M이 뜻하는 바는 무엇인가?
① Miscellaneous
② Master
③ Marlin
④ Machine

94 Marlin 펌웨어를 이루고 있는 프로그램 중 맨 하위에서 작동하는 File의 확장자명은?
① H   ② INO
③ EXE   ④ CPP

95 아두이노의 Marlin 펌웨어에서 표준 라이브러리에 포함되지 않은 것은?
① EEPROM   ② Wifi
③ Ethernet ④ USB

96 Marlin 펌웨어에서 프린터 작동과 시스템세팅에 필요한 파라미터 값을 포함하는 File은?

① Configuration ② cpp
③ Marlin ④ Ramps

97 Marlin 펌웨어에 대한 설명 중 틀린 것은?

① Erik vander Zalm이 개발했다.
② 2011년 5월에 처음 발표되었다.
③ sprinter를 발전시킨 것이다.
④ 메모리 카드로 출력이 불가능하다.

98 슬라이싱 프로그램에서 오브젝트를 출력할 시 출력물의 적층 높이를 결정하는 항목은?

① Bottom/Top Thickness
② Layer height
③ Shell Thickness
④ Nozzle size

99 FDM 프린터의 익스트루더 방식 중 핫엔드와 피더가 분리되어 있는 방식은?

① 델타 방식
② 카르테시안 방식
③ 다이렉트 방식
④ 보우덴 방식

100 3D 프린터에서 사용되는 스테퍼 모터의 특징은 무엇인가?

① 전류가 1.7A에서만 작동한다.
② 전력 소모가 가장 적다.
③ 스텝 단위로 모터를 제어한다.
④ 아두이노에서 유일하게 제어되는 모터이다.

3D 프린팅 전문교강사 2급(A형) – 제7회 정답

01	02	03	04	05	06	07	08	09	10
③	②	④	④	①	①	④	②	②	④
11	12	13	14	15	16	17	18	19	20
②	④	①	①	①	③	①	③	②	③
21	22	23	24	25	26	27	28	29	30
③	②	②	④	①	②	④	③	②	③
31	32	33	34	35	36	37	38	39	40
③	②	④	②	④	①	②	②	②	④
41	42	43	44	45	46	47	48	49	50
②	①	④	④	②	①	①	③	③	③
51	52	53	54	55	56	57	58	59	60
④	③	①	④	②	③	①	②	②	①
61	62	63	64	65	66	67	68	69	70
②	③	②	①	④	④	②	④	③	②
71	72	73	74	75	76	77	78	79	80
④	④	②	④	②	①	④	②	③	④
81	82	83	84	85	86	87	88	89	90
③	④	②	①	②	②	①	④	③	④
91	92	93	94	95	96	97	98	99	100
②	③	①	④	④	①	④	②	④	③

3D 프린팅 마스터 2급(A형)

제9회(2016. 08. 20.)

등록	주무부처	자격증 시험 주관
한국직업능력개발원	산업통상자원부	(사)3D프린팅산업협회

1영역 3D 프린팅 동향

01 세계 미래 학회는 2013년 펴낸 보고서에서 우리의 미래를 이끌 20여 개의 기술로 전기차, 로봇 등과 함께 3D 프린터를 꼽았다. 특히 이 학회는 3D 프린터가 '생산 혁명'을 유발할 것이라고 하였는데, 이를 바르게 해석한 것을 고르시오.
① 금형 제작 비용을 대폭 낮출 수 있다.
② 생산 시설 공유화를 가져올 수 있다.
③ 자본력을 적극 활용할 수 있다.
④ 3D 프린터는 일반인도 쉽게 사용 가능하여 소비자가 직접 물건을 만들어 쓸 수 있다.

02 3D 프린팅을 일찍 도입한 산업계 선두주자(얼리어답터, Early Adopter)의 공통적 성향에 대한 설명으로 틀린 것은?
① 복잡한 설계 및 제작을 요하는 분야
② 개발 기간 단축과 비용 절감 효과가 큰 분야
③ 상품 모델이 단순하고 대량 판매가 지속되는 분야
④ 맞춤형 혹은 수요자 개성이 강하게 주장되는 분야

03 발명된 지 30년된 기술인 3D 프린터가 2000년대 들어 재조명 받기 시작한 요인과 가장 거리가 먼 것은?
① 전 세계의 고령화 산업 진입
② 주요 특허 만료에 따른 관심 증대 및 가격 인하 기대감
③ 정보 통신 발전에 따른 주변 상황 개선
④ 개성을 존중하는 사회적 분위기로 발전

04 2013년 5월 삼성 경제 연구소는 미래 산업을 바꿀 7대 파괴적 혁신 기술을 발표하며 3D 프린터를 주목하였다. 다음 중 사실과 다른 것을 고르시오.
① 3D 프린터가 나노, 생명 공학, 우주 공학 분야의 변화를 가속화할 것으로 예상하였다.
② 3D 프린터가 공제식 제조(Subtractive Manufacturing) 방식을 한층 더 발달시켜 제조업의 혁명을 가져올 것이라 예상하였다.

③ 웨어러블 컴퓨터에 이어 두 번째로 3D 프린터를 꼽았다.
④ 3D 프린터가 개인 맞춤형 제조 확대에 기여할 것으로 예상하였다.

05 3D 프린팅의 3단계 공정은 모델링, 프린팅, 후처리 과정을 거친다. 이 중 CAD 설계 단계에 해당하는 공정은?
① 프린팅 단계
② 모델링 단계
③ 후처리 단계
④ 모두에 해당함.

06 3D 프린터의 파급 효과를 소개할 때 "원격 제조(Remote Manufacturing)"라는 수식어가 사용된다. 이것을 가능하게 하는 가장 중요한 키워드는 무엇인가?
① 고성능 인터넷 활용 가능
② 3D 프린팅 관련 소재의 발전
③ 우수한 성능의 CAD 프로그램
④ FDM 방식의 특허 만료

07 마이크로프로세서의 성능 향상과 3D 프린팅 기술 발달의 관계에 대한 설명으로 거리가 먼 것은?
① 마이크로프로세서는 메모리 용량 요구 조건이 과도해서 가격 인하 혜택은 없었다.
② 3D 프린터도 결국 마이크로프로세서 기반 자동 제어 시스템이므로 성능 향상 효과를 직접 누렸다.
③ 산업용 및 개인용 3D 프린터 성능 향상과 가격 인하의 동시 구현이 가능해졌다.
④ 최근에 저가의 고성능 마이크로프로세서 제품이 다량 출시되어 직접적인 혜택을 누렸다.

08 3D 프린팅과 관련한 특허에 대한 설명으로 틀린 것은?
① 최근에 만료된 SLS 방식 특허는 산업적 파급 효과가 매우 컸다.
② FDM 방식 특허 바탕으로 스트라타시스 사가 설립되었다.
③ 최초의 특허는 1984년 찰스 헐에 의한 SLS 방식 특허이다.
④ FDM 방식 특허는 일반인 사이에 3D 프린팅 기술 성황을 이루는 데 커다란 기여를 했다.

09 다음 중 3D 프린팅의 3대 기술에 속하지 않는 방식은?
① SLA(Stereo Lithography Apparatus)
② FDM(Fused Deposition Modeling)
③ SLS(Selective Laser Sintering)
④ LOM(Laminated Object Manufacturing)

10 다음 중 렙랩(RepRap)이 추구한 기본 방향과 거리가 먼 사항은?

① 구하기 쉬운 부품을 사용했다.
② FDM 방식을 추진했다.
③ DIY(Do-It-Yourself) 방식을 추구했다.
④ 개인의 지적 재산권을 철저히 보호했다.

11 렙랩에 대한 설명으로 틀린 것을 고르시오.

① 스콧 크럼프(Scott Crump)가 주도적으로 시작했다.
② FDM 방식 특허 만료 이전인 2005년에 만들어졌다.
③ 오늘날 우리가 접하는 대부분의 개인용 3D 프린터에 큰 영향을 끼쳤다.
④ FDM 방식만을 시도했다.

12 기계적 제조 방법에 대한 기술 중 3D 프린팅에 해당하지 않는 것은?

① 원재료 개발로 영역이 점차로 확대되었다.
② 대량 생산에 맞는 제작 방식이다.
③ 원격 제조(Remote Manufacturing)가 가능하다.
④ 적층식 제작 방식이다.

13 개인용 3D 프린터로 널리 사용되는 FDM 방식 프린터는 육면체 박스 형태의 '카르테시안형'과 오면체 형태의 '델타형'이 있다. 다음 설명 중 '델타형' 프린터에 해당하는 특징은?

① 일반적으로 3축의 스테퍼 모터가 하나씩 작동한다.
② 성형 속도가 상대적으로 느리다.
③ 익스트루더가 기구학적으로 최소 경로로 움직일 수 있다.
④ 3축이 순차적으로 작동한다.

14 다음 3D 프린팅 방식의 공통점은?

- DMT(Laser-aided Direct Metal Tooling)
- LAM(Laser Additive Manufacturing)
- SLS(Selective Laser Sintering)
- SLA(Stereo Lithography Apparatus)

① 금속 소재를 사용한다.
② 광경화성 소재를 사용한다.
③ 제작물의 강도가 매우 강하다.
④ 레이저 빔을 사용한다.

15 최근 글로벌 대형 IT 업체들은 저가의 고성능 광학 센서 개발을 활발히 진행하고 있다. 이들은 주로 3D 프린팅의 어느 분야에 직접적인 영향을 끼칠 것으로 예상되는가?

① 3D 프린터 가격 인하
② 후처리 장비 개발
③ 인터넷 네트워크
④ 3D CAD 데이터 획득

16 아두이노 프로젝트에 대한 설명으로 틀린 것은?

① 이탈리아에서 출범했다.
② USB를 통해 컴파일 및 업로드를 쉽게 할 수 있다.
③ 1985년에 탄생한 최초의 하드웨어 기반 오픈 소스 프로젝트이다.
④ 3D 프린터 대중화에 커다란 기여를 했다.

17 3D 프린터의 성능을 나타내는 용어인 빌드 볼륨(Build Volume)의 정의로 옳은 것을 고르시오.

① 프린터 소재의 보관이 가능한 용적
② 제작 가능한 조형물의 최대 부피
③ 프린터 전체의 부피
④ 프린터 베드의 밑 면적

18 다음 중 금속 파우더를 사용할 수 있는 3D 프린팅 방법은?

① SLA(Stereo Lithography Apparatus)
② FDM(Fused Deposition Modeling)
③ SLS(Selective Laser Sintering)
④ DLP(Digital Light Processing)

19 다음 중 액체 광경화 수지를 사용하는 3D 프린팅 방법은?

① FDM(Fused Deposition Modeling)
② DLP(Digital Light Processing)
③ SLS(Selective Laser Sintering)
④ DMT(Laser-aided Direct Metal Tooling)

20 현재의 3D 프린팅 소재 개발 상황에 대한 설명으로 틀린 것은?

① 아직은 다중 소재 프린팅이 어렵다.
② 다양한 색깔 구현이 여러 방법으로 시도되고 있다.
③ 향후 새로운 소재와 그 소재에 맞는 새로운 가공 방식의 동시 개발이 예상된다.
④ 플라스틱 계열 소재만이 실용화된 상태이다.

2영역 3D 모델링과 3D 스캐닝

21 3D 프린팅의 3단계인 모델링 – 프린팅 – 후처리 단계 중 3D 프린팅 단계에서 이루어지는 세부 프로세스와 가장 관계가 없는 것을 고르시오.

① 3D Object의 출력
② 3D 출력물 서포트 제거
③ 3D 슬라이싱 소프트웨어
④ 슬라이싱 프로그램

22 3D 모델링 소프트웨어가 3D 입체를 정의하는 방법에 대해 잘못 설명한 것을 고르시오.

① Sculptris는 그래픽 프로그램으로 Wire-Frame으로 입체를 정의한다.
② 123D Design은 캐드 프로그램으로 Solid로 입체를 정의한다.
③ 라이노는 캐드 프로그램으로 Surface로 입체를 정의한다.
④ 오토캐드는 캐드 프로그램으로 Wire-Frame으로 입체를 정의한다.

23 123D Design에서 3차원 도형을 생성하는 명령을 잘못 설명하고 있는 것을 고르시오.

① Cone은 밑면의 반지름과 원뿔의 높이를 각각 입력하여 원뿔을 만든다.
② Sphere(구)는 반지름을 'Radius'에 입력하고 위치를 지정해 구를 만든다.
③ Torus는 전체 토러스의 지름과 둘레 원의 지름을 각각 입력하여 3차원 도넛 모양을 만든다.
④ Cylinder는 밑면의 반지름과 원기둥의 높이를 'Radius'와 'Height'에 입력하여 원기둥을 만든다.

24 123D Design의 표시 관련 메뉴 중 화면을 회전시키는 Pan 기능을 동일하게 실행하는 마우스의 작동 방법으로 옳은 것은?

① 마우스 가운데 버튼을 'Press and mouse drag' 한다.
② 마우스 오른쪽 버튼을 'Press and mouse drag' 한다.
③ 마우스 가운데 버튼을 'Scroll the wheel' 한다.
④ 선택한 오브젝트를 키보드 F와 조합한다.

25 123D Design의 Scale 메뉴에 대한 설명 중 바르지 않은 것은?

① 선택한 오브젝트의 화살표를 이용하여 확대·축소할 수 있다.
② 옵션을 Nonuniform으로 설정하면 X, Y, Z축 각각의 방향으로 따로 확대·축소할 수 있다.
③ 옵션을 Uniform으로 설정하면 X, Y, Z축으로 동시에 확대·축소할 수 있다.
④ 스케일 Factor를 직접 입력하는 방식의 확대·축소하는 기능은 지원되지 않는다.

26 123D Design의 스케치(Sketch) 메뉴의 명령에 대한 설명으로 옳지 않은 것은?

① Polygon 명령은 외접원의 반지름과 변의 개수를 'Radius'와 'Sides'에 입력하여 정다각형을 그린다.
② Circle 명령은 원의 중심과 지름(Diameter)을 입력하여 원을 그린다.
③ Polyline 명령은 점을 지나는 자유곡선을 그린다.
④ Rectangle 명령은 꼭짓점을 지정해 직사각형을 그리거나 입력 창에 길이를 바로 입력해도 된다.

27 123D Design에서 각 제어점을 지나는 자유 곡선을 그리며, 이를 조절하여 곡선도 수정 가능하게 하는 2D 도형 생성 명령은?

① Spline
② Polygon
③ Polyline
④ Three Point Arc

28 123D Design의 명령 중 2D 도형을 가지고 실행할 수 있는 편집 명령이 아닌 것은?

① Trim   ② Chamfer
③ Extend ④ Offset

29 123D Design Construct 메뉴 중 익스트루드 명령에 대한 설명으로 잘못된 것을 고르시오.

① 한 면을 돌출시키고 기울일 수 있다.
② 새로 돌출되어 만들어진 도형은 새로운 오브젝트로 지정할 수 없다.
③ 마우스로 돌출시킬 거리를 움직일 수 있다.
④ 속성 매니저에서는 돌출 거리 지정이나 회전 각도를 입력하는 창으로 구성된다.

30 123D Design에서 도형(Profile)을 회전축(Axis)을 중심으로 회전시켜서 입체를 형성하는 명령은?

① Press Pull ② Loft
③ Chamfer   ④ Revolve

31 123D Design에서 유용한 단축키에 대한 설명 중 옳지 않은 것은?

① Scale은 '오브젝트 선택 + S'이다.
② Transform의 단축 메뉴는 'Ctrl + T'이다.
③ Tweak는 'Select face + T'이다.
④ Press and Pull은 'Select face + P'이다.

32 Sculptris 모델링 프로그램에 대한 설명 중 옳지 않은 것은?

① Wire-Frame 방식으로 입체적인 3D 오브젝트를 만들 수 있다.
② 직관적 사용법으로 3D 모델링 초보자도 쉽게 익힐 수 있다.
③ 마치 디지털 예술가가 흙으로 모형을 만드는 기능과 흡사한 프로그램이다.
④ Pixologic 사의 3D 모델링 프로그램으로 무료로 배포하는 프로그램이다.

33 Sculptris에서 모델링 시간을 단축할 수 있는 단축키에 대한 설명 중 옳지 않은 것은?

① Z 키는 현재 화면 뷰에서 가장 가까운 직교 모드로 화면을 이동시킨다.
② Space 바는 Brush 세팅 메뉴를 화면에 띄운다.
③ '〈', '〉' 키는 Brush 사이즈를 증가 또는 축소시킨다.
④ Tab 키는 메뉴를 보이거나 숨길 수 있다.

34 Sculptris의 Brush controls 메뉴에 대한 세부 설명으로 옳지 않은 것은?

① Size checkbox가 활성화되면, 펜의 압력은 0%에서 최대 Size Slider에 명시된 값까지 조절된다.
② Strength slider는 브러시의 모양을 선택한다.
③ Detail slider는 큰 값이 세팅될수록 더 많은 triangle이 만들어진다.
④ Size slider는 브러시의 크기를 조절한다.

35 Sculptris의 Utility control 메뉴인 RE-DUCE BRUSH의 INVERT 모드에 대한 설명으로 옳은 것은?

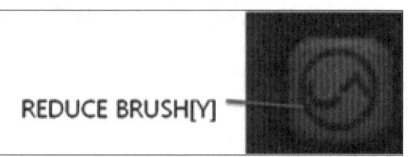

① 모양은 바뀌지 않고, 삼각형의 개수를 많게 한다.
② 모양은 바뀌지 않고, 삼각형의 개수를 적게 한다.
③ 모양을 바꾸면서 삼각형의 개수를 많게 한다.
④ 모양을 바꾸면서 삼각형의 개수를 적게 한다.

36 3D 스캐너를 활용하여 3D 데이터를 얻어 내는 형식으로 가장 거리가 먼 것은?

① 넙스(Non-uniformrational B-spline)
② 덩어리 형식(Solid)
③ 패치 형식
④ 폴리곤(polygon)

37 물체 표면에 지속적으로 주파수가 다른 빛을 쏘고 수광부에서 이 빛을 받을 때 주파수의 차이를 검출해 거리 값을 구해 내는 방식으로 작동하는 3D 스캐너 종류는?

① 광 삼각법 3D 레이저 스캐너
② 핸드헬드(Handheld) 스캐너
③ 변조광(Structured-Light) 방식의 3D 스캐너
④ 백색광(White light) 방식 스캐너

38 Sense 3D 스캐너 프로그램에서 Settings 메뉴의 세부 옵션 중 Resolution에 대한 설명으로 옳지 않은 것은?

① 스캔되는 대상물의 밝기를 설정한다.
② 옵션을 High로 선택할 경우 캡처 속도가 늦어진다.
③ 해상도가 가장 낮은 것은 Low 옵션이다.
④ Low / Med / High 3단계로 조정이 가능하다.

39 Sense 3D 스캐너 프로그램의 상태 조절 스캔 편집 메뉴에 대한 설명 중 잘못된 것은?

① Undo(A) : 되돌아가기로, 마지막 변경 사항을 지운다.
② Reset(B) : 화면을 원점으로 돌려서 보여 준다.
③ Home(C) : 스캔 현 화면의 바로 앞 단계 화면으로 되돌아간다.
④ Settings(D) : 현재 작업 중인 스캔 세팅을 변경한다.

40 Sense 3D 스캐너 프로그램에서 3D 출력이 가능하도록, 스캐닝 물체의 모든 구멍을 메우고 닫아 주어 채워진 솔리드 형태로 만드는 스캔 편집 명령은?

① Crop
② Trim
③ Auto Enhance
④ Solidify

3영역 3D 출력 관리와 후가공

41 캘리브레이션과 관련지어 볼 때 필라멘트 구입 시 확인 사항으로 고려하지 않아도 되는 사항은?

① Diameter 확인 ② 탄성도 확인
③ 제조사   ④ Flow rate 반영

42 다음에서 설명하는 3D 프린터 용어는 무엇인가?

- 하드웨어에 대한 기술로 출력 품질에 많은 영향을 준다.
- 출력을 위해서 노즐의 온도를 정하는 일, 사용하는 재료의 특성을 반영하는 일, 출력하려는 Object에 따른 파라미터 값을 조정하는 일 등 사전 조정 단계가 반드시 필요하다.
- 일부는 슬라이싱 프로그램에서 값을 세팅하고, 일부는 펌웨어에서 파라미터 값을 설정한다.

① 3D 프린팅   ② 캘리브레이션
③ 슬라이싱   ④ Home Position

43 3D 프린터 출력의 질을 높이기 위해 레프트가 잘 밀착되도록 하는 방법으로 옳지 않은 것은?

① 노즐과 베드의 간격을 최대한 줄였다.
② 베드의 온도는 최대한 높여서 필라멘트가 잘 녹게 하였다.
③ 마스킹 테이프, 캡톤 테이프와 같은 제품을 베드에 사용했다.
④ 유리판 위에 필라멘트가 잘 붙는 성분의 스프레이를 도포했다.

44 큐라(Cura)에서 출력될 모델의 View Mode(보기 모드)에 대한 설명으로 옳지 않은 것은?

① Overhang은 패인 부분을 확인할 수 있도록 빨간색으로 표시한다.
② Layer는 프린트되는 모델의 툴 패스를 표시한다.
③ Transparent는 투명도를 적용시켜 표시한다.
④ X-ray는 X-ray 효과를 이용하여 표시한다.

[45-48]
다음 Open expert settings 실행 화면에 대한 물음에 답하시오.

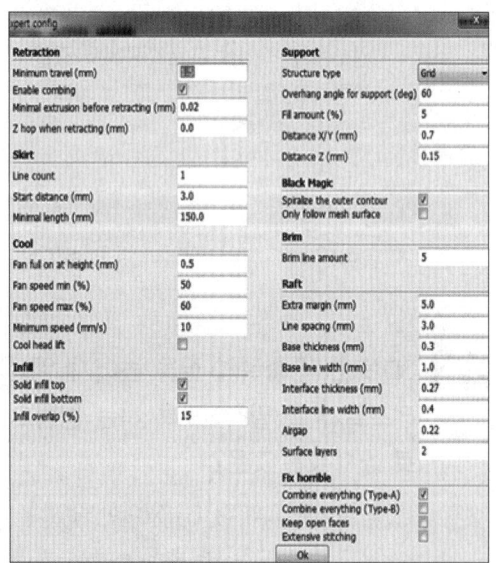

45 Cool 메뉴의 서브 항목 중 출력 속도를 아주 늦춰 필라멘트가 흘러나올 수 있으므로 적당한 스피드를 주어야 하는 서브 항목은?

① Fan speed min
② Fan speed max
③ Fan full on at height
④ Minimum speed

46 Retraction 메뉴의 서브 항목에 대한 설명 중 바르지 않은 것은?

① Zhop when retracting은 retraction이 끝났을 때 이 값만큼 헤드가 올라간다.
② Minimum travel은 retraction이 발생하는 노즐의 최소 이동 거리를 입력한다.
③ Enable combing 체크 해제 시에는 천천히 이동하게 한다.
④ Minimal extrusion before retracting은 retraction 하기 전 필라멘트에서 토출되는 최소 양을 지정한다.

47 Brim 메뉴의 서브 항목에 대한 설명 중 바르지 않은 것은?

① 출력되는 첫 레이어와 같은 선상에 그려진다.
② Brim line amount는 브림에 사용되는 선의 양이다.
③ Brim line amount의 값이 줄어들수록 물체가 바닥에 더 잘 붙게 된다.

④ Brim line amount의 값이 늘어날수록 출력 영역을 더 좁게 만들 수 있다.

48 Raft 메뉴의 서브 항목에 대한 설명 중 바르지 않은 것은?

① Base line width는 레프트 베이스 층의 라인의 너비를 입력한다.
② Base thickness는 레프트 베이스(첫 번째) 층의 두께를 입력한다.
③ Surface layer는 레프트의 위에 놓이는 층수를 입력하며, 이 층은 완전히 꽉 채워져 출력된다.
④ Air gap은 레프트의 마지막 층과 출력 물체의 첫 번째 층 사이의 갭을 입력하며, 이 작은 갭은 레프트의 제거를 더욱 어렵게 할 수도 있다.

49 큐라의 BASIC 탭의 필라멘트 메뉴에 대한 설명으로 바르지 않은 것은?

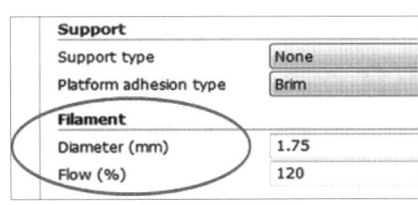

① Diameter는 일반적인 필라멘트인 경우 1.75mm 두께를 사용한다.
② Diameter는 사용하고 있는 필라멘트의 직경을 입력한다.
③ Flow는 필라멘트의 흐름의 압출을 보정해 주는 보정 계수를 입력한다.
④ Flow는 필라멘트가 잘 토출되게 하기 위해서는 적은 값으로 조절해 주어야 한다.

50 큐라의 BASIC 탭의 Support – Support type 메뉴 항목에 대한 설명으로 옳지 않은 것은?

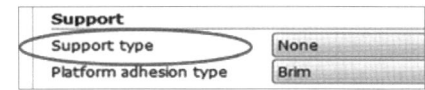

① 지지대 없이 프린트가 불가능한 모델인 경우에 사용한다.
② Touching buildplate은 바닥 면에서 평평한 지지대를 올렸다고 가정했을 때, 내부의 지지대가 필요한 부분까지 지지대를 만들어 준다.
③ Touching buildplate은 바닥 면에서 평평한 지지대를 올렸다고 가정했을 때, 출력 모델과 처음 닿는 부분만 지지대를 만들어 준다.
④ Everywhere는 바닥 면에서 평평한 지지대를 올렸다고 가정했을 때, 출력 모델과 닿는 모든 곳과 내부의 지지대가 필요한 부분에 지지대를 만들어 준다.

51 델타봇 기종의 3D 프린터 머신 세팅 시 다음과 같이 큐라의 Machine setting을 설정했다. 가장 적절치 않은 것을 고르시오.

① Heated bed는 선택하지 않았다(비체크).
② Machine center 0, 0은 선택했다(체크).
③ Build area shape은 Circular를 선택했다.
④ Build area shape은 Square를 선택했다.

52 큐라의 SD 카드에 G 코드를 저장할 시 사용되는 가장 적합한 File 메뉴는?

① Load Model file
② Save G code
③ Show slice engine log
④ Save Model

53 3D 모델링 후 3D 출력을 위해 최종 변환되어야 할 파일 확장자는?

① STL   ② DWG
③ JPG   ④ DXF

54 붓 도색 방법에 대한 설명으로 옳지 않은 것은?

① 미세한 부분을 칠할 때는 평붓이 좋다.
② 붓 칠의 기본은 일정한 방향으로 여러 개의 줄을 긋듯이 다 칠한 뒤 그 위에 90도 방향으로 똑같이 그어준다.
③ 붓 칠을 할 때는 도료를 약간 희석하여 붓 자국이 남지 않도록 한다.
④ 세밀한 도색이 필요할 때는 둥근 붓 중 가장 작은 사이즈를 사용한다.

55 에나멜 도료의 특징으로 옳지 않은 것은?

① 피막과 점착성이 조금 떨어지나 붓질이 잘되고 색감이 우수하다.
② 유성이며 건조가 느리다.
③ 완전 건조 후에 피막은 갈라지고 튼튼하지 않은 편이다.
④ 붓 도장에 적합한 도료이다.

56 캔 스프레이를 흔들어 사용해야 하는 수칙과 관련하여 바르지 않은 것은?

① 다른 곳에 처음 뿌릴 때 '투툭!' 하고 큰 방울이 튀어나올 수 있다.
② 모든 도료는 방치해 두면 용제와 안료가 분리되기 때문에 흔들어 준다.
③ 스프레이는 막대기 같은 것으로 저을 수 없어 흔들어 주는 것이다.
④ 처음부터 잘 흔든 후 출력물에 뿌려 주면 된다.

57 서페이서의 용도와 가장 거리가 먼 것은?

① 표면을 안정시키다.
② 샌딩 작업으로 생긴 미세한 스크래치를 보완한다.
③ 출력 후 생긴 작은 구멍을 메운다.
④ 도색 전 도료나 물감이 잘 안착되게 도와준다.

58 다음이 설명하고 있는 표면 정리 재료는 무엇인가?

- 찰흙 같은 형태이다.
- 주제와 경화제가 나뉘어 있으며 1:1로 반죽하듯이 섞어 준다.
- 강도가 강하고 밀도가 높아 중량감이 있다.
- 메움 작업과 조형 작업에 적합하다.

① 폴리에스터 퍼티
② 우레탄 퍼티
③ 에폭시 퍼티
④ 1액형 퍼티

59 접어서 깊숙한 곳을 칼처럼 다듬을 때 봉처럼 말아서 둥근 면 안쪽을 줄처럼 갈아낼 때 가장 유용한 표면 처리 도구는?

① 스펀지 사포　② 종이 사포
③ 천 사포　　　④ 전동 핸드피스

60 서포터 제거를 위한 니퍼에 대한 설명 중 옳지 않은 것은?

① 공업용 니퍼와 플라스틱용 니퍼가 있다.
② 니퍼는 서포터 제거를 위한 필수 도구라 할 수 있다.
③ 각종 니퍼는 가격에 따라 잘라지는 면의 정밀도가 달라진다.
④ 서포터 제거를 위한 니퍼로 공업용 니퍼가 주로 사용된다.

3D 프린팅 마스터 2급(A형) – 제9회 정답

01	02	03	04	05	06	07	08	09	10
④	③	①	②	②	①	①	③	④	④
11	12	13	14	15	16	17	18	19	20
①	②	③	④	④	③	②	③	②	④
21	22	23	24	25	26	27	28	29	30
②	①	③	①	④	③	①	②	②	④
31	32	33	34	35	36	37	38	39	40
③	①	③	②	①	②	③	①	③	④
41	42	43	44	45	46	47	48	49	50
③	②	②	①	④	③	③	④	④	②
51	52	53	54	55	56	57	58	59	60
④	②	①	①	③	④	③	③	②	④

3D 프린터 조립 전문가 2급(A형)

제9회(2016. 08. 20.)

등록	주무부처	자격증 시험 주관
한국직업능력개발원	산업통상자원부	(사)3D프린팅산업협회

1영역 3D 프린팅 동향

01 세계 미래 학회는 2013년 펴낸 보고서에서 우리의 미래를 이끌 20여 개의 기술로 전기차, 로봇 등과 함께 3D 프린터를 꼽았다. 특히 이 학회는 3D 프린터가 '생산 혁명'을 유발할 것이라고 하였는데, 이를 바르게 해석한 것을 고르시오.

① 금형 제작 비용을 대폭 낮출 수 있다.
② 생산 시설 공유화를 가져올 수 있다.
③ 자본력을 적극 활용할 수 있다.
④ 3D 프린터는 일반인도 쉽게 사용 가능하여 소비자가 직접 물건을 만들어 쓸 수 있다.

02 3D 프린팅을 일찍 도입한 산업계 선두주자(얼리어답터, Early Adopter)의 공통적 성향에 대한 설명으로 틀린 것은?

① 복잡한 설계 및 제작을 요하는 분야
② 개발 기간 단축과 비용 절감 효과가 큰 분야
③ 상품 모델이 단순하고 대량 판매가 지속되는 분야
④ 맞춤형 혹은 수요자 개성이 강하게 주장되는 분야

03 발명된 지 30년된 기술인 3D 프린터가 2000년대 들어 재조명 받기 시작한 요인과 가장 거리가 먼 것은?

① 전 세계의 고령화 산업 진입
② 주요 특허 만료에 따른 관심 증대 및 가격 인하 기대감
③ 정보 통신 발전에 따른 주변 상황 개선
④ 개성을 존중하는 사회적 분위기로 발전

04 2013년 5월 삼성 경제 연구소는 미래 산업을 바꿀 7대 파괴적 혁신 기술을 발표하며 3D 프린터를 주목하였다. 다음 중 사실과 다른 것을 고르시오.

① 3D 프린터가 나노, 생명 공학, 우주 공학 분야의 변화를 가속화할 것으로 예상하였다.
② 3D 프린터가 공제식 제조(Subtractive Manufacturing) 방식을 한층 더 발달시켜 제조업의 혁명을 가져올 것이라 예상하였다.

③ 웨어러블 컴퓨터에 이어 두 번째로 3D 프린터를 꼽았다.
④ 3D 프린터가 개인 맞춤형 제조 확대에 기여할 것으로 예상하였다.

05 3D 프린팅의 3단계 공정은 모델링, 프린팅, 후처리 과정을 거친다. 이 중 CAD 설계 단계에 해당하는 공정은?
① 프린팅 단계
② 모델링 단계
③ 후처리 단계
④ 모두에 해당함.

06 3D 프린터의 파급 효과를 소개할 때 "원격 제조(Remote Manufacturing)"라는 수식어가 사용된다. 이것을 가능하게 하는 가장 중요한 키워드는 무엇인가?
① 고성능 인터넷 활용 가능
② 3D 프린팅 관련 소재의 발전
③ 우수한 성능의 CAD 프로그램
④ FDM 방식의 특허 만료

07 마이크로프로세서의 성능 향상과 3D 프린팅 기술 발달의 관계에 대한 설명으로 거리가 먼 것은?
① 마이크로프로세서는 메모리 용량 요구 조건이 과도해서 가격 인하 혜택은 없었다.
② 3D 프린터도 결국 마이크로프로세서 기반 자동 제어 시스템이므로 성능 향상 효과를 직접 누렸다.
③ 산업용 및 개인용 3D 프린터 성능 향상과 가격 인하의 동시 구현이 가능해졌다.
④ 최근에 저가의 고성능 마이크로프로세서 제품이 다량 출시되어 직접적인 혜택을 누렸다.

08 3D 프린팅과 관련한 특허에 대한 설명으로 틀린 것은?
① 최근에 만료된 SLS 방식 특허는 산업적 파급 효과가 매우 컸다.
② FDM 방식 특허 바탕으로 스트라타시스 사가 설립되었다.
③ 최초의 특허는 1984년 찰스 헐에 의한 SLS 방식 특허이다.
④ FDM 방식 특허는 일반인 사이에 3D 프린팅 기술 성황을 이루는 데 커다란 기여를 했다.

09 다음 중 3D 프린팅의 3대 기술에 속하지 않는 방식은?
① SLA(Stereo Lithography Apparatus)
② FDM(Fused Deposition Modeling)
③ SLS(Selective Laser Sintering)
④ LOM(Laminated Object Manufacturing)

10 다음 중 렙랩이 추구한 기본 방향과 거리가 먼 사항은?

① 구하기 쉬운 부품을 사용했다.
② FDM 방식을 추진했다.
③ DIY(Do-It-Yourself) 방식을 추구했다.
④ 개인의 지적 재산권을 철저히 보호했다.

11 렙랩에 대한 설명으로 틀린 것을 고르시오.

① 스콧 크럼프(Scott Crump)가 주도적으로 시작했다.
② FDM 방식 특허 만료 이전인 2005년에 만들어졌다.
③ 오늘날 우리가 접하는 대부분의 개인용 3D 프린터에 큰 영향을 끼쳤다.
④ FDM 방식만을 시도했다.

12 기계적 제조 방법에 대한 기술 중 3D 프린팅에 해당하지 않는 것은?

① 원재료 개발로 영역이 점차로 확대되었다.
② 대량 생산에 맞는 제작 방식이다.
③ 원격 제조(Remote Manufacturing)가 가능하다.
④ 적층식 제작 방식이다.

13 개인용 3D 프린터로 널리 사용되는 FDM 방식 프린터는 육면체 박스 형태의 '카르테시안형'과 오면체 형태의 '델타형'이 있다. 다음 설명 중 '델타형' 프린터에 해당하는 특징은?

① 일반적으로 3축의 스테퍼 모터가 하나씩 작동한다.
② 성형 속도가 상대적으로 느리다.
③ 익스트루더가 기구학적으로 최소 경로로 움직일 수 있다.
④ 3축이 순차적으로 작동한다.

14 다음 3D 프린팅 방식의 공통점은?

- DMT(Laser-aided Direct Metal Tooling)
- LAM(Laser Additive Manufacturing)
- SLS(Selective Laser Sintering)
- SLA(Stereo Lithography Apparatus)

① 금속 소재를 사용한다.
② 광경화성 소재를 사용한다.
③ 제작물의 강도가 매우 강하다.
④ 레이저 빔을 사용한다.

15 최근 글로벌 대형 IT 업체들은 저가의 고성능 광학 센서 개발을 활발히 진행하고 있다. 이들은 주로 3D 프린팅의 어느 분야에 직접적인 영향을 끼칠 것으로 예상되는가?

① 3D 프린터 가격 인하
② 후처리 장비 개발

③ 인터넷 네트워크
④ 3D CAD 데이터 획득

16 아두이노 프로젝트에 대한 설명으로 틀린 것은?

① 이탈리아에서 출범했다.
② USB를 통해 컴파일 및 업로드를 쉽게 할 수 있다.
③ 1985년에 탄생한 최초의 하드웨어 기반 오픈 소스 프로젝트이다.
④ 3D 프린터 대중화에 커다란 기여를 했다.

17 3D 프린터의 성능을 나타내는 용어인 빌드 볼륨(Build Volume)의 정의로 옳은 것을 고르시오.

① 프린터 소재의 보관이 가능한 용적
② 제작 가능한 조형물의 최대 부피
③ 프린터 전체의 부피
④ 프린터 베드의 밑 면적

18 다음 중 금속 파우더를 사용할 수 있는 3D 프린팅 방법은?

① SLA(Stereo Lithography Apparatus)
② FDM(Fused Deposition Modeling)
③ SLS(Selective Laser Sintering)
④ DLP(Digital Light Processing)

19 다음 중 액체 광경화 수지를 사용하는 3D 프린팅 방법은?

① FDM(Fused Deposition Modeling)
② DLP(Digital Light Processing)
③ SLS(Selective Laser Sintering)
④ DMT(Laser-aided Direct Metal Tooling)

20 현재의 3D 프린팅 소재 개발 상황에 대한 설명으로 틀린 것은?

① 아직은 다중 소재 프린팅이 어렵다.
② 다양한 색깔 구현이 여러 방법으로 시도되고 있다.
③ 향후 새로운 소재와 그 소재에 맞는 새로운 가공 방식의 동시 개발이 예상된다.
④ 플라스틱 계열 소재만이 실용화된 상태이다.

2영역 3D 프린터 작동 원리 및 조립

21 카르테시안 방식이란 각 축이 몇 도로 결합된 방식인가?

① 30도
② 60도
③ 90도
④ 180도

22 3D 프린터에서 Offset의 의미는 무엇인가?
① 온도 차를 뜻한다.
② 보정 값을 뜻한다.
③ 작동을 제어하라는 명령어이다.
④ 파워를 끄는 것을 말한다.

23 렙랩이 지향하는 3D 프린터의 최종 목표는 무엇인가?
① 싸고 튼튼한 3D 프린터의 개발이다.
② 프린터가 프린터 부품을 출력해 자기 복제하는 것을 목표로 하고 있다.
③ 세계적인 3D 프린터 개발자 연대를 위한 것이다.
④ 4D 프린터의 디자인을 위한 것이다.

24 3D 프린터를 작동시키기 위해 PC에 있어야 할 소프트웨어가 아닌 것은?
① Pronterface   ② Arduino S/W
③ Slicing S/W   ④ 123D Design

25 컴퓨터의 엔터 키에 해당하는 G 코드는?
① G666   ② G1
③ G28   ④ G92

26 M500이 실행하는 명령은?
① 변경 값의 저장
② EEPROM 값의 조회
③ 예전 값의 복원
④ 온도 지정

27 렙랩 Mendel Prusa가 주로 사용하는 펌웨어의 이름은?
① Cura   ② Repetier
③ Smoothie   ④ Marlin

28 아두이노의 주요 라이브러리가 아닌 것은?
① EEPROM   ② Ethernet
③ SD   ④ USB

29 Feeder가 익스트루더에 떨어져 있는 방식을 무엇이라 하는가?
① Bowden 방식
② Direct 방식
③ Joint 방식
④ Union 방식

30 PID 컨트롤 중에서 I가 의미하는 것은?
① 미분   ② 비례
③ 적분   ④ 최대치

31 렙랩 Family Tree에 대한 언급 중 틀린 것은 무엇인가?
① 렙랩은 FDM 방식만 포함한다.
② Family란 족보라기보다는 기술적 발전 로드맵이다.
③ Family Tree는 지금도 계속 확장되고 있다.
④ 렙랩의 창시자는 영국인이다.

32 아두이노 개발 프로그램에 사용되는 기본 언어 중 Structure를 정의하는 데 사용되지 않는 형식은?

① setup ② loop
③ boolean ④ while

33 Marlin 펌웨어의 coniguration.h에서 설정하는 항목 중 익스트루더 개수를 설정하는 항목은?

① #define MOTHERBOARD 34
② #define TEMP_SENSOR_0 1
③ #define X_MAX_POS 170
④ #define EXTRUDERS 1

34 AMPS 1.4 실드 보드의 특징이 아닌 것은?

① 펌웨어를 저장할 수 있는 SRAM을 가진다.
② 5개의 Polou 스테퍼 드라이버(A4988) 연결이 가능하다.
③ 히터 출력 등 3개의 온도 제어 회로를 가진다.
④ 모터, 노즐, 히터를 위한 5A 퓨즈를 가진다.

35 엔드 스톱의 장착 방법으로 옳은 것은?

① 엔드 스톱은 프로파일 윗단으로부터의 위치가 0.1mm 단위로 정확해야 한다.
② 엔드 스톱은 Bed 레벨링 시 변경 가능하게 장착한다.
③ 엔드 스톱의 위치는 변경이 필요치 않으므로 영구적으로 고정시킨다.
④ 엔드 스톱은 항상 기계식 스위치 방식만 사용한다.

36 익스트루더에 장착하는 FAN은 고정 각도가 중요하다. 다음 중 옳은 설명은?

① FAN은 노즐의 온도가 과열되는 것을 방지해야 하므로 노즐의 끝을 향해야 한다.
② FAN은 토출된 재료를 속히 냉각하기 위해 베드 위를 향해야 한다.
③ FAN은 PEEK 재료 전체를 향하게 해서 온도가 위로 향하는 것을 방지한다.
④ FAN은 재료 투입구와 재료의 녹는 점 사이를 향하게 해서 재료가 미리 녹는 것을 방지한다.

37 ATmega 2560의 SRAM 용량은?

① 4KB ② 8KB
③ 12KB ④ 16KB

38 오픈 소스 3D 프린터 부품 중 Electronics의 구성 부품이 아닌 것은?

① Filament ② Heated Bed
③ Controller ④ Stepper Drive

39 RAMPS 보드에서는 다수의 익스트루더 연결을 지원한다. 최대 몇 개의 익스트루더를 연결할 수 있는가?
① 1개　　② 2개
③ 3개　　④ 4개

40 Feeder에서 재료를 밀어 주는 힘의 종류는 무엇인가?
① 스프링 압력　② 벨트 탄력
③ 기어 장력　　④ 풀리 회전력

3영역 캘리브레이션 및 유지·보수

41 펌웨어의 기계 세팅 부분에서 노즐의 움직임 방향을 정하게 된다. 방향의 기준은 무엇인가?
① 배드의 원점 방향
② 엔드 스톱 위치
③ 모터 방향
④ USB 커넥터 방향

42 Default Home Position이란 무엇을 의미하는가?
① 엔드 스톱의 위치
② 베드의 크기
③ 베드와 노즐의 기본 높이
④ 베드의 중앙점

43 다음 중 EEPROM에 적용하는 캘리브레이션 방법이 아닌 것은?
① 출력물의 적층 높이
② 엔드 스톱 조정
③ 엔드 스톱 수정
④ Home Position 지정

44 Z축의 Offset을 지정할 때 사용하는 M 코드 값은?
① M28　　② M119
③ M206　 ④ M666

45 Bed Leveling이란 베드와 무엇이 수평해야 한다는 뜻인가?
① 출력물의 중심　② 지표면
③ Effector　　　④ 프린터 축

46 Feeding Rate 조절을 위한 방법이 아닌 것은?
① 모터의 전압을 조절한다.
② EEPROM에서 E 값을 조정한다.
③ 슬라이싱 소프트웨어에서 Rate를 조절한다.
④ 노즐의 홀 크기를 변경한다.

47 슬라이싱 프로그램은 설계된 object를 2차원으로 슬라이싱하는 역할을 한다. 슬라이싱을 한다는 의미를 가장 잘 설명하고 있는 것은?
① Tool이 움직이는 동선을 찾아내는 것이다.

② 잘게 조각을 내서 펌웨어가 연산하기 쉽게 만드는 일이다.
③ Z축 방향으로 주어진 두께를 자르는 일이다.
④ 센서에서 받아들인 데이터를 매칭하는 작업이다.

48 아두이노 보드에 입력 신호를 전달하거나 연산된 출력 신호를 각 장치로 보내는 역할을 하는 하드웨어는?

① Ramps　② Arduino
③ G 코드　④ Marlin

49 G 코드는 Tool의 작동을 제어하고 프린터의 각종 작동을 명령하는 핵심 코드이다. G가 뜻하는 바는?

① General　② Generate
③ Geographic　④ Gigabyte

50 다음 G 코드 중 SD 카드와 관련이 없는 코드는?

① M20　② M29
③ M30　④ M106

51 프린터의 노즐이 빈 공간을 지나갈 때 피터의 모터를 역회전시켜 재료가 빈 공간에 토출되지 않도록 하는 기능을 무엇이라 부르는가?

① Flow　② Retraction
③ Enabler　④ Fill Density

52 Marlin 펌웨어에 대한 설명 중 옳지 않은 것은?

① Erik vander Zalm이 개발했다.
② 2011년 5월에 처음 발표되었다.
③ SD 카드 지원이 불가하다.
④ sprinter를 발전시킨 것이다.

53 FDM 방식 프린터에서 프린트가 끝난 후 재개할 때 주의할 점 중 틀린 것은?

① 온도를 올린다.
② 온도가 올라가면 Pronterface를 이용하여 재료를 사출시킨다.
③ 일정하게 사출이 되면 프린트를 시작한다.
④ 필라멘트 재료는 먼저 빼 놓는다.

54 FAN은 출력에 중요한 변수이다. FAN의 방향 중 바른 것은?

① Effector를 향하게 한다.
② 핫엔드 PEEK 재질 쪽을 향하게 한다.
③ 투입되는 재료를 향하게 한다.
④ 베드 면을 향하게 한다.

55 FDM 방식의 프린터의 Hot plate는 재료를 베드에 붙이는 데 필수적이다. PLA 출력 시 핫베드의 적정 온도는?

① 50도 ±10도
② 70도 ±10도
③ 100도 ±10도
④ 130도 ±10도

56 Configuration 파일에서 정의하는 Mechanical 세팅 항목이 아닌 것은?

① Travel limits ② Travel speed
③ Endstop   ④ Extruder type

57 Marlin에서 Baudrate를 250000으로 지정하였다. 이때 Baudrate는 무엇을 뜻하는가?

① USB 메모리 크기
② EEPROM 저장 속도
③ 프린터와 컴퓨터 간의 통신 속도
④ 프린터의 작동 속도

58 Manual_Z_Home_POS 258이 뜻하는 것은?

① 델타 프린터에서 homing 후 노즐과 베드의 거리를 뜻한다.
② 실제 home position의 위치는 늘 258이다.
③ 258cm를 의미한다.
④ 델타 프린터의 기본 값이다.

59 현재 엔드 스톱 소프트웨어의 상태를 확인하기 위해 사용하는 M 코드 명령어는?

① M114   ② M119
③ M206   ④ M666

60 Marlin 펌웨어에서 온도 센서를 정의하는 메뉴는?

① #define BAUDRATE 115200
② #define MOTHERBOARD 33
③ #define TEMP_SENSOR_0 1
④ #define HEATER_0_MAXTEMP 275

3D 프린터 조립 전문가 2급(A형)-제9회 정답

01	02	03	04	05	06	07	08	09	10
④	③	①	②	②	①	①	③	④	④
11	12	13	14	15	16	17	18	19	20
①	②	③	④	④	③	②	③	③	④
21	22	23	24	25	26	27	28	29	30
③	②	②	④	③	①	④	④	①	③
31	32	33	34	35	36	37	38	39	40
①	③	④	①	②	④	②	②	②	①
41	42	43	44	45	46	47	48	49	50
②	③	①	③	③	④	③	①	①	④
51	52	53	54	55	56	57	58	59	60
②	③	④	②	②	④	③	①	②	③

3D 프린팅 전문교강사 2급(A형)

제9회(2016. 08. 20.)

등록	주무부처	자격증 시험 주관
한국직업능력개발원	산업통상자원부	(사)3D프린팅산업협회

1영역 3D 프린팅 동향

01 세계 미래 학회는 2013년 펴낸 보고서에서 우리의 미래를 이끌 20여 개의 기술로 전기차, 로봇 등과 함께 3D 프린터를 꼽았다. 특히 이 학회는 3D 프린터가 '생산 혁명'을 유발할 것이라고 하였는데, 이를 바르게 해석한 것을 고르시오.
① 금형 제작 비용을 대폭 낮출 수 있다.
② 생산 시설 공유화를 가져올 수 있다.
③ 자본력을 적극 활용할 수 있다.
④ 3D 프린터는 일반인도 쉽게 사용 가능하여 소비자가 직접 물건을 만들어 쓸 수 있다.

02 3D 프린팅을 일찍 도입한 산업계 선두주자(얼리어답터, Early Adopter)의 공통적 성향에 대한 설명으로 틀린 것은?
① 복잡한 설계 및 제작을 요하는 분야
② 개발 기간 단축과 비용 절감 효과가 큰 분야
③ 상품 모델이 단순하고 대량 판매가 지속되는 분야
④ 맞춤형 혹은 수요자 개성이 강하게 주장되는 분야

03 발명된 지 30년된 기술인 3D 프린터가 2000년대 들어 재조명 받기 시작한 요인과 가장 거리가 먼 것은?
① 전 세계의 고령화 산업 진입
② 주요 특허 만료에 따른 관심 증대 및 가격 인하 기대감
③ 정보 통신 발전에 따른 주변 상황 개선
④ 개성을 존중하는 사회적 분위기로 발전

04 2013년 5월 삼성 경제 연구소는 미래 산업을 바꿀 7대 파괴적 혁신 기술을 발표하며 3D 프린터를 주목하였다. 다음 중 사실과 다른 것을 고르시오.
① 3D 프린디기 나노, 생명 공학, 우주 공학 분야의 변화를 가속화할 것으로 예상하였다.
② 3D 프린터가 공제식 제조(Subtractive Manufacturing) 방식을 한층 더 발달시켜 제조업의 혁명을 가져올 것이라 예상하였다.

③ 웨어러블 컴퓨터에 이어 두 번째로 3D 프린터를 꼽았다.
④ 3D 프린터가 개인 맞춤형 제조 확대에 기여할 것으로 예상하였다.

05 3D 프린팅의 3단계 공정은 모델링, 프린팅, 후처리 과정을 거친다. 이 중 CAD 설계 단계에 해당하는 공정은?
① 프린팅 단계
② 모델링 단계
③ 후처리 단계
④ 모두에 해당함.

06 3D 프린터의 파급 효과를 소개할 때 "원격 제조(Remote Manufacturing)"라는 수식어가 사용된다. 이것을 가능하게 하는 가장 중요한 키워드는 무엇인가?
① 고성능 인터넷 활용 가능
② 3D 프린팅 관련 소재의 발전
③ 우수한 성능의 CAD 프로그램
④ FDM 방식의 특허 만료

07 마이크로프로세서의 성능 향상과 3D 프린팅 기술 발달의 관계에 대한 설명으로 거리가 먼 것은?
① 마이크로프로세서는 메모리 용량 요구 조건이 과도해서 가격 인하 혜택은 없었다.
② 3D 프린터도 결국 마이크로프로세서 기반 자동 제어 시스템이므로 성능 향상 효과를 직접 누렸다.
③ 산업용 및 개인용 3D 프린터 성능 향상과 가격 인하의 동시 구현이 가능해졌다.
④ 최근에 저가의 고성능 마이크로프로세서 제품이 다량 출시되어 직접적인 혜택을 누렸다.

08 3D 프린팅과 관련한 특허에 대한 설명으로 틀린 것은?
① 최근에 만료된 SLS 방식 특허는 산업적 파급 효과가 매우 컸다.
② FDM 방식 특허 바탕으로 스트라타시스 사가 설립되었다.
③ 최초의 특허는 1984년 찰스 헐에 의한 SLS 방식 특허이다.
④ FDM 방식 특허는 일반인 사이에 3D 프린팅 기술 성황을 이루는 데 커다란 기여를 했다.

09 다음 중 3D 프린팅의 3대 기술에 속하지 않는 방식은?
① SLA(Stereo Lithography Apparatus)
② FDM(Fused Deposition Modeling)
③ SLS(Selective Laser Sintering)
④ LOM(Laminated Object Manufacturing)

10 다음 중 렙랩이 추구한 기본 방향과 거리가 먼 사항은?

① 구하기 쉬운 부품을 사용했다.
② FDM 방식을 추진했다.
③ DIY(Do-It-Yourself) 방식을 추구했다.
④ 개인의 지적 재산권을 철저히 보호했다.

11 렙랩에 대한 설명으로 틀린 것을 고르시오.

① 스콧 크럼프(Scott Crump)가 주도적으로 시작했다.
② FDM 방식 특허 만료 이전인 2005년에 만들어졌다.
③ 오늘날 우리가 접하는 대부분의 개인용 3D 프린터에 큰 영향을 끼쳤다.
④ FDM 방식만을 시도했다.

12 기계적 제조 방법에 대한 기술 중 3D 프린팅에 해당하지 않는 것은?

① 원재료 개발로 영역이 점차로 확대되었다.
② 대량 생산에 맞는 제작 방식이다.
③ 원격 제조(Remote Manufacturing)가 가능하다.
④ 적층식 제작 방식이다.

13 개인용 3D 프린터로 널리 사용되는 FDM 방식 프린터는 육면체 박스 형태의 '카르테시안형'과 오면체 형태의 '델타형'이 있다. 다음 설명 중 '델타형' 프린터에 해당하는 특징은?

① 일반적으로 3축의 스테퍼 모터가 하나씩 작동한다.
② 성형 속도가 상대적으로 느리다.
③ 익스트루더가 기구학적으로 최소 경로로 움직일 수 있다.
④ 3축이 순차적으로 작동한다.

14 다음 3D 프린팅 방식의 공통점은?

- DMT(Laser-aided Direct Metal Tooling)
- LAM(Laser Additive Manufacturing)
- SLS(Selective Laser Sintering)
- SLA(Stereo Lithography Apparatus)

① 금속 소재를 사용한다.
② 광경화성 소재를 사용한다.
③ 제작물의 강도가 매우 강하다.
④ 레이저 빔을 사용한다.

15 최근 글로벌 대형 IT 업체들은 저가의 고성능 광학 센서 개발을 활발히 진행하고 있다. 이들은 주로 3D 프린팅의 어느 분야에 직접적인 영향을 끼칠 것으로 예상되는가?

① 3D 프린터 가격 인하
② 후처리 장비 개발

③ 인터넷 네트워크
④ 3D CAD 데이터 획득

16 아두이노 프로젝트에 대한 설명으로 틀린 것은?

① 이탈리아에서 출범했다.
② USB를 통해 컴파일 및 업로드를 쉽게 할 수 있다.
③ 1985년에 탄생한 최초의 하드웨어 기반 오픈 소스 프로젝트이다.
④ 3D 프린터 대중화에 커다란 기여를 했다.

17 3D 프린터의 성능을 나타내는 용어인 빌드 볼륨(Build Volume)의 정의로 옳은 것을 고르시오.

① 프린터 소재의 보관이 가능한 용적
② 제작 가능한 조형물의 최대 부피
③ 프린터 전체의 부피
④ 프린터 베드의 밑 면적

18 다음 중 금속 파우더를 사용할 수 있는 3D 프린팅 방법은?

① SLA(Stereo Lithography Apparatus)
② FDM(Fused Deposition Modeling)
③ SLS(Selective Laser Sintering)
④ DLP(Digital Light Processing)

19 다음 중 액체 광경화 수지를 사용하는 3D 프린팅 방법은?

① FDM(Fused Deposition Modeling)
② DLP(Digital Light Processing)
③ SLS(Selective Laser Sintering)
④ DMT(Laser-aided Direct Metal Tooling)

20 현재의 3D 프린팅 소재 개발 상황에 대한 설명으로 틀린 것은?

① 아직은 다중 소재 프린팅이 어렵다.
② 다양한 색깔 구현이 여러 방법으로 시도되고 있다.
③ 향후 새로운 소재와 그 소재에 맞는 새로운 가공 방식의 동시 개발이 예상된다.
④ 플라스틱 계열 소재만이 실용화된 상태이다.

2영역 3D 모델링과 3D 스캐닝

21 3D 프린팅의 3단계인 모델링 - 프린팅 - 후처리 단계 중 3D 프린팅 단계에서 이루어지는 세부 프로세스와 가장 관계가 없는 것을 고르시오.

① 3D Object의 출력
② 3D 출력물 서포트 제거
③ 3D 슬라이싱 소프트웨어
④ 슬라이싱 프로그램

22 3D 모델링 소프트웨어가 3D 입체를 정의하는 방법에 대해 잘못 설명한 것을 고르시오.

① Sculptris는 그래픽 프로그램으로 Wire-Frame으로 입체를 정의한다.
② 123D Design은 캐드 프로그램으로 Solid로 입체를 정의한다.
③ 라이노는 캐드 프로그램으로 Surface로 입체를 정의한다.
④ 오토캐드는 캐드 프로그램으로 Wire-Frame으로 입체를 정의한다.

23 123D Design에서 3차원 도형을 생성하는 명령을 잘못 설명하고 있는 것을 고르시오.

① Cone은 밑면의 반지름과 원뿔의 높이를 각각 입력하여 원뿔을 만든다.
② Sphere(구)는 반지름을 'Radius'에 입력하고 위치를 지정해 구를 만든다.
③ Torus는 전체 토러스의 지름과 둘레 원의 지름을 각각 입력하여 3차원 도넛 모양을 만든다.
④ Cylinder는 밑면의 반지름과 원기둥의 높이를 'Radius'와 'Height'에 입력하여 원기둥을 만든다.

24 123D Design의 표시 관련 메뉴 중 화면을 회전시키는 Pan 기능을 동일하게 실행하는 마우스의 작동 방법으로 옳은 것은?

① 마우스 가운데 버튼을 'Press and mouse drag' 한다.
② 마우스 오른쪽 버튼을 'Press and mouse drag' 한다.
③ 마우스 가운데 버튼을 'Scroll the wheel' 한다.
④ 선택한 오브젝트를 키보드 F와 조합한다.

25 123D Design의 Scale 메뉴에 대한 설명 중 바르지 않은 것은?

① 선택한 오브젝트의 화살표를 이용하여 확대·축소할 수 있다.
② 옵션을 Nonuniform으로 설정하면 X, Y, Z축 각각의 방향으로 따로 확대·축소할 수 있다.
③ 옵션을 Uniform으로 설정하면 X, Y, Z축으로 동시에 확대·축소할 수 있다.
④ 스케일 Factor를 직접 입력하는 방식의 확대·축소하는 기능은 지원되지 않는다.

26 123D Design의 스케치(Sketch) 메뉴의 명령에 대한 설명으로 옳지 않은 것은?

① Polygon 명령은 외접원의 반지름과 변의 개수를 'Radius'와 'Sides'에 입력하여 정다각형을 그린다.
② Circle 명령은 원의 중심과 지름(Diameter)을 입력하여 원을 그린다.
③ Polyline 명령은 점을 지나는 자유곡선을 그린다.
④ Rectangle 명령은 꼭짓점을 지정해 직사각형을 그리거나 입력 창에 길이를 바로 입력해도 된다.

27 123D Design에서 각 제어점을 지나는 자유 곡선을 그리며, 이를 조절하여 곡선도 수정 가능하게 하는 2D 도형 생성 명령은?

① Spline
② Polygon
③ Polyline
④ Three Point Arc

28 123D Design의 명령 중 2D 도형을 가지고 실행할 수 있는 편집 명령이 아닌 것은?

① Trim   ② Chamfer
③ Extend   ④ Offset

29 123D Design Construct 메뉴 중 익스트루드 명령에 대한 설명으로 잘못된 것을 고르시오.

① 한 면을 돌출시키고 기울일 수 있다.
② 새로 돌출되어 만들어진 도형은 새로운 오브젝트로 지정할 수 없다.
③ 마우스로 돌출시킬 거리를 움직일 수 있다.
④ 속성 매니저에서는 돌출 거리 지정이나 회전 각도를 입력하는 창으로 구성된다.

30 123D Design에서 도형(Profile)을 회전축(Axis)을 중심으로 회전시켜서 입체를 형성하는 명령은?

① Press Pull   ② Loft
③ Chamfer   ④ Revolve

31 123D Design에서 유용한 단축키에 대한 설명 중 옳지 않은 것은?

① Scale은 '오브젝트 선택 + S'이다.
② Transform의 단축 메뉴는 'Ctrl + T'이다.
③ Tweak는 'Select face + T'이다.
④ Press and Pull은 'Select face + P'이다.

32 Sculptris 모델링 프로그램에 대한 설명 중 옳지 않은 것은?

① Wire-Frame 방식으로 입체적인 3D 오브젝트를 만들 수 있다.
② 직관적 사용법으로 3D 모델링 초보자도 쉽게 익힐 수 있다.
③ 마치 디지털 예술가가 흙으로 모형을 만드는 기능과 흡사한 프로그램이다.
④ Pixologic 사의 3D 모델링 프로그램으로 무료로 배포하는 프로그램이다.

33 Sculptris에서 모델링 시간을 단축할 수 있는 단축키에 대한 설명 중 옳지 않은 것은?

① Z 키는 현재 화면 뷰에서 가장 가까운 직교 모드로 화면을 이동시킨다.
② Space 바는 Brush 세팅 메뉴를 화면에 띄운다.
③ '〈', '〉' 키는 Brush 사이즈를 증가 또는 축소시킨다.
④ Tab 키는 메뉴를 보이거나 숨길 수 있다.

34 Sculptris의 Brush controls 메뉴에 대한 세부 설명으로 옳지 않은 것은?

① Size checkbox가 활성화되면, 펜의 압력은 0%에서 최대 Size Slider에 명시된 값까지 조절된다.
② Strength slider는 브러시의 모양을 선택한다.
③ Detail slider는 큰 값이 세팅될수록 더 많은 triangle이 만들어진다.
④ Size slider는 브러시의 크기를 조절한다.

35 Sculptris의 Utility control 메뉴인 RE-DUCE BRUSH의 INVERT 모드에 대한 설명으로 옳은 것은?

① 모양은 바뀌지 않고, 삼각형의 개수를 많게 한다.
② 모양은 바뀌지 않고, 삼각형의 개수를 적게 한다.
③ 모양을 바꾸면서 삼각형의 개수를 많게 한다.
④ 모양을 바꾸면서 삼각형의 개수를 적게 한다.

36 3D 스캐너를 활용하여 3D 데이터를 얻어 내는 형식으로 가장 거리가 먼 것은?

① 넙스(Non-uniformrational B-spline)
② 덩어리 형식(Solid)
③ 패치 형식
④ 폴리곤(polygon)

37 물체 표면에 지속적으로 주파수가 다른 빛을 쏘고 수광부에서 이 빛을 받을 때 주파수의 차이를 검출해 거리 값을 구해내는 방식으로 작동하는 3D 스캐너 종류는?

① 광 삼각법 3D 레이저 스캐너
② 핸드헬드(Handheld) 스캐너
③ 변조광(Structured-Light) 방식의 3D 스캐너
④ 백색광(White light) 방식 스캐너

38 Sense 3D 스캐너 프로그램에서 Settings 메뉴의 세부 옵션 중 Resolution에 대한 설명으로 옳지 않은 것은?

① 스캔되는 대상물의 밝기를 설정한다.
② 옵션을 High로 선택할 경우 캡처 속도가 늦어진다.
③ 해상도가 가장 낮은 것은 Low 옵션이다.
④ Low / Med / High 3단계로 조정이 가능하다.

39 Sense 3D 스캐너 프로그램의 상태 조절 스캔 편집 메뉴에 대한 설명 중 잘못된 것은?

① Undo(A) : 되돌아가기로, 마지막 변경 사항을 지운다.
② Reset(B) : 화면을 원점으로 돌려서 보여 준다.
③ Home(C) : 스캔 현 화면의 바로 앞 단계 화면으로 되돌아간다.
④ Settings(D) : 현재 작업 중인 스캔 세팅을 변경한다.

40 Sense 3D 스캐너 프로그램에서 3D 출력이 가능하도록, 스캐닝 물체의 모든 구멍을 메우고 닫아 주어 채워진 솔리드 형태로 만드는 스캔 편집 명령은?
① Crop
② Trim
③ Auto Enhance
④ Solidify

3영역 3D 출력 관리와 후가공

41 캘리브레이션과 관련지어 볼 때 필라멘트 구입 시 확인 사항으로 고려하지 않아도 되는 사항은?
① Diameter 확인   ② 탄성도 확인
③ 제조사   ④ Flow rate 반영

42 다음에서 설명하는 3D 프린터 용어는 무엇인가?

> • 하드웨어에 대한 기술로 출력 품질에 많은 영향을 준다.
> • 출력을 위해서 노즐의 온도를 정하는 일, 사용하는 재료의 특성을 반영하는 일, 출력하려는 Object에 따른 파라미터 값을 조정하는 일 등 사전 조정 단계가 반드시 필요하다.
> • 일부는 슬라이싱 프로그램에서 값을 세팅하고, 일부는 펌웨어에서 파라미터 값을 설정한다.

① 3D 프린팅   ② 캘리브레이션
③ 슬라이싱   ④ Home Position

43 3D 프린터 출력의 질을 높이기 위해 레프트가 잘 밀착되도록 하는 방법으로 옳지 않은 것은?
① 노즐과 베드의 간격을 최대한 줄였다.
② 베드의 온도는 최대한 높여서 필라멘트가 잘 녹게 하였다.
③ 마스킹 테이프, 캡톤 테이프와 같은 제품을 베드에 사용했다.
④ 유리판 위에 필라멘트가 잘 붙는 성분의 스프레이를 도포했다.

44 큐라(Cura)에서 출력될 모델의 View Mode(보기 모드)에 대한 설명으로 옳지 않은 것은?

① Overhang은 패인 부분을 확인할 수 있도록 빨간색으로 표시한다.
② Layer는 프린트되는 모델의 툴 패스를 표시한다.
③ Transparent는 투명도를 적용시켜 표시한다.
④ X-ray는 X-ray 효과를 이용하여 표시한다.

[45-48]
다음 Open expert settings 실행 화면에 대한 물음에 답하시오.

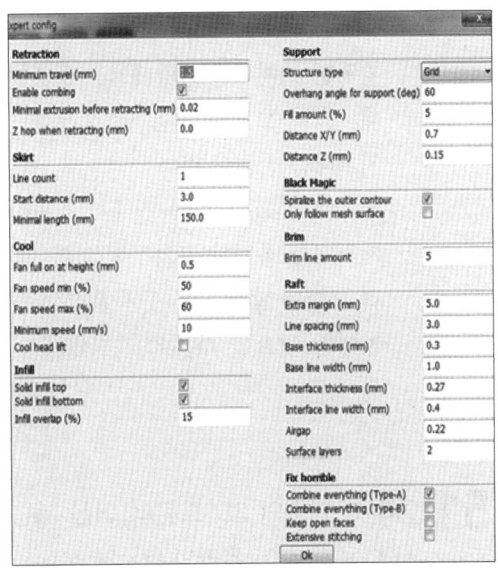

45 Cool 메뉴의 서브 항목 중 출력 속도를 아주 늦춰 필라멘트가 흘러나올 수 있으므로 적당한 스피드를 주어야 하는 서브 항목은?

① Fan speed min
② Fan speed max
③ Fan full on at height
④ Minimum speed

46 Retraction 메뉴의 서브 항목에 대한 설명 중 바르지 않은 것은?

① Zhop when retracting은 retraction이 끝났을 때 이 값만큼 헤드가 올라간다.
② Minimum travel은 retraction이 발생하는 노즐의 최소 이동 거리를 입력한다.
③ Enable combing 체크 해제 시에는 천천히 이동하게 한다.
④ Minimal extrusion before retracting은 retraction 하기 전 필라멘트에서 토출되는 최소 양을 지정한다.

47 Brim 메뉴의 서브 항목에 대한 설명 중 바르지 않은 것은?

① 출력되는 첫 레이어와 같은 선상에 그려진다.
② Brim line amount는 브림에 사용되는 선의 양이다.

③ Brim line amount의 값이 줄어들수록 물체가 바닥에 더 잘 붙게 된다.
④ Brim line amount의 값이 늘어날수록 출력 영역을 더 좁게 만들 수 있다.

48 Raft 메뉴의 서브 항목에 대한 설명 중 바르지 않은 것은?

① Base line width는 레프트 베이스 층의 라인의 너비를 입력한다.
② Base thickness는 레프트 베이스(첫 번째) 층의 두께를 입력한다.
③ Surface layer는 레프트의 위에 놓이는 층수를 입력하며, 이 층은 완전히 꽉 채워져 출력된다.
④ Air gap은 레프트의 마지막 층과 출력 물체의 첫 번째 층 사이의 갭을 입력하며, 이 작은 갭은 레프트의 제거를 더욱 어렵게 할 수도 있다.

49 큐라의 BASIC 탭의 필라멘트 메뉴에 대한 설명으로 바르지 않은 것은?

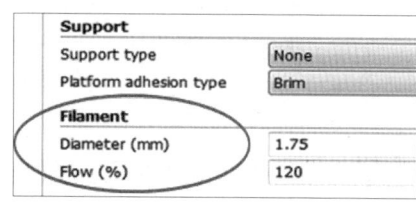

① Diameter는 일반적인 필라멘트인 경우 1.75mm 두께를 사용한다.
② Diameter는 사용하고 있는 필라멘트의 직경을 입력한다.
③ Flow는 필라멘트의 흐름의 압출을 보정해 주는 보정 계수를 입력한다.
④ Flow는 필라멘트가 잘 토출되게 하기 위해서는 적은 값으로 조절해 주어야 한다.

50 큐라의 BASIC 탭의 Support – Support type 메뉴 항목에 대한 설명으로 옳지 않은 것은?

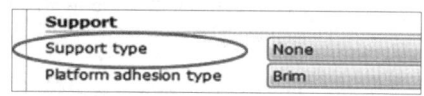

① 지지대 없이 프린트가 불가능한 모델인 경우에 사용한다.
② Touching buildplate은 바닥 면에서 평평한 지지대를 올렸다고 가정했을 때, 내부의 지지대가 필요한 부분까지 지지대를 만들어 준다.
③ Touching buildplate은 바닥 면에서 평평한 지지대를 올렸다고 가정했을 때, 출력 모델과 처음 닿는 부분만 지지대를 만들어 준다.
④ Everywhere는 바닥 면에서 평평한 지지대를 올렸다고 가정했을 때, 출력 모델과 닿는 모든 곳과 내부의 지지대가 필요한 부분에 지지대를 만들어 준다.

51 델타봇 기종의 3D 프린터 머신 세팅 시 다음과 같이 큐라의 Machine setting을 설정했다. 가장 적절치 않은 것을 고르시오.

① Heated bed는 선택하지 않았다(비체크).

② Machine center 0, 0은 선택했다(체크).
③ Build area shape은 Circular를 선택했다.
④ Build area shape은 Square를 선택했다.

52 큐라의 SD 카드에 G 코드를 저장할 시 사용되는 가장 적합한 File 메뉴는?

① Load Model file
② Save G code
③ Show slice engine log
④ Save Model

53 3D 모델링 후 3D 출력을 위해 최종 변환되어야 할 파일 확장자는?

① STL   ② DWG
③ JPG   ④ DXF

54 붓 도색 방법에 대한 설명으로 옳지 않은 것은?

① 미세한 부분을 칠할 때는 평붓이 좋다.
② 붓 칠의 기본은 일정한 방향으로 여러 개의 줄을 긋듯이 다 칠한 뒤 그 위에 90도 방향으로 똑같이 그어준다.
③ 붓 칠을 할 때는 도료를 약간 희석하여 붓 자국이 남지 않도록 한다.
④ 세밀한 도색이 필요할 때는 둥근 붓 중 가장 작은 사이즈를 사용한다.

55 에나멜 도료의 특징으로 옳지 않은 것은?

① 피막과 점착성이 조금 떨어지나 붓질이 잘되고 색감이 우수하다.
② 유성이며 건조가 느리다.
③ 완전 건조 후에 피막은 갈라지고 튼튼하지 않은 편이다.
④ 붓 도장에 적합한 도료이다.

56 캔 스프레이를 흔들어 사용해야 하는 수칙과 관련하여 바르지 못한 것은?

① 다른 곳에 처음 뿌릴 때 '투툭!' 하고 큰 방울이 튀어나올 수 있다.
② 모든 도료는 방치해 두면 용제와 안료가 분리되기 때문에 흔들어 준다.
③ 스프레이는 막대기 같은 것으로 저을 수 없어 흔들어 주는 것이다.
④ 처음부터 잘 흔든 후 출력물에 뿌려 주면 된다.

57 서페이서의 용도와 가장 거리가 먼 것은?

① 표면을 안정시킨다.
② 샌딩 작업으로 생긴 미세한 스크래치를 보완한다.
③ 출력 후 생긴 작은 구멍을 메운다.
④ 도색 전 도료나 물감이 잘 안착되게 도와준다.

58 다음이 설명하고 있는 표면 정리 재료는 무엇인가?

> • 찰흙 같은 형태이다.
> • 주제와 경화제가 나뉘어 있으며 1:1로 반죽하듯이 섞어 준다.
> • 강도가 강하고 밀도가 높아 중량감이 있다.
> • 메움 작업과 조형 작업에 적합하다.

① 폴리에스터 퍼티
② 우레탄 퍼티
③ 에폭시 퍼티
④ 1액형 퍼티

59 접어서 깊숙한 곳을 칼처럼 다듬을 때 봉처럼 말아서 둥근 면 안쪽을 줄처럼 갈아낼 때 가장 유용한 표면 처리 도구는?

① 스펀지 사포   ② 종이 사포
③ 천 사포   ④ 전동 핸드피스

60 서포터 제거를 위한 니퍼에 대한 설명 중 옳지 않은 것은?

① 공업용 니퍼와 플라스틱용 니퍼가 있다.
② 니퍼는 서포터 제거를 위한 필수 도구라 할 수 있다.
③ 각종 니퍼는 가격에 따라 잘라지는 면의 정밀도가 달라진다.
④ 서포터 제거를 위한 니퍼로 공업용 니퍼가 주로 사용된다.

4영역 3D 프린터 작동 원리 및 조립

61 카르테시안 방식이란 각 축이 몇 도로 결합된 방식인가?

① 30도   ② 60도
③ 90도   ④ 180도

62 3D 프린터에서 Offset의 의미는 무엇인가?

① 온도 차를 뜻한다.
② 보정 값을 뜻한다.
③ 작동을 제어하라는 명령어이다.
④ 파워를 끄는 것을 말한다.

63 렙랩이 지향하는 3D 프린터의 최종 목표는 무엇인가?

① 싸고 튼튼한 3D 프린터의 개발이다.
② 프린터가 프린터 부품을 출력해 자기 복제하는 것을 목표로 하고 있다.
③ 세계적인 3D 프린터 개발자 연대를 위한 것이다.
④ 4D 프린터의 디자인을 위한 것이다.

64 3D 프린터를 작동시키기 위해 PC에 있어야 할 소프트웨어가 아닌 것은?

① Pronterface
② Arduino S/W
③ Slicing S/W
④ 123D Design

65 컴퓨터의 엔터 키에 해당하는 G 코드는?
① G666 ② G1
③ G28   ④ G92

66 M500이 실행하는 명령은?
① 변경 값의 저장
② EEPROM 값의 조회
③ 예전 값의 복원
④ 온도 지정

67 렙랩 Mendel Prusa가 주로 사용하는 펌웨어의 이름은?
① Cura   ② Repetier
③ Smoothie ④ Marlin

68 아두이노의 주요 라이브러리가 아닌 것은?
① EEPROM ② Ethernet
③ SD   ④ USB

69 Feeder가 익스트루더에 떨어져 있는 방식을 무엇이라 하는가?
① Bowden 방식 ② Direct 방식
③ Joint 방식   ④ Union 방식

70 PID 컨트롤 중에서 I가 의미하는 것은?
① 미분 ② 비례
③ 적분 ④ 최대치

71 렙랩 Family Tree에 대한 언급 중 틀린 것은 무엇인가?
① 렙랩은 FDM 방식만 포함한다.
② Family란 족보라기보다는 기술적 발전 로드맵이다.
③ Family Tree는 지금도 계속 확장되고 있다.
④ 렙랩의 창시자는 영국인이다

72 아두이노 개발 프로그램에 사용되는 기본 언어 중 Structure를 정의하는 데 사용되지 않는 형식은?
① setup   ② loop
③ boolean ④ while

73 Marlin 펌웨어의 coniguration.h에서 설정하는 항목 중 익스트루더 개수를 설정하는 항목은?
① #define MOTHERBOARD 34
② #define TEMP_SENSOR_0 1
③ #define X_MAX_POS 170
④ #define EXTRUDERS 1

74 AMPS 1.4 실드 보드의 특징이 아닌 것은?
① 펌웨어를 저장할 수 있는 SRAM을 가진다.
② 5개의 Polou 스테퍼 드라이버(A4988) 연결이 가능하다.
③ 히터 출력 등 3개의 온도 제어 회로를 가진다.

④ 모터, 노즐, 히터를 위한 5A 퓨즈를 가진다.

75 엔드 스톱의 장착 방법으로 옳은 것은?
① 엔드 스톱은 프로파일 윗단으로부터의 위치가 0.1mm 단위로 정확해야 한다.
② 엔드 스톱은 Bed 레벨링 시 변경 가능하게 장착한다.
③ 엔드 스톱의 위치는 변경이 필요치 않으므로 영구적으로 고정시킨다.
④ 엔드 스톱은 항상 기계식 스위치 방식만 사용한다.

76 익스트루더에 장착하는 FAN은 고정 각도가 중요하다. 다음 중 옳은 설명은?
① FAN은 노즐의 온도가 과열되는 것을 방지해야 하므로 노즐의 끝을 향해야 한다.
② FAN은 토출된 재료를 속히 냉각하기 위해 베드 위를 향해야 한다.
③ FAN은 PEEK 재료 전체를 향하게 해서 온도가 위로 향하는 것을 방지한다.
④ FAN은 재료 투입구와 재료의 녹는 점 사이를 향하게 해서 재료가 미리 녹는 것을 방지한다.

77 ATmega 2560의 SRAM 용량은?
① 4KB
② 8KB
③ 12KB
④ 16KB

78 오픈 소스 3D 프린터 부품 중 Electronics의 구성 부품이 아닌 것은?
① Filament
② Heated Bed
③ Controller
④ Stepper Drive

79 RAMPS 보드에서는 다수의 익스트루더 연결을 지원한다. 최대 몇 개의 익스트루더를 연결할 수 있는가?
① 1개
② 2개
③ 3개
④ 4개

80 Feeder에서 재료를 밀어 주는 힘의 종류는 무엇인가?
① 스프링 압력
② 벨트 탄력
③ 기어 장력
④ 풀리 회전력

5영역 캘리브레이션 및 유지·보수

81 펌웨어의 기계 세팅 부분에서 노즐의 움직임 방향을 정하게 된다. 방향의 기준은 무엇인가?

① 배드의 원점 방향
② 엔드 스톱 위치
③ 모터 방향
④ USB 커넥터 방향

82 Default Home Position이란 무엇을 의미하는가?

① 엔드 스톱의 위치
② 베드의 크기
③ 베드와 노즐의 기본 높이
④ 베드의 중앙점

83 다음 중 EEPROM에 적용하는 캘리브레이션 방법이 아닌 것은?

① 출력물의 적층 높이
② 엔드 스톱 조정
③ 엔드 스톱 수정
④ Home Position 지정

84 Z축의 Offset을 지정할 때 사용하는 M 코드 값은?

① M28
② M119
③ M206
④ M666

85 Bed Leveling이란 베드와 무엇이 수평해야 한다는 뜻인가?

① 출력물의 중심
② 지표면
③ Effector
④ 프린터 축

86 Feeding Rate 조절을 위한 방법이 아닌 것은?

① 모터의 전압을 조절한다.
② EEPROM에서 E 값을 조정한다.
③ 슬라이싱 소프트웨어에서 Rate를 조절한다.
④ 노즐의 홀 크기를 변경한다.

87 슬라이싱 프로그램은 설계된 object를 2차원으로 slicing하는 역할을 한다. Slicing을 한다는 의미를 가장 잘 설명하고 있는 것은?

① Tool이 움직이는 동선을 찾아내는 것이다.
② 잘게 조각을 내서 펌웨어가 연산하기 쉽게 만드는 일이다.
③ Z축 방향으로 주어진 두께를 자르는 일이다.
④ 센서에서 받아들인 데이터를 매칭하는 작업이다.

88 아두이노 보드에 입력 신호를 전달하거나 연산된 출력 신호를 각 장치로 보내는 역할을 하는 하드웨어는?

① Ramps
② Arduino
③ G 코드
④ Marlin

89 G 코드는 Tool의 작동을 제어하고 프린터의 각종 작동을 명령하는 핵심 코드이다. G가 뜻하는 바는?

① General
② Generate
③ Geographic
④ Gigabyte

90 다음 G 코드 중 SD 카드와 관련이 없는 코드는?

① M20　② M29
③ M30　④ M106

91 프린터의 노즐이 빈 공간을 지나갈 때 피터의 모터를 역회전시켜 재료가 빈 공간에 토출되지 않도록 하는 기능을 무엇이라 부르는가?

① Flow
② Retraction
③ Enabler
④ Fill Density

92 Marlin 펌웨어에 대한 설명 중 옳지 않은 것은?

① Erik vander Zalm이 개발했다.
② 2011년 5월에 처음 발표되었다.
③ SD 카드 지원이 불가하다.
④ sprinter를 발전시킨 것이다.

93 FDM 방식 프린터에서 프린트가 끝난 후 재개할 때 주의할 점 중 틀린 것은?

① 온도를 올린다.
② 온도가 올라가면 Pronterface를 이용하여 재료를 사출시킨다.
③ 일정하게 사출이 되면 프린트를 시작한다.
④ 필라멘트 재료는 먼저 빼 놓는다.

94 FAN은 출력에 중요한 변수이다. FAN의 방향 중 바른 것은?

① Effector를 향하게 한다.
② 핫엔드 PEEK 재질 쪽을 향하게 한다.
③ 투입되는 재료를 향하게 한다.
④ 베드 면을 향하게 한다.

95 FDM 방식의 프린터의 Hot plate는 재료를 베드에 붙이는 데 필수적이다. PLA 출력 시 핫베드의 적정 온도는?

① 50도 ±10도
② 70도 ±10도
③ 100도 ±10도
④ 130도 ±10도

96 Configuration 파일에서 정의하는 Mechanical 세팅 항목이 아닌 것은?

① Travel limits　② Travel speed
③ Endstop　④ Extruder type

97 Marlin에서 Baudrate을 250000으로 지정하였다. 이때 Baudrate는 무엇을 뜻하는가?

① USB 메모리 크기
② EEPROM 저장 속도
③ 프린터와 컴퓨터 간의 통신 속도
④ 프린터의 작동 속도

98 Manual_Z_Home_POS 258이 뜻하는 것은?

① 델타 프린터에서 homing 후 노즐과 베드의 거리를 뜻한다.
② 실제 home position의 위치는 늘 258이다.
③ 258cm를 의미한다.
④ 델타 프린터의 기본 값이다.

99 현재 엔드 스톱 소프트웨어의 상태를 확인하기 위해 사용하는 M 코드 명령어는?

① M114   ② M119
③ M206   ④ M666

100 Marlin 펌웨어에서 온도 센서를 정의하는 메뉴는?

① #define BAUDRATE 115200
② #define MOTHERBOARD 33
③ #define TEMP_SENSOR_0 1
④ #define HEATER_0_MAXTEMP 275

3D 프린팅 전문교강사 2급(A형) – 제9회 정답

01	02	03	04	05	06	07	08	09	10
④	③	①	②	②	①	①	③	④	④
11	12	13	14	15	16	17	18	19	20
①	②	③	④	④	③	②	③	②	④
21	22	23	24	25	26	27	28	29	30
②	①	③	①	④	③	①	②	②	④
31	32	33	34	35	36	37	38	39	40
③	①	③	②	①	②	③	①	③	④
41	42	43	44	45	46	47	48	49	50
③	②	②	①	④	③	②	④	④	②
51	52	53	54	55	56	57	58	59	60
④	②	①	①	③	④	③	③	②	④
61	62	63	64	65	66	67	68	69	70
③	②	②	④	③	②	④	④	①	③
71	72	73	74	75	76	77	78	79	80
①	③	④	①	②	②	②	①	②	①
81	82	83	84	85	86	87	88	89	90
②	③	①	③	③	④	①	①	①	④
91	92	93	94	95	96	97	98	99	100
②	③	④	②	②	④	③	①	②	③

3D 프린팅 자격시험 통합문제

발 행 일 2020년 1월 6일 개정판 1쇄 인쇄
　　　　　 2020년 1월 10일 개정판 1쇄 발행

저　　자 이영재 · 공정미 · Bryan Lee

발 행 처 크라운출판사
　　　　　 http://www.crownbook.com

발 행 인 이상원

신고번호 제 300-2007-143호

주　　소 서울시 종로구 율곡로13길 21

대표전화 02) 745-0311~3

팩　　스 02) 766-3000

홈페이지 www.crownbook.com

I S B N 978-89-406-3695-4 / 13560

특별판매정가 20,000원

이 도서의 판권은 크라운출판사에 있으며, 수록된 내용은
무단으로 복제, 변형하여 사용할 수 없습니다.
　　　　Copyright CROWN, ⓒ 2020 Printed in Korea

이 도서의 문의를 편집부(02-744-4959)로 연락주시면
친절하게 응답해 드립니다.